JN410634

LWV Laguna Woods Village

생명이요 빛이신

울 엄마

라구나우즈 글사랑모임

울엄마

CONTENTS

발행사 ····· 어머니는 생명이요, 빛이시다 ····· 김일홍 글 사랑 회장 ····· 07
축 사 ····· 100세 까지 글을 쓰자 ····· 고영철 ····· 09
축 사 ····· 『울 엄마』 책 출판에 즈음하여 ····· 장 준 글사랑 초대 회장 ····· 10
축 사 ····· '울 엄마'라는 기발한 발상의 의미 ····· 김선하 ····· 11
축 사 ····· 참으로 의미 있는 인생지사 ····· 이지춘 목사 ····· 12

제 1 부 논 단

'울 엄마'는 누구신가? ····· 김선하 ····· 14
성경 속의 어머니 ····· 이지춘 ····· 19
단군 신화의 단군 어머니 웅녀 소고 ····· 김일홍 ····· 21
조선 역사에 빛나는 위대한 어머니들 ····· 김귀양 ····· 25
고려인의 어머니 ····· 이미라 ····· 30

제 2 부 문인들의 글

울 엄마 ····· 림학춘 ····· 38
내가 영리하고 똑똑하다는 우리 어머니~! ····· 박동규 ····· 41
어머니의 유언 ····· 박완규 ····· 43
울 엄마의 마음 ····· 백인호 ····· 46
어머니 ····· 연규호 ····· 49
엄마니까 ····· 이선자 ····· 51
어머니 ····· 정찬열 ····· 53
어둠 속에 빛나셨던 어머니 ····· 정 철 ····· 54
울 엄마 은가락지 ····· 정해정 ····· 57
마지막 인사 ····· 홍영순 ····· 58

제 3 부 라구나우즈 한인들의 시

어머님을 장례하는 노래 ······ 김선하 ······ 62
닮고 싶은 어머님께 ······ 김소향 ······ 64
배웅. 꽁치 ······ 김창기 ······ 65
엄마의 사랑 ······ 박혜숙 ······ 67
나의 어머니 ······ 양병곤 ······ 68
어머님을 뵙고 ······ 엄기환 ······ 69
어머니의 초상화 ······ 이규병 ······ 70
울 엄마 ······ 이명하 ······ 71
울 엄마 ······ 장은희 ······ 73

제 4 부 라구나우즈 한인들의 수필

흉보면서 닮아가는 인생 ······ 강수지 ······ 76
속 깊은 어머니의 정 ······ 강창근 ······ 77
어머님 가시던 날 ······ 강홍식 ······ 79
사과 한 입 ······ 고영주 ······ 81
울 엄마 ······ 김강서 ······ 83
늘 죄인으로 사신 어머니 ······ 김귀양 ······ 87
소쩍새 울 때면 ······ 김성웅 ······ 91
어머님을 그리며 ······ 김소향 ······ 94
엄마에게 드리는 나의 독백 ······ 김수경 ······ 97
바람 따라 구름 따라 ······ 김양길 ······ 100
울 엄마 ······ 김양선 ······ 105
울 엄마 ······ 김용순 ······ 109
난 불효자식! ······ 김유상 ······ 113
나, 할머니 닮았다는 말 싫어요. ······ 김음영 ······ 121
어머니와 할머니 ······ 김호경 ······ 124
우리 어머니 ······ 김홍식 ······ 128
나의 껌딱지 울어무이 ······ 박귀옥 ······ 133
어머니와 아내 ······ 박승원 ······ 136

어머니 소설가 장덕조 …… 박우형 …… 140
나의 어머님 …… 박홍열 …… 145
어머님(갈물 이철경)을 기리며 …… 서경선 …… 150
나의 어머니 …… 손기용 …… 155
어머니의 미소 …… 양정애 …… 159
나의 영원한 스승이신 어머니 …… 오경자 …… 164
고생만 하시다 떠나신 우리 어머니 …… 윤억섭 …… 168
병상 회고 …… 이 황 …… 173
긴 옷고름 푼 어머님의 사랑 …… 이강민 …… 176
닮고 싶은 우리 어머니의 최후 …… 이경성 …… 178
우리 어머니 …… 이규조 …… 182
울 엄마 …… 이덕희 …… 186
어머니날에 부치는 글 …… 이수자 …… 189
엄마의 향기 …… 이 에스더 …… 191
부처님도 손을 든 우리 어머니 …… 이영범 …… 194
거칠었던 엄마의 손 …… 이영옥 …… 196
사모곡 …… 이원제 …… 200
나의 어머니 …… 임홍순 …… 203
그렇게 왔다가 그렇게 가신 나의 어머님 …… 장 준 …… 208
울 엄마 …… 장 빈센트 …… 211
울 엄마 …… 장 젬마 …… 213
울 엄마! 천국에서 만나리 …… 정 베드로 …… 215
나의 어머니 이름은 '엄마' …… 조제하 …… 217
엄마! '울 엄마!' …… 황민자 …… 221
종소리 …… 김일홍 …… 225
Dear Umma …… 박미자 …… 229

사진으로 보는 글 사랑 모임

이지춘 목사 『하나님의 구원 이렇게 받는다』 출판기념회 및 글사랑 모임 …… 238
LWV 세상이야기 출판기념회 …… 242
『아름다운 동행』 출판기념회 …… 245

발/행/사

어머니는 생명이요, 빛이시다

회장 김일홍

라구나우즈에 '글 사랑 모임'이 설립 된 지 5년이 되었습니다. 5년 전 이곳에는 한글로 글 쓰시는 분이 별로 없었습니다. 미국 생활에 충실하다 보니 자연 모국어를 멀리하고 살았고 그러다 보니 한글로 글 쓸 기회가 별로 없었습니다. 그러던 중에 2014년 라구나우즈 설립 50주년 기념행사가 있었습니다. 우리 한인들도 행사에 참여를 했으나 별반 뚜렷이 한 것이 없었습니다. 그래서 우리들만의 흔적을 남기고자 '글 사랑 모임'을 만들어 우리들의 삶의 이야기를 글로 쓰기 시작했습니다. 그렇게 시작한 것이 5년이 흘렀고 우리들은 이곳에서 글의 전도사가 되어 많은 책을 발간했습니다.

2014년 창간호에 장준 회장님의 주선으로『LWV 한인들의 이야기』가 탄생되었습니다. 그때 라구나우즈 많은 한인 집필자 분들이 좋은 글을 써 주셨습니다. 다음 해인 2015년에는 '글 사랑 모임'에 고영주 님이 회장직을 맡아『LWV 세상 이야기』를 발간했습니다. 2016년엔 본인이 회장직을 맡아『아름다운 동행』을 발간해 서울과 미주 사회에 우수 도서로 많은 한인들의 사랑을 받았습니다.

금년 들어 책 제작에 좀 다른 변화를 시도하기로 했습니다. '울 엄마'라는 주제로 어머니의 이야기책을 만들기로 계획을 세웠습니다. '울 엄마'는 우리들의 어머니란 뜻입니다.

'어머니!' 얼마나 숭고하고 위대한 말입니까?

인류가 사용하는 언어 가운데 가장 아름다운 말은 '어머니'입니다. 누구나 '어머니' 하면 마음이 찡합니다. 누구나 '어머니' 하면 눈물이 나온다고 합니다. 그래서 '울 엄마'를 소재로 글쓰기가 힘들었다고 합니다. 그렇습니다. '어머니'는 한 분이며 우리 모두의 생명이시고, 만물의 근원이십니다. 그래서 어머니는 만물의 빛이십니다.

나는 2년간의 라구나우즈 한인회장을 끝내고, 금년 들어 홀가분한 마음으로 책 발간 계획을 시작했습니다. 많은 분들의 호응이 나를 감격케 했습니다. 이번 책에는 한국과 미국에서 문학

활동하시는 문인들의 글을 받아 게재했습니다. 박동규, 박완규, 백인호, 연규호, 이선자, 정찬열, 정해영, 홍영순 님에게 감사드립니다. 우리 이웃에서 우리들의 영혼을 항상 돌봐주시는 새생명 교회 정 철 목사님, 감리교 림학춘 목사님이 원고를 보내주셨습니다.

'울 엄마' 편집내용에 묵직한 논단의 글을 특집으로 게재했습니다.

김선하 님의 '어머니란 우리에게 어떤 존재인가?', 이지춘 님의 '성경 속에 어머니와 여인들 이야기', 김귀양 님의 '조선 역사 속의 빛나는 위대한 어머니', 이미라 님의 '고려인 어머니의 위대한 삶', 김일홍 님의 '단군 신화 속의 단군 어머니 웅녀' 입니다.

'울 엄마'를 주제로 하다 보니 어머니의 사진이 중요했습니다.

우리 필자들의 나이가 70~80이 넘다 보니 어머님은 다들 타계하셨습니다. 그래서 장롱 깊숙이 묻혀있던 퇴색한 어머니의 사진을 찾아 사진작가 박승원 님, 김수경 님이 어머니의 사진들을 정성껏 다듬어 아름다운 어머니로 만들어 책 속에 어머니들의 얼굴을 선보였습니다. 아무나 할 수 없는 작업을 하신 두 분에게 감사드립니다. 그리고 빼놓을 수 없는 글 사랑 모임 창간인으로 라구나우즈의 보배이신 김소향, 김귀양, 이영옥 님 세 분, 5년간 책 발간에 수고해주신 데 대한 감사를 드립니다. 모든 집필자분들과 후원해주신 후원자님들에게 그리고 책 출판을 맡아주신 「북산책」 김영란 대표님께도 진심으로 감사드립니다.

2018 년 10월 1일

100세 까지 글을 쓰자

고영철

어느덧 Laguna Woods '글 사랑 모임'은 5년의 역사를 지닌다. 필자는 Laguna Woods '글 사랑 모임'에서 발간하는 모든 책에 참가했음을 자랑스럽게 생각한다. 이번이 다섯 번째로 『울 엄마』 책 발간이다. Laguna Woods 한인 교민의 연장자로 추천사를 쓰게 되어 자부심을 갖는다.

태초 인류의 발달사는 어머니를 중심으로 시작되었다고 생각한다. 모계사회가 형성되어 모든 통치도 어머니로부터 시작되었다. 그러다 어느 시기부터 여성의 신분이 노예적인 상태로 낙후된 때도 있었으나 어머니란 존재는 항상 우리들의 모체요 위대한 존재시다.

이번『울 엄마』의 책 발간은 참으로 특이하고 의미도 있다. 우리들의 어머니라는 존재를 설정해 놓고 글을 쓰게 된 것이다. 우리 모두 어머니에 대한 사랑과 추억이 가득하리라. 이 일은 지난날 자식들을 위해 모든 것을 바쳐 헌신했던 어머니에 대한 사랑과 그리움을 전해드리는 일이다. 한편 우리들이 얼마나 어머니 속을 썩여드렸나를 회상하며 글을 쓰는 일이다. 그러다 보면 그러한 작업을 통해 다시 한 번 어머니를 생각하고 그리워하리라.

미국에서 오래 살다 보니 조국의 언어를 접할 시기가 별반 없었다. 그렇다고 영어로 모든 것을 해결 할 수 있는 것도 아니었다. 그러다 Laguna Woods 한인들의 글 모임에서 글쓰기를 독려하고 글을 모아 좋은 책을 발간하는 것은 바람직한 일이다. 알고 보면 한인사회에서 글 쓰는 모임이 별반 없다. 그래서 더욱 '글 사랑 모임'의 글 쓰는 문화의 역할은 의미가 크고 좋은 책을 발간하는 일은 어느 한인들의 모임보다 우수하다고 생각한다.

내가 그동안 거듭 주장해 온 것은, 나이가 들수록 많이 생각하고 책을 많이 보고 글을 자주 쓰다 보면 치매 예방도 되고 정신 건강에도 좋다는 것이다. 그러다 보면 아마도 100세까지는 글 쓰는 작업이 이어질 것 같다.

이번『울 엄마』 책 발간이 김일홍 회장의 좋은 아이디어로 시작하여 Laguna Woods 한인들이 어머니에 대한 그리움과 존경을 고백하는 것을 반갑게 생각한다. 사진을 담당하는 박승원 사진작가와 편집을 맡은 김귀양 님의 노고를 치하하며 모든 집필자와 후원해준 분들에게도 감사드린다.

『울 엄마』 책 출판에 즈음하여

장준

김일홍 회장님이 2018년도 『울 엄마』 책 출판을 하니 추천사를 써달라는 요청에 세월이 빠름을 실감한다. 추천서 요청은 내가 '라구나우즈 글 사랑 모임' 제1대 회장이기 때문이리라. 라구나우즈에 처음 글쟁이들이 『한인들의 이야기』를 발간한 때가 2014년 11월 1일이니 5년 전의 일이다. 책 발간의 시작은 라구나우즈 창설 50주년을 축하하는 기념으로 우리 한인들도 무엇인가 축하를 하자는 뜻에서 글 모임이 처음으로 탄생했다. 명칭은 '라구나우즈 글 사랑 모임' 이었고 제1회 회장을 내가 맡았고, 실무책임을 김일홍 현 회장이 맡았다.

그때 내가 쓴 발행사에 나는 이렇게 쓴 기억이 난다.

'지구의 반 바퀴를 돌아 미국 땅에 와서 억척스레 정착한 이민 일 세대인 우리들! 그동안 드넓은 미국 땅 도처에서 수많은 일화를 남겨놓고도 우리 후손들에게 남겨줄 역사의 기록이 없어 아쉬워하던 차제에, 금년 라구나우즈 설립 50주년을 맞이하여 우리들의 꿈 그리고 삶의 열정을 담은 글을 후손에게 넘겨주고, 우리도 그 열정을 다시 느껴보기 위해 몇몇 뜻있는 분들이 힘을 합해 56인 수필집을 출간하기로 결정을 보았다.'

이곳에 사시는 한인들은 미국으로 이민 와서 40년, 50년이나 살아온 대부분 성공한 분들이다. 그러나 한국의 언어와 생각을 많이 잊어버렸고 잘못하면 정체성도 상실하기 쉬웠다. 그것을 지키자는 뜻에서 우리들의 정신문화와 이곳의 역사성이 담겨있는 글 모임이 필요했다. 우리들의 삶의 질을 높이는 데는 아마도 문화예술이 아닌가 생각된다. 그중에 글은 더 중요성을 지닌다. 처음엔 거의 글쓰기를 거절하거나 포기하는 사람들이 많았다. 글쓰기 작업을 포기하지 않고 독려를 하고 서로 글을 도와주며 글 작업을 계속했다. 처음엔 50주년 기념으로 50명으로 제한하려 했으나 인원이 늘어 56명이 되었다.

이제 5년 후의 책 발간에 즈음하여 본인은 감개무량하다. 이번 『울 엄마』 책 발간은 우리들의 어머니를 설정해 놓고 글을 쓰니 전례가 없는 글 작업이다. 이런 기발한 아이디어를 창안한 김일홍 회장님의 노고를 치하하고 싶다. 그리고 장롱 속 깊숙이 100년에서 수십 년의 퇴색한 어머니의 사진을 찾아내 글과 함께 편집을 해서 어머니를 끌어 올린 것은 참으로 잘한 일이다. 이 책을 위해 5년간 수고하신 편집인들 김귀양, 이영옥, 김소향 님께 감사하고, 사진작가 박승원 님의 사진 편집 또한 감사한다.

'울 엄마'라는 기발한 발상의 의미

김선하

'울 엄마'를 주제로 한 우리 마을 '글 사랑 모임'의 새 책『울 엄마』출간에 즈음하여 그 주제의 기발함과 뜻 깊은 발상을 기리면서, 간곡한 추천의 말씀을 드리고자 합니다.

'울 엄마'는 세월의 흐름도 공간의 부피도 아랑 곳 없이, 사랑과 그리움이 서린 한결 같은 모습으로 우리 가슴 가장 깊은 곳에 자리 잡고 계십니다.

나이를 먹어도, 잘 나도 못 나도, 잘 살아도 못 살아도, 기쁠 때도 슬플 때도, '울 엄마'를 생각할 때 우리 마음은 순수해지고 착해지면서, 우리 주변이 더욱 정다워지기도 합니다.

우리처럼 고향을 멀리 떠나 남의 나라에 사는 사람들은 '울 엄마' 생각이 고향 생각으로, 고향 생각이 겨레 사랑으로 바뀌기도 합니다. '울 엄마'에 대한 그리움은 언제나 가족 사랑으로 물결쳐 나가기도 합니다.

우리는 '울 엄마' 생각을 더욱 깊게, 더욱 애틋하게 가슴 속에 기르면서 타향살이의 어려움을 이겨나가야 할 것입니다.

다시 한 번 김일홍 회장님을 비롯하여 함께 수고하시는 여러분께 깊은 감사의 말씀을 드리면서 훌륭한 성과를 거두시기 축원합니다.

참으로 의미 있는 인생지사

이지춘 목사

금번에 『울 엄마』 대형 수필집을 발간하시는 라구나우즈 '글 사랑 모임'의 과감한 문예 사역에 심심한 축하를 드립니다.

라구나우즈 은퇴 촌에 사는 우리 모두는 이제 인생의 황혼기를 살고 있습니다. 그동안 거칠고 낯선 미국 문화에 적응하며 고생과 수고의 땀 흘림, 시시때때로 파도처럼 밀려오는 좌절과 절망, 자녀들의 양육을 위한 끊임없는 노심초사, 뼈를 깎는 사랑과 희생의 계곡을 지나고 언덕을 넘어 이제는 어머니, 아버지의 힘든 과정을 지나 할아버지 할머니가 되어 지나온 인생길을 뒤돌아보며, 땅거미 짙어가는 황혼의 뒤안길에서 우리의 어머니를 회고하며 기억해 보는 것은 참으로 의미 있는 인생지사일 것입니다. 특히 글로 써보고 남겨 놓는 것은 더욱 그렇습니다.

울 엄마는 울의 생명을 잉태하고 피와 살을 나누며 해산의 고통을 견디면서 우리를 이 세상에 태어나게 했습니다. 울 엄마는 이 세상 그 무엇과도 비할 수 없는 가장 순수하고 강렬한 우리에 대한 모성애가 있습니다. 이 모성애는 우리를 잉태하면서 함께 잉태되었고, 태교하면서 자라고, 해산하면서 탄생하고, 우리를 키우면서 함께 성장하여 마침내 우리를 우리 되게 키우시는 동력이 되어왔습니다. 이 울 엄마의 아름답고 목숨보다 더 강인한 모성애를 먹으며 오늘날 우리가 되었고 울 엄마는 우리를 바라보며 아직도 더 행복하기를 바라는 마음을 남겨 놓고 우리 곁을 떠나가셨습니다.

이제 우리도 곧 이 울 엄마의 마음을 가지고 우리의 자녀들의 곁을 떠날 것입니다. 떠나기 전에, 아직 목숨이 있는 동안, 울 엄마를 회상하며 이 세상에서 가장 고귀하고 아름다운 울 엄마를 한 폭의 그림 같은 글을 모아 출판하는 '라구나우즈 글 사랑 모임'의 수고와 헌신에 감사하며 지속적인 발전과 성공을 기원하고 축하합니다.

제 1 부
논단

'울 엄마'는 누구신가?

김선하

미국 시인 William Ross Wallace는 아래 표제(標題)로 가슴 설레는 시 한편을 써냈다. 'THE HAND THAT ROCKS THE CRADLE IS THE HAND THAT RULES THE WORLD-요람(搖籃)을 흔들어주시는 손은 이 세상을 다스리실 바로 그 손이어라.'

어머님 모습을 기리고 그리워하는 글과 노래는 고금동서(古今東西)에 가득 차 있어, 일일이 매거(枚擧)할 수가 없는지라, 여기서는 내 스스로가 겪어온 어머님의 행적(行跡)과 모습을 삽화(挿話)로 그려내면서, 어머님의 실상(實像)이 무엇인가 살펴보고자 한다.

어머님은 내생명의 근원이시자 내 삶의 길잡이여서, 아무리 마음을 가다듬어 그려내려 해도 온전할 수가 없다는 것을 미리 알지만, 정성과 흠모(欽慕)하는 마음으로 차분하게 어머님들 모습을 엮어보고 싶다.

삽화(挿話) 1 : 어머니만의 모습

새벽 4시, 내 옆에 잠자던 아내가 벌떡 일어나 딸이 자는 옆방을 살피는가 싶더니, 이내 이불을 박차고 그 쪽으로 내달았다. 영문도 모르고 뒤따라 간 나는 낳은 지 한, 두 달 밖에 안 되는 딸이 하얗게 바랜 얼굴로 숨을 몰아쉬고 있는 것을 보며, 그 자리에 그만 얼어붙고 말았다. 하지만 아내는 서슴지 않고 한 손으로 아이의 두 발목을 잡아 거꾸로 매달고, 다른 손으로는 아이의 가슴부터 목덜미까지 훑쳐내리기 시작했다. 머리는 산발(散髮), 얼굴은 창백한 무표정으로, 아내는 마치 신들린 사람마냥 같은 동작을 되풀이하는 게 아닌가. 이윽고 아이는 기도(氣道)로 잘못 들어간 젖을 토해 내고 귀가 째지는 "으앙" 울음소리를 터뜨리며 되살아났다. 꼭 기적만 같았다. 아내를 지켜보던 나는 그 때 일찍이 보지 못했던 영상(映像)이 아내를 덮치는 걸 보았다. 거기 서있는 사람은 이미 내 아내가 아니라 아무와도 닮지 않은, 함부로 다가서지 못할 의연(毅然)한 기품(氣品)으로, 어머니만이 지어낼 수 있는 신기한 모습으로 승화(昇華)해 가고 있는 것이었다. 오래오래 내 맘속에 간직해야 할 소중한 모습이었다.

삽화(揷話) 2 : 어릴 적 '울 엄마'의 기억

나의 어머님은 사대(四代) 사십 명의 대가족에 둘째 며느님으로 시집오셨다. 층층시하(層層侍下)에서 어른에게 지성(至誠)으로 섬기시고, 뭇 아랫사람들은 따뜻한 인정(人情)으로 대하시며, 단 한 번도 언성(言聲)을 높이시는 적이 없었다. 바쁘신 와중(渦中)에서도, 일본에 6년째 유학중이시던 아버님 몫까지 누이와 나를 밤낮을 두고 돌보시며 길러내셨다. 내 생애(生涯) 첫 번째의 어머님 기억은, 내가 세살 돌을 앞두고 악성(惡性)의 홍역(紅疫)으로 시달릴 때, 몇 밤을 나를 품안에 안아 달래주시던 어머님의 아늑한 체온이었다. 높은 열(熱) 때문에 방안에 드리워진 병풍이 불에 활활 타오르는 환각(幻覺)을 두려워하면서도, 어머님의 품이 그지없이 든든한 나의 방패(防牌)가 되어 견디어 낼 수가 있었다. 사람만이 아니라 집에서 먹이는 동물들에게도 어머님은 정다운 분이었다. 사람만 보면 줄행랑을 일삼는 닭, 오리에 여섯 마리 개들까지, 어머님 곁이라면 즐겨 다가오고 정다이 여기는 품이 뚜렷했다. 그런 것이 내게는 신기한 요술 같기만 했고, 언젠간 나도 이를 꼭 익혀야지 다짐하곤 했다.

삽화(揷話) 3 : 배움의 문을 열어주신 어머님

어머님 앞에 무릎 꿇고 앉아, 하늘 천(天), 따아 지(地), 거물 현(玄), 누루 황(黃)하며 천자문(千字文)을 소리높이 외우던 희미한 기억은 남아있어도, 세살 때 천자문을 다 마치고 온 집안에서 음식과 떡을 만들어 축하해주셨다는 어머님 말씀에는 전혀 기억이 없었다. 하지만 소년기에 들어서면서 현토옥루몽(懸吐玉樓夢)에 방대한 삼국지연의(三國志演義) 등을 읽어낼 수 있었던 것은 어머님의 한결 같으신 훈도 (薰陶)의 결과라 믿고 있다.

나보다 나이 많은 집안 사촌(四寸)들이 일본말 그림책을 독차지하고 보여주지 않아, 분을 못 이겨 울먹이며 돌아 온 나를 보시면서 어머님은 웃으시며 말씀하셨다. “너 일본말 배우지 않겠니. 천자(千字)도 했는데 일본말은 쉬울 거야. 그러면 엄마가 일본 계시는 아버님께 말씀드려 좋은 책을 보내 주시도록 해줄게." 나는 용기백배(勇氣百倍)하여 2주 만에 일본 말 공부를 마친 다음 아버님께서 부쳐주시는 책을 눈이 빠지게 기다리곤 했다. 동네를 돌아 읽을 만한 일본 말 책을 앗아가며 읽고, 만 6세에 초등학교에 입학할 때는 일본인 교사와의 단독 면접에서 일본말에 별다른 어려움이 없게 됐다. 내 자랑이 아니라 그 모든 게 어머님의 경륜(經綸)과 사랑의 열매였기 때문이다.

삽화(揷話) 4 : 어머님의 매

거짓말, 게으름, 남에게 폐가 되는 일을 철저히 싫어하시던 어머님은, 우리가 이를 어길 때마다 가차 없이 매를 들어 다스리셨다. 내가 일곱, 여덟 살 때, 한 여름의 폭염(暴炎) 아래서 놀다가 목이 너무 말라 집에 돌아와 부엌에서 찬물을 마시고 있는데, 열린 창가에서 부스럭 소리가 나서 보니 3미터가 능히 넘는 집 구렁이였다. 부엌 마루에 내려앉아 '따벵이'를 틀고 난 다음, 목줄을 살래살래 흔들며 날 보는 그녀석이 물을 조르고 있다는 것을 직감(直感)한 나는, 물그릇에 찬물을 가득 담아 그 놈 코앞에 놔주었다. 머리를 물속으로 완전히 담구며 몇 번인가 물을 들이켜고 있는 그 녀석 모습이 너무 신기해서, 다 마신 다음 나는 무거운 그 놈을 두 팔로 추켜들어 마당 끝 나무그늘에 가서 함께 놀고 있는데, 때 마침 어머님께서 마당을 건너 다가오셨다. "너 거기서 무얼 하고 있니?" "내가 잡은 뱀하고 놀고 있어." "어디 보자. 음, 그 놈 크기도 하구나. 너 물리지는 않았니?" "우린 친하니까 안 물어." "그래 그 녀석을 넌 어쩔 셈이냐?" "내가 먹일 거야." "어디서." "내 방에서."

어머님은 잠시 날 지켜보시더니 아무 말씀 없이 돌아서 대문 밖으로 나가셨다. 잠시 뒤 뚜껑 달린 바구니를 든 일꾼 한 사람과 돌아오신 어머님은, 날더러 뱀을 바구니에 넣어라 하시고, 일꾼에게는 뒷동산 풀섶에 뱀을 풀어주고 오라 하셨다. "안돼, 안돼, 내가 먹일거야." 발버둥을 치며 울부짖는 나를 어머님께서는 회초리 몇 대가 부러질 때까지 내 종아리에 내려치셨다. 이제까지의 매 가운데 가장 모진 매질이었고 종아리에 피멍이 드는 아픔을 견디면서도, 나는 아무런 연관(關)없이 문득 그게 어머님께 받는 마지막 매가 될 것이라 생각이 들었다. 뒷날 그렇게 됐다. "내가 좋아 한다고 남들이 반드시 좋아하지는 않는다."는 간단한 사리(事理)를, 내 평생을 가는 교리(敎理)로 남겨 주신 어머님의 마지막 매질이셨다.

삽화(揷話) 5 : 서포(西浦) 할아버님과 어머님 윤씨(尹氏) 할머님 이야기

서포 김만중(西浦 金萬重)씨는 나의 11대조 할아버님이시고, 내가 경배(敬拜)하며 사랑하는 선조의 한 분이시다. 서포(西浦) 할아버님의 아버님이신 익겸(益兼) 할아버님은 약관(若冠) 20대에 강화도(江華島) 수호대장(守護大將)의 부관(副官)으로, 병자호란(丙子胡亂) 때 쳐들어온 호군(胡軍)과 싸우시다가 패배(敗北)하자, 관문(官門) 누다락에 폭약(爆藥)을 장치, 문을 들어오는 호군(胡軍)의 장수(將帥)를 폭사(爆死) 시키고, 그 자리에서 돌아가셨다. 방년 19세에 청상과부(靑孀寡婦)가 되신 윤씨(尹氏) 할머님은, 만삭(滿朔)의 몸으로 강화도를 떠나 본토(本土) 쪽으로 피난하시면서, 나룻배 안에서 서포(西浦) 할아버님을 유복자(遺腹子)로 분만(分娩)하시자, 선생(船生)이라는 아명(兒名)을 지어주셨다 한다. 두 아드님, 만기(萬基), 만중(萬重) 할아버님을 뼈를 깎는 가난 속에서도 바르게 길러내시며, 능통(能通)하신 한문 실력으로 두 아드님을 몸소 가르치시면서 일찌감치 과거(科擧)에 함께 급제(及第)토록 하셨다. 뒷날 큰 아드님 만기(萬基) 할아버님은 따님을 숙종(肅宗)의 정비(正妃) 인경왕후(仁敬王后)로 입궐(入闕) 시키시며 당신은 광성 부원군(光城 府院君)이 되셨다. 아우님이신 서포(西浦) 할아버님은 어지러운 관직(官職) 생활 중에서도 중년(中年)이 지나시도록 어머님을 모시고 효성(孝誠)을 다 하시면서, 뒷날 구운몽(九雲夢)과 사씨남정기(謝氏南征記)등을 쓰셔 근세조선 문학(近世朝鮮 文學)의 선구사(先驅者)가 되셨다. 나는 할아버님의 작품을 읽으면서 늘 두 가지 큰 감동을 느끼곤 했다. 첫째, 서포(西浦) 할아버님은 문단(文壇)에의 출세(出世)를 바라신 것이 아니라, 외롭게 살아가시는 어머님의 무료(無聊)를 위로하시고자 이 글을 쓰셨다는 점, 둘째, 이 글을 한문(漢文)이 아니라 당시 언문(諺文)이라 멸시(蔑視)받던 우리의 글자, 한글로 쓰셔서, 더 많은 사람들이 읽을 수 있게 하시며 서민문학(庶民文學)에 앞장을 서셨다는 일이다.

윤씨(尹氏) 할머님은 세월을 초월하신 우리 가문의 큰 별이시고, '이 세상을 다스리는 큰 손'으로 오늘도 우리를 바르게 키워주시는 어머님의 '참 모습' 이시다.

삽화(揷話) 6 : 기적을 끌어내시는 '울 엄마'의 기적

내 막내 여 동생은 이름 모를 질병으로 한 동안 병원에서 입원생활을 하던 중, 담당의사가 하루저녁 동생이 "그 밤을 넘기기가 힘들 것 같으니 어머님께서 미리 알고계시는 게 좋겠다."는 경고를 드렸다. 종교가 없으시던 어머님께서는 얼음장 같은 콘크리트 바닥에 꿇어앉아 새벽까지 두 손 모아 난생 처음의 기도를 올리셨다. "천주님, 하나님, 저 아이를 살려주십소사. 그렇게 해주시면 저는 저의 남은 생명(生命)을 천주님께 바쳐 성당에서 일 하겠습니다." 그런데 새벽녘에 기적이 일어났다. 동생이 눈을 뜨고 엄마를 찾는 것이었다. 어머님은 약속하신대로 97세에 돌아가시는 날까지 성당을 찾으셨고, 우리 6남매가 함께 기독교로 귀의(歸依) 하도록 힘써주셨다. 6.25의 빗발치는 총탄 아래 꽃잎처럼 떨어져간 전우(戰友)들 틈에서도, 구사일생(九死一生)을 거듭하며 내가 끝내 살아남아 집에 돌아올 수 있었던 것도, 어머님의 밤낮을 가리지 않는 기도가 꾸려내신, 또 하나의 기적이라 지금도 믿고 있다.

삽화(揷話) 7 : 그리운 '울 엄마'여

우리 옆 동네 'Irvine'에 살 때 일 년에 몇 달씩 부모님을 모시고 지낸 적이 있었다. 산책을 즐기시는 어머님께서 하루는 집에 돌아오시더니 내게 물으셨다. "얘야, 알지도 못하는 미국 사람들이 날 보고 '하이' 하며 손을 흔드는데 그 게 무슨 말인지, 왜 그러는지 모르겠더라." "어머님, '하이'는 '안녕하세요'고, 미국 사람들은 모르는 사람들께도 인사를 잘들 합니다." 며칠 뒤 산책에서 돌아오신 어머님은 약간 상기되신 얼굴로 말씀하셨다. "얘, 미국사람들에게 이번엔 내가 먼저 손 흔들며 '하이' 했더니 그렇게들 좋아하는 것 같더라. 뭔가 긴 말을 하는 건 나는 모르는 일이지만, 그처럼 훌륭한 습관이 어디 있겠느냐. 서울서는 모르는 사람을 보면 굳은 표정으로 외면하고 지나가는데."

어머님은 잊으셨는지 모르지만 남을 대하는 그런 마음가짐이야 말로 내 어릴 적 어머님께 배운 그리운 교훈이었었다.

어머님께서 한국으로 떠나신지 열흘 쯤 지나서, 내가 기르는 진돗개 '순이'를 데리고 산책을 나섰다. 큰 길에 이르자 오른편으로 가야하는데 '순이'가 갑자기 걸음을 멈추고 발을 버티기 시작했다. "너 왜 이러니, 빨리 가자." 목줄을 끌어도 옴짝달싹 않고, 길 건너 골목길을 뚫어지게 쳐다보는 '순이'의 시선(視線)을 따라가다가, 나는 소스라치게 놀랐다. 거기 흰 옷 차림의 노부인(婦人) 한 분이 우리 어머님을 방불(彷佛)케 하며 서 계셨다. 그리고 '순이'의 영특(英特)하고 끈질긴 사랑의 표정은 나를 완전히 압도(壓倒)시키고 말았다. 나는 '순이' 얼굴을 쓰다듬으며 일렀다. "순이야, 저 분은 할머님이 아냐. 할머님은 서울 가셨어. 하지만 또 오실거야." 간신히 '순이'를 달래고 다시 걸으면서, 이번엔 내가 울었다, '순이'가 그리워하는 어머님이 나도 마냥 그리워서였다.

성경 속의 어머니

이지춘

성경을 보면 태초에 하나님께서 천지와 세계와 만물을 창조하시고 사람을 지으실 때는 하나님의 형상 하나님의 모양대로 지으시되 남자와 여자로 지으시어 그들을 축복하시기를 생육하고 번성하여 땅에 충만하라고 하셨다.

이 성경 말씀에 의하면 하나님께서 사람을 지으신 그 목적 중의 하나가 생육 번성의 뜻을 이루시기 위함임을 알 수 있다. 이를 위하여 여자는 자녀를 낳아 어머니가 되어 자녀를 양육하는 역할을 하는 것이 하나님의 뜻이었다. 이 하나님의 뜻을 따라 인류의 조상 아담과 하와로부터 시작하여 현대에 이르기까지 인류의 생육 번성의 역사는 계속되고 있다. 그러므로 어머니는 하나님의 그 심오한 뜻을 이루는 하나님의 사역에서 빼놓을 수 없는 위치에 있는 것이다.

성경에는 여러 명의 어머니가 소개되어 있다. 그러나 이 어머니들 중에서 성경은 이름도 모르는 한 가나안 여인을 끌어내어 그녀의 귀신 들린 딸과의 관계에서 어머니의 모습을 잘 드러내고 있다. 이 이야기는 이렇다.

하루는 예수님께서 갈릴리 지방에서 서북쪽 지중해 연안에 있는 두로와 시돈 지방으로 제자들과 함께 가셨다. 그 때 그 지역에 흉악한 귀신 들린 딸을 가진 한 가나안 여인이 예수를 찾아와 소리소리 지르며 내 딸이 흉악한 귀신이 들렸으니 나를 불쌍히 여기어 내 딸을 고쳐 달라고 애걸복걸 했다. 그러나 예수님은 매정하게도 묵묵부답이었다. 하다 하다못해 제자들이 예수님께 그 여자의 청을 들어 주시라고 했지만, 예수님은 자녀들의 떡을 취하여 개들에게 주는 것이 마땅치 않다고 거절하셨다. 이에 이 가나안 여인이 실망 좌절하고, 아니면 분하고 억울하여 호통을 치면서 돌아간 것이 아니라, 오히려 더욱 무릎을 꿇고 예수님 말씀이 옳지만, 그래도 개들도 주인의 상에서 떨어지는 부스러기를 먹고 살지 않습니까? 하고 더욱 겸손히 간구했다. 그 때에 예수님께서 그 여인을 향하여, '네 믿음이 크도다.' 칭찬하시고 그 딸을 고쳐 주셨다는 이야기다. 예수님께서 이 여인을 칭찬하고 그녀의 딸을 고쳐 주신 것을 보면, 이 여인을 정말로 무시하고 개 취급을 하셨던 것은 아닌 것이 분명하다. 정말 그랬다면, 결코 고쳐 주시지 않았을 것이다.

예수님께서는 의도적으로 이 가나안 여인 안에 있는 귀신 들린 딸에 대한 엄마의 아름다운 모습을 끌어내어 제자들과 성경에 기록해 온 천하 만민에게 보이시기를 원하셨던 것 같다. 그렇다면 그것은 과연 어떤 엄마의 모습이었을까?

그것은 분명히 가나안 여인의 믿음의 엄마가 된 아름다운 모습이었음이 분명하다. 왜냐하면, 이 여인을 향하여 '여자여 네 믿음이 크도다.'라고 칭찬했기 때문이다. 예수님께서는 이 가나안 여인 속에 있는 이 믿음의 엄마를 보이시고 싶으셨던 것이다.

믿음뿐만이 아니다. 귀신들려 망가진 딸을 버리지 못하고 사랑하는 엄마의 모성애도 보이시고 싶으셨던 것이 분명하다. 왜냐하면, 그 딸이 흉악한 귀신이 들렸으니, 미친 짓이란 미친 짓은 다하고 다녔을 것이고, 부끄러운 짓이란 부끄러운 짓은 다하고 다녔을 터이니, 문젯거리였을 것이고, 부끄러운 자식이었음이 분명하다. 버릴 수 만 있었다면 버리고 싶은 마음도 있었을 것이다. 그러나 그래도 버리지 못하고 그 딸을 돌보며 안타까워하며 예수님께 나아와 고쳐달라고 애걸하는 이유가 있었다면 그것은 무엇 때문이었을까? 그것은 분명히 모성애 때문이었을 것이다. 모성애가 아니었다면 그 무엇이 그렇게 까지도 부끄럼과 멸시천대를 불구하고도 외간 남자들 틈에 끼어 생면부지의 예수님께 딸을 고쳐 달라고 애걸복걸 했었을까? 이 사랑이 하나님의 사랑을 닮은 사랑이다. 사람이 온갖 죄를 짓고 하나님을 욕되고 부끄럽게 해도 버리지 못하시고 구원하시기를 원하셔서 하나님의 독생자를 사람의 모양으로 이 세상에 보내시고 십자가에서 죽으심으로 사람의 죗값을 대신 지불해 주시고 누구든지 저를 믿는 자마다 멸망치 않고 영생을 얻게 하신 그 하나님의 사랑을 닮은 사랑이다. 그래서 예수님은 이 가나안 여인 속에 있는 이 사랑의 엄마를 꺼내 보이시고 싶으셨던 것이다. 이 가나안 여인 속에 살아 있던 이 믿음의 엄마, 사랑의 엄마는 창조주 하나님께서 모든 여인이 엄마가 될 때 그 속에 심어 주시는 엄마다. 이 엄마가 울 엄마 속에도 있었다. 그래서 오늘도 울 엄마를 그리워하는 것이다. 이것이 성경속의 엄마의 이야기다.

단군 신화의 단군 어머니 웅녀 소고

김일홍

1. 서론

고대 국가들에 있어서 신화(神話)란 한 나라, 한 민족, 한 문명권으로부터 전승되어왔다. 당시에는 종교형태로 존재했으나 시간이 감에 따라 더 이상 섬김을 받지 못했다. 그러나 신화는 과거 원시적 시대에 종교적 기능을 발휘한 만큼 다양한 문화를 파생시켰다. 그리스, 로마 신화가 그 예로 잘 말해 준다. 신화는 우주론을 포함하며 종교적인 체제를 가지고 있다. 따라서 신화는 민족의 신념이고 그들의 역사로 통한다.

2. 신화의 의미

신화는 영어로 Myth(신화), 그리스어로 Mythos(이야기)에서 나온 말이다. Mythos의 글자 그대로 '이야기' 이며 그리스의 여러 신들의 이야기를 가리키는 말이다. 아리스토텔레스(Aristoteles)는 '신화는 말이다.'라고 했다. 제임스 조지 프레이저(James Frazer) 경은 '신화는 자연계를 설명하는 고대의 우주관이다.'라고 했고, 막스 뮐러(Max Muller)는 '후세에 오인되고 있는 선사시대로부터 내려온 시적인 환상이다.'라고 정의한다. 그러나 일반적인 철학자나 신학자들은 신화를 '진실하지 않은 거짓의 어리석고 환상적'이라고 비판하고 있다. 철학자들의 이론은 신화는 Logos(합리적인 사고)에서 벗어난다고 하고 신학자들은 기독교 신앙에 위배되는 헛된 이야기라고 단정한다.

3 단군 신화 속의 웅녀

고대 세계 어느 곳에도 신화가 있었듯이 우리나라에도 신화가 존재한다. 고려 시대 승려인 일연의 '삼국유사'에서 비롯된다. 승려 일연(一然 1206-1289)은 고려 충렬왕 7년에 인각사(麟角寺)에서 편찬한 삼국시대의 역사서이다.

삼국유사(三國遺事)에 단군신화(檀君神話)의 이야기가 담겨있다. 그 내용을 살펴보면, 하늘에 환인(桓因)이라는 신(神)이 있어 아들 환웅(桓雄)이 항상 천하(天下)에 뜻을 두고 인간 세상을 탐내는데 아버지가 아들의 뜻을 알고 삼위태백(三危太白)을 내려다보니 인간을 널리 이롭게 할 만한지라 생각해서 아버지 환인(桓因)이 천부인(天符印) 세 개를 주어 세상에 내려가 다스리게 하였다. 환웅(桓雄)은 삼천의 무리를 이끌고 태백산(太白山 지금의 묘향산) 꼭대기 신단수(神檀樹) 밑에 내려왔다. 그곳을 신제(神帝)라 불렀다. 이분이 곧 환웅천왕(桓雄天王)이다. 그는 풍백(風伯) 우사(雨師) 운사(雲師)를 거느리고 곡식, 수명, 질병, 선악 등 무릇 인간의 삼백예순 여가지 일을 맡아서 인간 세상을 다스리고 교화하였다. 그때 곰 한 마리와 범 한 마리가 같은 굴에 살았는데 항상 환웅신웅(桓雄神雄)에게 사람이 되게 해 달라고 빌었다. 신령이 이에 응해 신령스러운 쑥 한 심지와 마늘 스무 개를 주면서 말하기를 "너희들은 이것을 먹고 동굴에서 100일 동안 햇빛을 보지 않으면 사람이 될 것이다."라고 말했다. 곰과 범은 이것을 받아먹었다. 곰은 기(忌)한 지 삼칠(三七)일 만에 여자의 몸이 되었다. 그러나 범은 능히 기(忌)하지 못해 사람이 되지 못했다. 곰이 인간 여자로 변해 웅녀(熊女)가 되니, 웅녀는 자기와 혼인 할 사람이 없어 단수(檀樹) 아래서 아이를 낳게 해달라고 축원했다. 이에 환웅(桓雄)이 응해 잠깐 사람으로 변해 웅녀(熊女)와 결혼 웅녀가 임신을 해 아들을 낳았다. 이가 단군왕검(檀君王儉)이다.

4. 웅녀는 모신적 존재

단군신화(檀君神話)에 곰이 여성으로 변신하여 웅녀가 모신(母神)적인 존재로 등장한다. 단군신화의 특징은 단군이 한민족의 시조라는 의미에서 '단군신화'라고 이름을 붙여 이야기가 내려오고 있다. 그러나 여기서 필자는 단군신화(檀君神話)라기보다 웅녀신화(熊女神話)라고 해야 할 것 같다. 그 이유는 이 신화의 중심행동이 웅녀 곰(熊)으로부터 일어났기 때문이다.

곰은 새 생명의 전달자이자 기적 같은 변신(임신과 출산)의 주체로서 존재한다. 모든 신화가 다양한 창조설에서 보여 주듯이 한국판 최초의 인간 창조 이야기는 곰이 인간으로 변신했다는 사실이다. 웅녀가 모든 시련을 견디어야 했고 자식 단군을 탄생시키기 위해 노력했다. 이 같은 인간 창조의 신화는 히브리의 이브 창조(창세기 2장 18절~25절)와 유사하다. 아담의 갈비뼈를 취해 만든 이브의 이야기가 있다. 히브리 신화는 창조주와 피조물은 엄격하게 구별된다. 신은 자신이 만든 세계와 인간과는 전혀 다른 존재이다. 세계와 인간은 타락할 수 있지만 신은 언제나 절대적 선으로 남는다. 그러나 단군신화는 인도의 신화를 많이 닮은 면이 있다. 우선 불교적인 색채가 있다. 인도 신화를 보면 창조주 브라흐만(Brahman)은 자신을 분열시켜 피조물을 창조한다. 창조주와 피조물 사이에는 본질적으로 차이가 없다. 따라서 인도에는 신외에는 아무

것도 존재하지 않는다. 인도의 종교적 목표는 나 자신 안에 있는 신의 존재를 깨닫는 것이다. 그래서 둘이 아니고 하나이다.

우리나라에는 고대부터 전래적으로 내려오는 이야기가 있다. 그것은 신화에서 환웅이 곰과 범에게 쑥과 마늘 20개를 준 이유를 살펴보면 일반적으로 한국은 100일 또는 21일의 숫자가 아주 중요하고 여성의 출산과 깊은 관련이 있다. 고대의 우리 사회의 전례를 보면 아이를 낳기 위해 100일 기도며 아이가 태어나서 21일까지는 아이가 태어나지 않았다고 해서 새끼줄을 대문에 걸치고 출입을 금했다. 또한 언어적으로 살펴보면 우리 민족을 '곰의 무리'라는 뜻으로 표현했다. '고마 무리'로 부르기도 했다. 우리말의 '고맙다'의 어근에서 '고마'는 겸손, 존경, 감사의 뜻이 있다. 이렇듯 곰과 우리 민족은 밀접한 관계를 맺고 있다.

5. '울 엄마'는 우리들의 어머니.

신화 속에는 여인들이 많이 등장한다. 그리스 신화에는 너무 많은 여성이 등장한다. 단군신화에서는 곰에서 여자로 변신한 웅녀 한 명뿐이다. 이번 '울 엄마'를 주제로 글 작업을 한데는 여러 가지 이유가 있다. 역사적으로 사회적으로 여성이 어떤 대접을 받았는가의 문제제기를 해 본다면 여성은 남성의 종속적인 신분으로 천대를 받고 살아온 것을 부인하지 못 한다. 그러나 어머니는 우리가 생각하는 일반적인 여성하고는 다르다는 것이다. 어머니는 자식을 생산한다. 그래서 어머니 앞에서는 성이 존재하지 않는다. 어머니 앞에서는 아들, 딸이 없다. 어머니는 국가와 가정의 중심이요. 평화의 모체이다. 이런 문제를 가지고 단군신화 속의 우리 민족의 시모(始母)인 웅녀(熊女)를 서술하고자 한다.

프랑스의 실존주의 철학자 시몬 드 보부아르(1908-1986)의 저서『제2의 성』(Le Deuxime Sex 1949)이 발간되면서 성에 대한 큰 이슈가 되었다. 책은 '가부장적 이데올로기'에 대항해서 쓴 글이다. 제1의 성은 남성이고 제2의 성은 여성이다. 제2의 성은 제1의 성이 존재해야 비로써 존재하게 되는 부수적인 존재이다. 이런 사회와 문화 속에서 제2의 성은 철저히 타자(The Other)일 뿐이다. 신화에서도 주신과 피조물 사이와 같은 맥락이다. 한국에서도 예외는 아니다. 어머니가 딸아이를 낳으면 '엎어버리라'는 할머니들의 인식을 생각할 수 있다. 보부아르는 '여성은 태어나는 것이 아니라 만들어진다.'라는 말을 한다. 사실 일반적으로 여성들은 남성들보다 열등한 존재로 대접을 받아왔다.

6. 결론

신화나 일반 사회에서 나타나는 현상을 보면 앞서 언급했듯이 대부분 남성이 역사의 주체이며 행동자이다. 그렇다면 여성도 마찬가지로 인류의 절반이 여성인즉 남성과 동등한 주체자라고 할 수 있다. 또한 여성은 사회를 만들고 문명을 건설하는데 주변의 일부가 아니고 중심이라는 것이 나의 주장이다. 이 같은 내용이 타당하다면 필자는 '제1의 성과 제2의 성'을 아우르는 어머니란 명제를 제시한다. 어머니는 아들과 딸을 생산한다. 아들과 딸은 어머니에 속해 있을 때는 하나이다. 그런 면에서 단군신화 속의 웅녀는 이상적이고 내적인 힘을 상징한다. 인간이 되고 저 어려움을 참고 내적인 투쟁에서 더 많은 가치를 부여한 우리 민족의 혼을 지닌 어머니이다. 단군신화에서 곰은 토템(Totem)으로 등장한다. 그 이유는 곰의 생활 주기가 대자연(自然)과 흡사한 것을 웅녀로 전환되어 생산력을 나타내는 지모신(地母神)으로 상징되었다. 비록 신화라 할지라도 단군신화에서 변신한 곰이 웅녀가 되어 인내한 끝에 단군을 낳는다는 사실은 신기하게도 우리 민족의 어머니가 아닌가 생각한다. 고난에 굴하지 않고 인내와 끈기로 뜻한 바를 이루어낸 곰이 우리 어머니요. 주변에서 질시하고 윽박질러도 개의치 않고 묵묵히 일을 추진하는 곰이 바로 우리들의 어머니상이다. 이것이 바로『울 엄마』이야기의 주제이다.

조선 역사에 빛나는 위대한 어머니들

1. 서론

김귀양

조선의 여인을 속박한 유교 규범

유교적인 규범을 내세웠던 조선왕조 환경에서 여자는 아무리 뛰어나도 결혼과 함께 모든 재능을 묻어야만 했다. 또한 유교의 폐습은 여인을 한낱 종속적인 존재로 여기며 여성에게는 아무런 자유와 권한이 없었다. 그러나 여기에 소개되는 여인들은 이런 사회적 제재로부터 자유로울 수 있는 위대한 어머니들이었다. 자식은 어머니로부터 만들어진다는 이야기가 있듯이 위대한 인물뿐 아니라 평범한 사람들까지 상상할 수 없는 어머니의 은공이 크고 그 어머니의 헌신으로 훌륭한 인물이 탄생되었다고 할 수 있다.

자살로서 서자의 멍에를 풀어 준 양사언(楊士彦)의 어머니, 10만 양병설을 주장한 이이(珥)와 조선의 어머니 신사임당(申師任堂), 깜깜한 방에서 떡 썰기와 붓글씨를 시합한 한석봉(韓石峯)과 어머니 홍주 백(白)씨, 임진왜란 때 나라를 구한 이순신(舜臣) 장군과 백의종군하는 아들을 만나러 가다 세상을 하직한 어머니 변(卞) 씨 이야기 등을 통하여 어머니에 대한 아들들의 효성과 조선 시대 어머니들의 희생과 삶에 대해 간단히 살펴보기로 하자.

2. 본론

1) 아들을 위해선 어머니의 목숨도 아깝지 않다.

양사언(1517-1584)은 조선의 문신이며 서예가이다. 호는 봉래, 안평대군, 한석봉 등 조선의 명필 중 한 사람으로 초서체의 제1인자이다. 회양군수를 지낼 때 금강산에 자주 들어가 만폭동의 바위에 '蓬萊楓嶽 元化洞天'(봉래풍악 원화동천)이라는 글귀를 새겼다. 양사언은 서자로 태어났으니 사회신분이 좋지 않았다. 양사언의 부친 양민이 전라도 영광의 사또로 부임해 내려갈 때 어느 촌 고을을 지나며 식사를 하기 위해 이 집 저 집을 둘러보던 중 어느 한 집에서 소녀가 나와 공손하게 사또가 거리에서 식사를 하실 수 있겠느냐고 하며 자신의 집으로 모시어 정성껏 식사 대접을 했다. 말솜씨가 매우 어른스럽고 예의가 바르니 사또는 너무나 기특하여 소매에서 靑扇(청선)과 紅扇(홍선), 부채 두 자루를 주면서 농담으로 "내가 너에게 채단으로 주는 것이다."라고 말을 했다. 채단은 결혼 전에 신랑이 신부 집에 보내는 청색홍색 옷감이 아닌가? 깜짝 놀란 소녀는 안방으로 뛰어 들어가 급히 홍보를 가져와 깔고 두 부채를 내려놓으라고 한다. 사또가 놀라 왜 그러냐고 하니 "폐백에 바치는 채단을 어찌 맨손으로 받을 수 있겠습니까?"라고 하며 받은 두 자루의 부채를 잘 싸서 안방으로 가지고 들어갔다. 이 같은 일은 부부의 연을 예견했다. 이미 정실부인이 있는 사또 양민은 먼 훗날 이 소녀와 인연이 닿아 사또의 첩으로 맞이하게 된다. 정실부인에게는 양사준이란 아들이 있고 소실인 이 소녀와의 사이에 양사언과 사기, 두 아들이 탄생한다.

첩의 자식이라 사회와 가내에서 대접을 받지 못하는 것이 양사언의 어머니는 평생 가슴에 맺힌 한이 되었다. 이 삼형제는 자라며 매우 총명하고 재주가 뛰어났고 형제애도 깊어 주변으로부터 칭송이 끊이지 않았다. 정실부인이 죽고 나서 양사언의 어머니가 맡아 살림을 잘했고 아들들을 훌륭하게 키웠다. "그러나 두 아들이 아무리 훌륭하면 뭐하나, 서자들인데…." 이 소실의 꿈은 자기 아들의 머리에서 서자의 딱지를 떼 내는 일이었다. 남편 양민이 세상을 떠난 장례 날에 가족들이 모두 모인 자리에서 소실은 눈물을 흘리며 말한다. "양씨 가문에 들어와 아들 둘을 낳았으나 아들들이 재주 있고 총명하며 풍채도 있거늘 첩이 낳았다고 해서 나라 풍습은 그들에게 서자의 너울을 벗겨주지 않으니 통한스럽다."면서 장손 적자 양사준에게 울면서 부탁한다. "첩이 또한 이다음에 서모의 누를 가지고 죽은 후라도 우리 큰 아드님께서는 석 달 복 밖에 입지 않으실 터이니 이리 되면 그 때 내가 낳은 두 아들은 서자소리를 면하기 어려울 것입니다. 그러니 내가 지금 영감님 성복 날 스스로 목숨을 끊으면 복제를 혼돈하여 사람들이 모르게 될 것입니다. 내 이미 마음을 다진 몸, 무엇을 주저하오리까만은 내가 죽은 뒤 사언, 사기 두 형제에게 서자란 말로 부르지 않겠다고 약속하면 죽어서도 기꺼이 영감님 옆에 누울 수 있겠습니다."라고 말하고 양사언의 어머니는 가슴에 품고 있던 단검을 꺼내 자결한다. 아들들이 어머니를 부둥켜안았을 땐 이미 이 세상 사람이 아니었다. 자기 아들들을 서자의 멍에를 풀어주고 떳떳하게 세상을 살아가게 해준 어머니! 죽음으로서 부조리한 인간 차별화를 타파하고 선구자적인 신여성의 사상을 지닌 어머니의 죽음! 어머니의 끝없는 사랑은 어디에서 나오는 걸까?

2) 조선의 천재 이이와 어머니 신사임당.

이이(珥 1536~1584)는 48세에 사망하였다. 강원도 강릉부 죽헌동, 오죽헌 몽룡실(夢龍室)에서 태어났다. 신사임당이 이이가 태어나기 하루 전 검은 용이 바다에서 침실 쪽으로 날아와 마루 사이에 서려있는 꿈을 꾸었다고 하여 몽룡실이다. 조선의 문선이자 성리학자로서 호는 율곡(谷), 관직은 이조판서에 이른다. 조선 역사 속에 천 년에 한번 나올까 말까 하는 천재 6명중의 한 분이며 9차례나 과거에 장원 급제했다.

이이는 임진왜란이 발생할 것을 9년 전에 예견하여 10만 양병설을 주장한 분이다. 또한 조선의 위대한 어머니 신사임당의 8 남매 중 3째 아들로 태어났으니 이이는 더 바랄 것이 없다. 경제적으로는 풍족하지 못했지만 정신적으로 안정된 가정 분위기 속에서 건실하게 성장했다. 어머니 신사임당은 이이의 어렸을 때 인격형성에 절대적인 영향을 주었을 것이다.

신사임당(1504~1551)은 47세에 사망, 여성으로서 문인이자 유학자이며 화가이다.

신사임당은 최고액 5만 원짜리 화폐에 그 얼굴이 인쇄된 조선 최고의 여성상임에 틀림없다. 아들 이이와 이우, 딸 매창을 재능에 맞게 글과 그림을 손수 지도하여 당대에 뛰어난 학자요, 시인이요, 예술가로 명성을 떨치게 하였다. 본명이 '인선'으로 강릉에서 신명화의 5녀 중에 둘째로 태어났다. 기묘사화를 겪고 은거한 부친으로부터 성리학 교육을 받은 신사임당은 19세에 이원수와 결혼했고 친정에서 살았다. 조선의 대표적인 '부덕과 현모양처'의 상징으로 칭송을 받았으며, 사후에는 아들 이이(율곡)의 정치적, 학문적 대성으로 존경하는 어머니상의 전형으로 길이 추앙되었다. 신사임당의 부모에 대한 효도는 대단했다. 결혼 첫 해에 아버님을 여의고 홀로된 친정어머니를 지극 정성으로 모셨다. 그러다 남편을 만나러 한성부로 떠나 대관령에 이르러 멀리 내려다보이는 고향 마을을 바라보며 어머니에 대한 절절한 마음을 시로 담았다. 제목이 '유대관령망친정(踰大關嶺望親庭), 대관령을 넘어 친정을 바라보며'라는 글로 사모(思母)하는 마음을 애틋하게 그렸다.

慈親鶴髮在臨瀛(자친학발재임영) 늙으신 어머니를 고향에 두고서
身向長安獨去情(신향장안독거정) 홀로 서울로 가야 하는 마음
回首北村時一望(회수북촌시일망) 머리를 돌려 북촌을 바라보니
白雲飛下暮山青(백운비하모산청) 흰 구름 떠나가는 아래 저녁 산이 푸르네.

이이는 어머니가 돌아가신 뒤 3년간 여묘살이를 하며 효도를 했다. 신사임당이 죽자 남편 이원수는 주막집 권 씨를 본댁으로 들였다. 권 씨는 술주정이 심하고 성격이 난폭해 신사임당의 자식들은 고통을 많이 받았지만 이이는 계모 권 씨를 잘 모셨다고 한다.

3) 한석봉의 어머니는 엄한 스승이었다.

한석봉의 이름은 한호(韓濩 1543-1605), 호는 석봉(石峯)이다. 후세에 서예의 명인이라 불렀으며 명나라의 명필가 주지향은 석봉을 가리켜 "王羲之(왕희지), 顏眞卿(안진경)과도 우열을

가리기가 매우 어렵다."라고 할 만큼 글 솜씨가 뛰어났다. 한석봉은 개성에서 태어났다. 3세에 아버지를 여의고 조부에게 글을 배웠으나 15세에 조부마저 여의고 집안 살림이 매우 가난하여 어머니가 떡 장사를 하며 살았다. 석봉은 타고난 천재였으며 어려서부터 스스로 붓글씨를 익혔다. 피나는 수련을 쌓았으며 해.행.진.초.(楷. 行. 眞. 草)의 각체가 모두 묘경에 이르렀다 한다. 석봉은 돈이 없어 서당을 다니기는커녕 먹과 종이를 살 수 없어 손에 물을 찍어 항아리나 돌에 글씨 연습을 하였다. 마을 사람들이 석봉의 글 솜씨를 칭찬하자 어머니는 석봉을 유명한 절로 보내 공부를 하게 하였는데 스승 승려는 석봉의 글 솜씨에 감탄했다고 한다.

절에 들어 간지 4 년 후, 어느 날 석봉은 어머니가 너무 보고 싶어 밤에 집으로 찾아 왔다. 돌아와서 어머니에게 "공부를 많이 해 더는 배울 것이 없다."고 하자 어머니는 불을 끈 깜깜한 방에서 석봉은 붓으로 글씨를 쓰게 하고 자신은 칼로 떡을 썰어 둘의 솜씨를 비교해 보았다. 불을 켜고 보니 어머니가 썬 떡은 크기나 두께가 모두 똑같아 보기가 좋았는데 석봉이 쓴 글씨는 제각각으로 엉망이었다. 어머니는 석봉을 크게 꾸짖으며 자신의 떡처럼 눈을 감고도 글씨를 고르게 쓸 수 있게 되기 전까지는 집에 올 생각을 하지 말라고 엄명을 하였다는 이야기는 후세 사람들에게 많은 감명이 된다. 떡 장사 어머니의 위대한 교훈으로 훗날 석봉은 진사시에 합격을 했고, 임진왜란 때는 왕의 행재소에서 문서 관계 일을 했다.

석봉은 사신을 따라 명나라에 다녀왔는데 연석이 벌어지는 자리에서 자신의 필치를 휘날려 동방 최고의 명필로 아낌없는 칭송을 들었다. 선조 왕은 석봉이 쓴 글씨를 항상 벽에 걸어두고 감상했다고 한다. 임진왜란과 정유재란 때 조선에 왔던 명나라 제독 이여송, 마귀 등도 석봉에게 친필을 부탁하여 선물로 가져갔다고 전해진다. 명필의 대가 한석봉은 어머니의 엄하고 위대한 교육이 없었다면 결코 그 명성을 이루어내지 못 했을 것이다.

4) 이순신에게 어머니는 '하늘'이었다.

이순신에게 어머니는 절대적인 존재, 하늘 그 자체였다. 한성 출신의 이순신(李舜臣 1545~1598)은 53세에 전사했다. 조선중기의 무신이며 시호는 충무(忠武)이며 임진왜란 때 조선에 남은 12척의 배로 나라를 구한 인물이다. 모략중상으로 갖은 핍박을 받을 때도 어머니를 생각하며 전쟁을 승리로 이끌었다. 모략으로 인해 백의종군하기 위해 서울에서 아산에 도착한 직후 병든 어머니가 아들 이순신을 옥바라지하기 위해 찾아오던 중 나룻배에서 83세의 나이로 사망했다는 소식을 듣고 이순신은 울부짖으며 "나도 빨리 죽기만을 기다릴 뿐이다."라고 신음했다. 또한 어머니의 장례를 치르지 못하고 천리나 떨어진 곳으로 종군해야만 하는 자신의 처지를 한탄하며 어머니에 대한 불효에 통곡 했다. 1597년 5월 6일 꿈속에 작고한 두 형이 나타나 어머니 장례를 치르지 못하고 떠났으니 누가 장례를 치를 것인가 하고 서로 부둥켜안고 통곡을 했다고 한다. 이순신은 꿈에서 깨어나 새벽부터 밤까지 하루 종일 울어서 눈물이 엉켜 핏덩이가 되었다. 그 마음이 얼마나 처참했을까? 또한 "하늘이여 막막하나이다. 나를 홀로 남겨두지 마소서. 어찌 빨리 죽게 하시지 않으시나이까."라고 울부짖었다. 이순신장군의 어머니는 '어머니' 이상의 신성한 존재였다. 난중일기(亂中日記)에 가장 많이 등장하는 인물이 어머니다.

육친의 어머니를 표현함에 일반적으로 노당(老堂) 또는 병친(病親)이라 하는데 이순신은 이런 표현을 7차례나 했고 나머지 100여회는 어머니를 천지(天只)라고 표현했다. 천지(天只)는 바로 '하늘, 하늘 그 자체'라고 번역이 된다. 어머니가 곧 '하늘'임을 강조하는 말이다. 노당(老堂)이나 병친(病親)은 어머니를 보양한다는 뜻이 담겨있지만 '하늘' 그 자체로서의 어머니는 자신의 성공은 물론 고뇌, 죄악, 실패 등등 인간의 한계를 감싸 안을 수 있는 그런 존재인 것이다. 이순신의 아버지는 유학 공부를 해서 입신출세를 요구했으나 어머니는 항상 이해하고 감싸주었던 '이해와 포용'을 상징하는 사랑의 존재였다. 지금까지 어느 역사에도 찾아 볼 수 없는 세계적인 훌륭한 해장(海將)으로 추앙 받는 이순신은 항상 바른 길로 이끌어 주고 버팀목이 되어 주신 어머니가 계셨기에 가능했던 것으로 믿어 의심하지 않는다.

〈이순신의 시 '母地天只 不諒人只'(모지천지, 불량인지)〉〈즉 어머니는 바로 하늘, 나의 마음 몰라주네.〉

5) 결론

가부장적 유교 전통 속의 조선의 여인들

조선의 사회는 유교로부터 많은 영향을 받았다. 삼국 시대나 고려시대에는 불교가 국가 정책을 지배했는데 불교의 병폐가 결국 유교를 불러들이는 형국으로 되었다. 유교가 언제부터 한반도에 전해졌는지 문헌기록에는 없다. 중국 남송의 성리학이라 불리는 신 유학이 고려 말인 13세기쯤에 일부 지식인들의 소개를 통해 한반도에 전래 되었다고 한다. 결국 불교에서 유학으로 자리가 넘어간 것이다. 따라서 성리학이 조선시대에 지도 이념으로 그 위치가 공고히 자리 잡았다. 조선시대의 법전인『경국대전』에 여성들은 재가(再嫁)금지와 외출(外出) 규제들이 법제화 되어있다. 16세기인 유교의 법제는 출가외인(出嫁外人), 여필종부(女必從夫), 칠거지악(七去之惡), 삼종지의(三從之義)의 풍속이 습속 되었다. 그러므로 여성들은 혼인 전부터 혼인 후는 물론 사망하는 날까지 남녀유별(男女有別) 속에 남자에게 종속되어 일생을 살아야 했다. 그러한 시대에 모든 사회적 악 조건을 뛰어 넘어 역사 속의 위대한 인물들을 길러낸 조선시대의 어머니들은 진정으로 후세에 추앙 받음이 마땅하지 않은가?

고려인의 어머니

'어린 나무가 햇빛과 물을 얻어 꽃을 피우며 성장하듯이
어머니의 보살핌으로 성인이 될 수 있습니다'

이미라

아시아 본토의 가장 끝자락, 태평양을 낀 광활한 극동(Far East) – 아무르(Amur)강의 장엄한 물줄기와 타이가(Taiga) 산의 울창한 숲이 어우러져 있는 곳입니다. 비록 거친 자연환경이지만 일 년 내내 아름다운 경치를 볼 수 있습니다. 여름에는 우거진 나무와 풀, 다채로운 꽃들이 온통 뒤덮여 있습니다. 겨울에는 하얀 베일로 온 산하를 덮은 듯 많은 눈이 내립니다. 가을에는 수많은 종류의 야생 열매, 과일, 버섯들이 가득하고 온종일 잣나무 열매를 배불리 따먹을 수도 있습니다.

어머니는 1922년 1월, 이 광활한 하바로프스크(러시아) 근처의 말로 표현할 수 없는 아름다운 작은 마을에서 태어났습니다. 어머니의 부모님은 1905년 일본의 통치와 억압을 받던 조선을 떠나 급히 이 지역으로 탈출하게 되었다고 합니다. 어머니의 러시아 이름은 Tatiana이며 성은 김해 '김' 씨입니다. 어릴 때는 맑고 철없이 건강한 소녀로 자랐습니다. 계곡의 백합(Convalia)을 한 아름 가슴에 안고 꽃향기를 흠뻑 마시며 어디론가 달려가는 기차를 향해 손을 흔들곤 했다고 합니다. 그때만해도 그 열차가 얼마 후 자신을 전혀 모르는 미지의 땅으로 실어갈 것이라고는 전혀 꿈도 꾸지 못했겠지요. 일곱 살에 갑자기 부모를 잃게 된 어머니는 숙모의 손에 자라게 되었습니다. 게다가 다섯 살 된 여동생과 이제 겨우 세 살 된 남동생을 돌봐야만 했습니다. 자라면서 배우고 싶은 열망은 컸지만 학교에서 공부할 기회는 전혀 주어지지 않았습니다. 그렇기 때문에 그녀의 가장 절실한 꿈은 자녀들에게 그녀가 이루지 못한 꿈 – 교육을 제공하는 것이었습니다. 1937년 7월 일본군이 중국을 침략했을 때 이미 조선은 일본제국의

통치하에 있었습니다. 소련 지도자들은 고려인을 일본인 간첩들과 구별할 수 없었기 때문에 국경 지대에서 모든 고려인을 퇴거시키라고 명령했습니다. 소련 정부의 서류에는 '일본의 간첩이 러시아 영토로 진입하는 것을 막기 위해.'라고 쓰여 있었다. 결국 고려인은 일본 제국주의의 공범자이며 인민의 적으로 취급을 받게 되었습니다.

이 때 어머니는 스탈린이 중앙아시아로 추방한 72,000여명의 러시아 거주 한인 중 한 명이었습니다. 부모님 말씀에 따르면 고려인은 1937년 9월부터 1938 년 1월까지 단계적으로 이주 했으며 퇴거가 시작되기 전부터 그들이 사는 마을 간의 의사소통을 중지시켰다고 합니다. 고려인이 철도로 이동할 기차 탑승권을 구매하는 것마저 이미 금지 되었습니다. 사실 그들은 자의로 이주할 수가 없었으며 곧 강제적인 국외 추방이 시작 되었습니다. 러시아 정부는 갑자기 24시간 안에 떠날 준비를 마치라고 명령했습니다. 한편 고려인들이 키우던 가축에 대한 보상을 곡식으로 주겠다는 약속을 받았지만 결국 아무 것도 주어지지 않았습니다. 그들에게는 잠시 동안 먹을 소량의 음식과 꼭 필요한 일부 생필품만이 허용되었습니다. 사람들은 여권과 중요 서류들을 모두 압수당한 채 대략 5~6 가족(30~35 명)을 한 단위로 각각 가축을 옮기던 비좁은 기차 칸에 태워 어디인지도 모르는 곳으로 옮겨졌습니다. 출생증명서가 없었으므로 후에 아이들이 학교를 가야 할 때에는 아이들의 입을 벌려 치아를 검사하여 나이를 대략 가늠하기도 하였습니다. 중앙아시아까지의 이동에는 40~50일이 걸렸는데 그동안 많은 사람들이 추위와 굶주림에 지쳐 죽어 갔습니다. 가축을 실어 나르던 더러운 기차 칸은 끔찍하게 혼잡하고, 숨 막히고, 어두웠습니다. 황량한 시골 역에 정차하면 누군가 다가와 문을 열고 "죽은 사람 있는가?" 하고 물었습니다. 그리고 그들은 시체를 밖으로 끌어내어 길가에 버렸습니다. 문이 닫히면 열차는 다시 서쪽으로 더 멀리, 멀리 달려갔습니다. 기차를 타고 가는 도중에도 어떤 사람들은 고려인들이 일본을 도와주는 적이라고 알고 있었기에 고려인들은 많이 죽을수록 좋다고 생각했습니다. 무질서한 가운데 도둑질을 하는 사람들도 생겨났고 결국 어머니도 귀중히 여겼던 몇 안 되는 짐들을 잃어버렸습니다. 많은 가족들이 다른 기차 칸에 타고 있다가 갑자기 칸을 분리시켜 다른 곳으로 가는 바람에 헤어지게 되었고 잠시 볼일을 보러 내렸는데 기차가 떠나 버리기도 하여 예기치 못한 가족과 친척들이 서로 헤어져 영영 생이별을 하기도 했습니다. 중앙아시아에 도착하자 일부는 카자흐스탄에, 다른 이들은 우즈베키스탄으로 보내졌습니다. 우리 어머니가 우즈베키스탄에 도착한 때는 15살의 연약한 소녀였습니다. 첫 겨울을 그들은 방공호나 가축을 키우던 우리에서 지내야 했습니다. 정부에서 밀가루를 배급받아 빵을 구웠고 겨울에는 쌓인 눈을 걷어내고 얼어있는 야생양파, 키노아, 시금치, 민들레 등의 풀들을 뜯어 먹고 견뎌야 했습니다. 일부는 말라리아, 이질, 트라코마 등의 전염병으로 생명을 잃기도 했습니다. 겨울의 추위는 너무도 혹독하여 제대로 된 옷을 갖출 수 없었던 대부분의 아이들 중 약 1/3 가량이 목숨을 잃기도 했습니다.

우즈베키스탄에 도착한 고려인들은 주로 쌀, 채소 재배, 면화 재배, 어업 등에 종사했습니다. 좋은 농지는 이미 원주민들이 거의 다 차지하고 있었기 때문에 그들은 개간이 어려운 늪지 등을 소유할 수밖에 없었습니다. 게다가 처음에는 농사를 도와줄 소나 농기구도 없었습니다. 그러나 고려인들 대부분이 근면한 까닭에 오래지 않아 곧 윤택한 마을을 만들어 낼 수 있었습니다. 간혹 정부 고위 공직자들이 고려인 마을의 농업 생산 업적을 치하하기 위해 방문하기도 했습니다. 유치원과 소학교에서 차출된 어린이들이 소련수상 흐루시초프(Nikita Khrushchev), 호지명(베트남 지도자), 또는 세계 최초 우주 비행사였던 가가린을 환영하던 모습이 아직도 기억에 생생합니다.

어머니는 극동 아시아에서 이주해온 아버지를 만나 결혼을 하였습니다. 조촐한 결혼식에 참석하는 손님들은 각자 쌀이나 우유, 혹은 계란 등 무엇이든지 조금씩 선물을 가지고 왔습니다.

시어머니가 되실 우리 할머니는 신부에게 금속제 머리빗과 예쁜 숄(shawl)을 선물하였습니다. 예식을 마친 후, 신혼부부는 말이 끄는 썰매를 타고 마을 주변을 한 바퀴 돌았습니다. 그것이 그들 결혼식의 전부였습니다.

히틀러 통치하의 독일과의 전쟁에서 고려인들은 또 다른 차별을 받게 됩니다. 고려인들은 믿을 수 없다고 여겨졌기 때문에 그들을 전선으로 보내지 않고 후방에서만 돕게 했습니다. 우리 어머니는 소련의 유럽 영토에서 옮겨진 한 군수품 공장에서 일하게 되어 탱크 포탄을 만들었습니다. 아버지는 나무를 베는 벌목공으로 차출되어 시베리아로 보내졌습니다. 그는 숲 속에서 나무를 잘라 옮기는 작업이 얼마나 어렵고 힘들었는지를 자주 말씀하셨습니다. 깊은 산속에서 고달픈 생 노동을 하며 굶어 죽느니 차라리 전선에서 총을 맞고 죽는 게 더 낫겠다는 생각을 하셨다고 합니다. 결국 아버지는 쓰러지는 나무에 무릎을 다쳐 여생을 지팡이에 의지하고 살아야 했습니다.

마침내 1945년 세계 2차 대전이 끝남으로 고려인들은 다시 정상적인 삶을 찾을 수 있었습니다. 1953~1957년에 걸쳐 법적인 지위도 인정받게 되었습니다. 전에는 각자의 거주지에서 35km 이상을 벗어날 수 없는 제한이 있었으나 이 조치가 폐지되면서 비교적 자유로워져서 군대 및 직장에서 일하거나, 대학에서 공부도 할 수 있게 되어 각 분야에서 지도자적인 직책을 맡을 수도 있게 되었습니다. 많은 고려인들이 작은 마을에서 도시로 이주를 시작했습니다. 그들 중에는 의사, 엔지니어, 과학자들도 생겨났습니다. 그리고 마침내 1993년 4월 러시아 정부 법령에 따라 재 소련 고려인에 대한 제재 령들이 모두 불법이라고 선포했습니다. 갑작스레 빈손으로 러시아로부터 강제퇴거를 당했고 기아와 질병 등으로 아무런 희망과 기대를 할 수 없었던 그들이 이제는 수준 높은 교육을 받게 되고 어느 정도 안정이 되어 그 중 일부는 재산을 축적하여 부유함도 누릴 수 있게 되었습니다. 이제는 우즈베키스탄 내 고려인의 디아스포라는 세계 4위(약 200,000명)가 됩니다.

우리 어머니는 비록 몸은 허약하였지만 급변했던 거친 세파에 맞서 가족을 위해 온 평생을 바쳐 희생하셨습니다. 어머니의 가장 큰 두려움은 아이들이 혹 굶어 죽을지도 모른다는 것이었습니다. 그래서 어머니는 언제나 채소를 기르고, 바느질을 했으며 또 음식을 만들어 내다 팔았습니다. 매일 저녁 어린 나는 먼저 잠이 들었고 아침에 일어났을 때는 어머니가 계속 일하고 있는 모습을 보아왔기 때문에 어머니는 전혀 밤잠을 자지 않는 사람으로 생각하였습니다. 어머니는 네 명의 의붓자식을 맡아 기르며 시어머니인 할머니를 모셨고 언니와 오빠, 그리고 나를 낳았습니다. 아버지는 학교 선생님이었으므로 오직 일곱 자녀들의 교육에만 집중하셨습니다. 하지만 다른 모든 일-가족을 돌보고, 유치원 관리와 채소밭 가꾸기, 가축 기르기, 심지어 새로운 집을 짓는 일까지-이 모든 것을 어머니가 떠맡아야 했습니다. 어떻게 그런 처지가 되었을까? 과연 그렇게 감당할 시간이나 있었을까? 어찌 그 많은 일을 혼자서 해낼 수 있었을까? 이제 생각해보면 연약한 여성으로서 초능력을 가져야만 그 모든 일을 처리할 수 있었을 것 같습니다. 어머니가 걸쳤던 옷가지라고는 기껏 위아래가 붙은 긴 옷 몇 벌과 창이 닳아 얇아진 싸구려 슬리퍼뿐이었습니다. 그것도 최고의 선물로 귀하게 여기셨습니다. 지금도 저는 가게에서 편안한 슬리퍼를 보게 되면 우리 어머니가 이런 것들을 얼마나 좋아하셨을까 생각합니다.

내가 어렸을 때는 종종 아버지가 어머니를 매우 불공평하게 대하는 것을 보았습니다. 그러나 어머니는 결코 불평하지 않으셨으며 오히려 우리에게 항상 아버지를 존경하며 말씀을 잘 따르라고 일렀습니다. 인내, 순종, 희생은 그 당시 모든 여성 및 어머니들의 전형적인 모습일 것입니다. 자신을 위해 '나는 이것을 갖고 싶다.' 또는 '내가 무엇이 필요하다.'라는 말씀을 하신 적이 전혀 없었습니다.

어느 해 연말 어머니가 직장에서 특별 보너스를 받게 되었습니다. 그래서 가족이 모여 앉아 무엇을 사는 게 가장 좋을까 서로 의논하였습니다. 결국 가스스토브나 내가 칠 피아노 중 하나를 선택하기로 의견이 모아졌습니다. 아빠는 피아노가 더 중요하다고 말했습니다. 후에 고등학생이 되었을 때 그 동안 너무 힘들게 살아왔던 어머니가 편리하게 쓰실 수 있는 스토브를 샀었어야 했습니다. 어차피 내가 위대한 피아니스트가 되지도 못할 터인데 못 사드린 것이 너무 죄책감을 느낀다고 말했습니다. 그러나 그때 어머니는 "부모란 자식으로부터 어떤 큰 영광 받기를 기대하지 않는다. 단지 자식들을 위해 가능한 모든 것을 베풀 수 있으면 그것으로 만족한다."라고 말씀하셨습니다. 또 한 가지 예로 집에서 닭 요리를 했을 때입니다. 우리 가족은 수가 많았는데 어머니는 항상 닭의 목과 발 부분만을 좋아하신다고 말씀하셨습니다. 그 당시 아무것도 모르고 철없이 어렸던 나는 그 말을 정말로 믿었고 심지어 다른 사람에게도 그렇게 자랑하곤 했습니다. 어머니가 돌아가시기 전 몇 해 동안은 많이 아프셨지만 우리가 걱정할까 봐 전혀 내색도 하지 않았습니다. 어머니는 항상 모든 것이 괜찮다고만 말씀하셨습니다. 그녀에게 19명의 손자들이 생겼고 자손들 모두가 그녀가 원했던 대로 교육을 받아 잘 성장했고 또 결혼도 하게 되었으므로 주변에 그녀를 부러워하는 친구들이 많았습니다.

1994년 어머니는 병환으로 세상을 떠나셨습니다. 생각해보면 지금까지 나는 딸로서 아무것도 어머니를 위해 해드린 게 없어 마음이 아픕니다. 그동안 나는 학창생활, 직장에서의 계속된 출장, 내 아이들의 임신과 출산, 소련의 붕괴에 따른 정치 및 사회와 생활의 변화 등등 여러 가지 이유와 핑계를 대며 어머니를 위한 짧은 시간마저도 갖지 못했던 것입니다. 그저 어머니가 영원히 곁에 함께 계실 것으로만 막연히 기대했었던 것 같습니다. 그녀가 돌아가신 뒤에야 내가 얼마나 어머니를 아쉬워하며 또 그리워하는지를 뒤늦게나마 깨닫게 되었습니다. 때늦은 후회를 아무리 해도 이제는 돌이킬 수가 없음을 통감하고 있습니다.

누구에게나 유년기 시절의 기억을 밝고 선명하게 남겨주는 그 위대한 예술적인 놀라운 모성, 그것을 만들어내는 초능력적인 여성으로서의 어머니에 대해 누구나 하고 싶은 이야기가 많이 있을 것입니다. 그러나 어떠한 말과 표현을 하더라도 누구에게나 결국 하나의 귀결로서 삶의 진실을 단정할 수 있을 것입니다. 그것은 살아계시는 동안 늙고 쇠약해진 어머니를 성심껏 보살피고 또 너 늦기 전에 어머니가 베풀어 주신 사랑에 대해 아무리 감사의 보답을 잘하더라도 충분할 수는 없습니다. 이는 어느 누구에게나 해당되는 가장 중요하고도 확실한 진실입니나. 모성의 본능적 사랑보다 더 깊고 큰 사랑이 있을 수 없고, 또 이러한 사랑을 받지 않고 태어나서 자란 자식이란 결코 존재할 수도 없으니까요.

-주강 역-

울엄마

제 2 부
문인들의 글

울 엄마

림학춘

엄마는 내게 울이시다
계유생 어머니는 신유생 아버지를 만나
깜깜한 세상에 빛을 비추라고
배신한 세상을 깨우라고
정유년 새벽닭 세 번 우는 소리에 아들인 나를 보셨다.

황해도 너른 평야 믿음의 개천 서쪽 호수
할아버지가 교회를 세웠던 왕촌 마을
그 넉넉하고 아름답고 평화로운 곳

남한 방송을 지하 은신처에서 듣던 아우가
인민재판에 넘겨져 세상을 뜨자
홀어머니를 두고 탈출하신 내 아버지
단 한 사람 고발자의 이름을 알리지 않으신 채
평생 찌르는 가시를 품고 산 아버지를 만나 엄마는
임진강 남쪽 둑 위 마을에서 38선 열리기를 함께 기다리셨다.

아버지의 마음의 눈물을 평생 그대로 담아 두신 엄마.
이집트에서 첫째 아들을 본 요셉은 그 아들의 이름을 '다 잊어버렸다'라는 뜻으로
므낫세라고 지었다.
그런데 어찌 잊을 수 있으리요
둘째 아들을 갑절로 열매를 맺으라고 에브라임으로 지어서
잃어버린 고향을 되살리고자 했으나
두고 온 홀어머니를 무엇으로 대신하리요
아버지의 마음의 상실을 평생 그대로 받아 주신 엄마.
갈 수 없는 땅 가을 금강산이라도 밟으시려던 그 해
둘째 아들과 태평양을 넘어 전화로 기도하시다

그리던 고향을 이루지 못하고 먼저 귀천하셔 홀로 된 엄마.

내가 둘째로 이 세상에 오는 그때 엄마는 몸으로 울이 되셨다.

작은 교회당 마룻바닥 엄마 무릎에서 잠이 깨
십자가를 바라보니

아직도 어젯밤 일처럼 내 안에서 지금도 자라나는 신안의 첫 근육.

군대 간 둘째 아들 위해 시작한 철야기도는 나와 엄마를 지켜준 울.

눈 내리는 삼각산 바위에서 비닐 뒤집어쓰고
기도할 때도 눈도 물이 되어 흘러내렸으니
내게 기도 없는 엄마는 없고 엄마 없는 기도는 없다.

오늘도 케어쎈타에서 갑절로 불어난 성경책을 읽으시며
기도로 온종일 울이 되신다.
누구에게든 아쉬운 소리하거나 기대지 않고
언제나 반듯하게 하루 일하여 하루를 살고자
아버지와 함께 개미처럼 평생 일만 하셨던 엄마.
그래서 난 가족여행, 수학여행 한번 다녀오지 못했지만
텅 빈 집에 돌아와 밥 짓고 물 깃는 것을 일찍 몸에 익히고
홀로 서지 않으면 함께 설 수 없고
함께 서려면 홀로 설 수 있어야 한다는 것을 마음에 새겼다.
일용할 양식을 주시옵고 라는 기도드리면서도
하나님의 일에는 넉넉하셨던 엄마의 거룩한 버릇은
지금도 용돈을 모아 찾아간 손주에게 다 퍼주시고
목사인 나보다도 성도 하나하나 사정을 다 기억하시고 기도하시니
울 엄마의 울의 끝은 어디인가?
나의 하나님께 기도 드립니다.

내 정년은 은퇴하는 주일 예배에 엄마가 자리하실 수 있도록
부디 건강을 지켜 주소서
엄마가 아들을 위해 지켜달라 하신 것처럼
엄마의 울을 거두지 마시고 지켜 주소서
울 엄마처럼 아들을 위해 기도해주실 이가 어디에 있겠습니까?

2018년 7월의 마지막 날에.

림학춘 : 라구나힐스 연합감리교회 담임목사

내가 영리하고 똑똑하다는 우리 어머니~!

박동규

내가 초등학교 6학년 때 6.25 전쟁이 났다.

아버지는 내 머리를 쓰다듬으며, "어머니 말씀 잘 듣고 집 지키고 있어." 하시고는 한강을 건너 남쪽으로 가셨다. 그 당시 내 여동생은 다섯 살이었고, 남동생은 젖먹이였다.

인민군 치하에서 한 달이 넘게 고생하며 살아도 국군은 오지 않았다. 어머니는 견디다 못해서 아버지를 따라 남쪽으로 가자고 하셨다. 우리 삼 형제와 어머니는 보따리를 들고 아무도 아는 이가 없는 남쪽으로 향해 길을 떠났다. 1 주일 걸려 겨우 걸어서 닿은 곳이 평택 옆 어느 바닷가 조그마한 마을이었다. 인심이 사나워서 헛간에도 재워 주지 않았다.

우리는 어느 집 흙담 옆 골목길에 가마니 두 장을 주워 펴 놓고 잤다. 어머니는 밤이면 가마니 위에 누운 우리들 얼굴에 이슬이 내릴까봐 보자기를 씌워주셨다.

먹을 것이 없었던 우리는 개천에 가서 작은 새우를 잡아 담장에 넝쿨을 뻗은 호박잎을 따서

죽처럼 끓여서 먹었다. 3일째 되는 날, 담장 안집 여주인이 나와서 "(우리가) 호박잎을 너무 따서 호박이 열리지 않는다. 다른 데 가서 자라!"고 하였다. 그날 밤 어머니는 우리를 껴안고 슬피 우시더니 우리 힘으로는 도저히 남쪽으로 내려갈 수 없으니 다시 서울로 돌아가서 아버지를 기다리자고 하셨다.

다음 날 새벽 어머니는 우리들이 신주처럼 소중하게 아끼던 재봉틀을 들고 나가서 쌀로 바꾸어 오셨다. 쌀자루에는 끈을 매어서 나에게 지우시고, 어머니는 어린 동생과 보따리를 들고 서울로 다시 돌아오게 되었다. 평택에서 수원으로 오는 산길로 접어들어 한참을 가고 있을 때였다. 30살쯤 되어 보이는 젊은 청년이 내 곁에 붙으면서 "무겁지. 내가 좀 져 줄게!" 하였다. 나는 고마워서 "아저씨, 감사해요"하고 쌀자루를 맡겼다. 쌀자루를 짊어진 청년의 발길이 빨랐다. 뒤에 따라 오는 어머니가 보이지 않았으나, 외길이라서 그냥 그를 따라 갔다. 한참을 가다가 갈라지는 길이 나왔다. 나는 어머니를 놓칠까봐 "아저씨, 여기 내려 주세요! 어머니를 기다려야 해요." 하였다. 그러나, 청년은 내 말을 듣는 둥 마는 둥 "그냥 따라와~!" 하고는 가 버렸다. 나는 갈라지는 길목에 서서 망설였다. 청년을 따라 가면~ 어머니를 잃을 것 같고, 그냥 앉아 있으면

~ 쌀을 잃을 것 같았다.

당황해서 큰 소리로 몇 번이나 "아저씨~!" 하고 불렀지만, 청년은 뒤도 돌아보지 않았다.

나는 그냥 주저앉아 있었다. 어머니를 놓칠 수는 없었다. 한 시간쯤 지났을 즈음 어머니가 동생들을 데리고 오셨다. 길가에 울고 있는 나를 보시더니 첫 마디가 "쌀자루는 어디 갔니?" 하고 물으셨다. 나는 청년이 져 준다면서 쌀자루를 지고 저 길로 갔는데, 어머니를 놓칠까봐 그냥 앉아 있었다고 했다. 순간 어머니의 얼굴이 창백하게 변했다.

그리고, 한참 있더니 내 머리를 껴안고, "내 아들이 영리하고 똑똑해서 에미를 잃지 않았네~!." 하시며 우셨다.

그 날 밤 우리는 조금 더 걸어가 어느 농가 마루에서 자게 되었다. 어머니는 어디에 가셔서 새끼 손가락만한 삶은 고구마 두 개를 얻어 오셔서 내 입에 넣어 주시고는, "내 아들이 영리하고 똑똑해서 아버지를 볼 낯이 있지~!" 하시면서 우셨다. 그 위기에 생명줄 같았던 쌀을 바보같이 다 잃고 누워 있는 나를, '영리하고 똑똑한 아들' 이라고 칭찬해 주시다니~!

그 후 어머니에게 영리하고 똑똑한 아이가 되는 것이 내 소원이었다. 내가 공부를 하게 된 것도 결국은 어머니에게 기쁨을 드리고자 하는 소박한 욕망이 그 토양이었음을 고백하지 않을 수 없다. 어느 때는 남들에게 바보처럼 보일 수도 있었지만,

어머니의 (바보처럼 보이는 나를~) 똑똑한 아이로 인정해 주시던 칭찬의 말 한 마디가 지금까지 내 삶을 지배하고 있는 정신적 지주였던 것이다. 절박하고 절망적인 상황 속에서도 야단이 아니라 칭찬을 해 줄 수 있는 어머니! 그런 어머니의 칭찬 한 마디가 우리 아이들의 인생을 아름답게 변화시켜 주리라 믿습니다.

***박동규 님은 시인 박목월 님의 아들입니다.**

박동규 서울대 명예교수

어머니의 유언

박완규

비가 흠뻑 내리는 가운데 엊그제 우리 형제들은 벌초를 하였습니다. 매년 이맘때가 되면 둘째 형은 바쁜 동생들을 힘들게 하면 안 된다며 동생들 몰래 혼자서 벌초를 하곤 하십니다. 동생들은 같이 하지 왜 혼자 하냐고 형에게 타박을 하지만 동생들이 왜 형의 그 마음을 모르겠습니까.

35년 전이었습니다. 어머님께서 많이 아파 누워 계실 때, 어머니께서는 우리 어린 형제들을 앞에 앉혀 놓고 몇 가지 유언을 하셨습니다. 형제들 간에 우애 있게 살라는 말씀과 복 짓고 살라는 말씀과 자손 없는 할머니 산소를 우리에게 당부하셨습니나. 그 할미니는 자손이 없어서 우리가 말하는 임자 없는 무덤의 주인이십니다. 어머니께서는 그 할머니 말씀을 하시면서 어린 우리에게 이렇게 말씀하셨습니다.

"내가 죽은 다음에 내 무덤에 성묘나 벌초를 올 때마다 꼭 이 할머니의 무덤도 방문해서 벌초도 해드리고 술도 한 잔 붓고 오너라. 후손 없는 이 분이 쓸쓸하지 않게…."

정이 많으셨던 어머님께서는 자손이 없는 이 분에게 어떤 고마움이나 은혜를 입으셨나 봅니다. 그래서 죽음을 예감하신 어머니께서는 당신이 죽고 난 뒤에 깊은 산 속에 있는 이분의 묘가 걱정되셔서 마지막 유언으로 이 분의 묘를 우리들에게 당부하셨습니다.

어머니께서는 우리에게 복 짓고 살라 하셨습니다. 당신의 말씀을 어린 자식들이 알아들을까 싶었겠지만 어머니께서는 받은 은혜는 반드시 갚고 살라 하셨습니다. 그리고 살아생전에 그 은혜를 다 갚지 못하면 자식들이라도 갚아야 한다고 말씀하셨습니다. 그래서 우리 형제들은 자세한 영문도 모른 채, 매년 이 분의 제사를 지내드리고 명절 때가 되면 이분의 묘에 성묘도 합니다. 그 세월이 벌써 35년입니다. 그런데 참 고마운 것은 우리 형제 누구도 왜 임자 없는 이 분의 제사를 우리가 계속 지내야 하는지, 왜 우리가 이 분의 묘에 벌초를 하고 이분의 묘까지 돌봐야 하는지 이것에 대해 이의를 제기하는 형제가 한 명도 없다는 사실입니다. 어머님의 유언이니 그냥 따르는 것이고 어머님께서 "이제 그만 됐다." 하는 말씀이 없으시니 그냥 끝까지 모시는 것입니다. 이 분이 우리 어머님께 잘 해 주셨으니 우리가 이분을 잘 모셔야 하는 것은 어찌 보면 당연한 일이겠지요.

이 할머니의 묘를 벌초할 때마다 복 짓고 살아야하겠다는 생각을 자주 합니다. 세상에 복을 짓고 살면 살아서 그 복을 받을 수도 있겠지만 살아서 그 복을 받지 못하면 이렇게 저승에서나마 복을 받는구나, 하는 생각이 들기 때문입니다. 이 할머니께서 큰 연고도 없는 우리 형제들로부터 이렇게 정성스럽게 보살핌을 받고 제삿밥을 얻어 드실 줄 누가 알았겠습니까. 우리 형제들이 추석이고 설날이고 꼬박꼬박 이 할머니의 묘를 찾아가서 안부를 여쭙고 정성스런 음식을 장만해서 제사를 지내 드리고, 묘를 손질하고, 벌초를 하게 될 것이라는 것을 이 할머니께서 살아생전에 생각이나 했겠습니까. 그래서 살아 있을 때 복 짓고 살 일입니다.

어머님께서는 유언으로 우리 형제들에게 우애 있게 살라 하셨고 세상에 복 짓고 살라고 신신당부를 하셨는데 우리 형제들은 누구도 예외 없이 어머니의 그 유언을 충실히 따르며 살고 있습니다. 지금도 많은 사람들이 부러워할 정도로 형제간에 우애 있게 살고, 다들 다른 사람들에게 손가락질 받지 않고 살고 있고, 어려운 사람을 보면 하나라도 더 베풀면서 살려고 노력하는 형제들이니 말입니다. 제가 생각해도 참 착한 형제들입니다.

우리 어머님께서는 지금부터 43년 전에 혼자가 되셨습니다. 그리고 지금부터 34년 전에 세상을 뜨셨습니다. 세월이 이렇게나 많이 흘렀는데 지금도 그 기억이 생생합니다. 아버지가 돌아가셨던 날, 상여가 나가는 날, 상여 뒤에서 어머니가 통곡하던 모습까지….

아버지가 돌아가셨다는 슬픔보다 어머니의 통곡하는 그 모습이 더 가슴 아팠던 그 기억이 엊그제 같은데 되돌아보니 참 많은 세월이 흘렀습니다. 그때 저 위의 형이 중학교 2학년이었고, 제가 초등학교 5학년이었고, 제 동생이 초등학교 1학년이었습니다. 그렇게 일찍 혼자가 되어 어린 자식들까지 키우다 보니 어머니께서는 항상 부지런해야 했고 강인해야 했을 것입니다. 혼자서 어린 자식들 굶기지 않기 위해 어머니가 얼마나 힘든 세월을 보내셨겠습니까. 그러다가 너무 힘이 들 때면 자식들 몰래 눈물을 자주 흘리셨던 어머니였습니다. 아궁이에 불을 때다가도 울고 자식들이 돈 달라고 떼를 쓸 때마다 울고…. 하지만 어머니의 그 눈물이 35년이나 지난 지금도 우리 형제들을 바르게 키우고 계시는 것 같습니다.

저와 형제들은 어머니를 평생 가슴에 안고 살아가고 있습니다. 벌써 당신의 아들들은 당신이 살았던 세월보다 훨씬 더 많은 세월을 살고 있지만 어머니는 예나 지금이나 싱싱한 꽃으로 우리 자식들 가슴에 살아 계시는 분입니다. 제가 세상을 살면서 부러운 것이 하나도 없는데 제가 세상에서 가장 부러워했고 지금도 부러워하는 것은 부모님을 모시고 사는 친구들의 모습입니다. 부모님과 티격태격 싸우기도 하는 친구들을 볼 때마다 속으로 이런 생각을 하곤 합니다. '느그들

은 참 좋겠다. 얼마나 좋으냐….'

그러나 괜찮습니다. 35년 동안 어머니는 우리 형제들 가슴에 낮이면 해로 환생했다가 밤이면 달로 환생을 했다가 새벽이면 새벽별로 환생하는 그런 귀하디귀한 분이기 때문입니다.

아! 이제 추석이 가까워지고 있습니다. 달이 되고 별이 되신 어머니는 오늘도 항상 우리를 지켜보고 계실 것입니다. 그래서 어머니는 아무리 세월이 지나도 '어머니!' 하고 속으로 부르기만 해도 눈물이 괴어 나오는 그런 이름인 것 같습니다.

아! 어머니. 오늘도 몹시 그리운 날입니다.

박완규 올림

박완규 수필가

울 엄마의 마음

백인호

울 엄마는 T.V에서 최헌의 노래만 나오면 기분이 좋으셨다. 오동잎 한잎 두잎 떨어지는 가을밤에 그 어데서 들려오나 귀뚜라미 우는소리. 구성진 목소리와 가사가 울 엄마 마음에 와 닿는 모양이었다. 오동잎과 무슨 사연이 있는 걸가. 부친이 65세에 세상을 떠나셔 24년간 홀로 세월을 보내셨기에 고요하게 흐르는 밤의 적막에 가을바람 따라 임과 함께 여행이라도 하고 싶으셨나 보다.

손자가 재롱을 떠는 것을 보거나 성장하는 모습을 볼 때면 울 엄마의 손길이 얼마나 고마웠는지 새삼 느껴진다. 울 엄마는 어린 시절 시골에서 자란 분으로 마음이 여리고 착하신 분이다. 나는 어렸을 때 엄마를 따라 친척집을 방문 하거나 외출을 하다보면 만나는 사람마다 다정한 목소리로 너는 어쩌면 엄마를 쏙 빼닮았냐 하면서 머리를 쓰다듬고 그 녀석 순하게도 생겼다고 덕담들을 해주시는 것을 들은 기억이 난다. 칭찬인지 바보스럽다는 말인지 이해할 수가 없었다.

울 엄마가 주신 마음의 선물인데 어떻게 하겠는가. 생각하면 그리스도의 정신을 소유한 울 엄마의 성품은 늘 고귀하기만 하다. 무더운 여름날 학교에서 돌아오면 수돗가에 엎드리라고 하며 목물 시켜 주시던 어머니, 커다란 양푼그릇에 시원한 얼음 깨어 설탕 섞어 수박냉차를 해주시면 시원하게 마시는 것을 보고 행복 하셨던 어머니, 추운 겨울 난로를 수리하는 철공소에서 일하는 나이 어린 수리공이 불쌍하다고 집으로 데려다 길렀던 어머니시다. 그런가 하면 숙부님 내외가 일찍 세상을 떠나 사촌 형제까지 맡아 길렀고 대 식구 속에 늘 오가는 손님이 많았으나 불평 한마디 안하시고 사람 사는 곳에 사람이 꼬여야 한다며 주어진 사명을 잘 감당하신 분이다.

어린 시절에 울 엄마는 나를 데리고 인천에서 아버지가 계신 함경북도 청진으로 올라가셨다. 부친이 그곳에서 사업을 했기 때문이다. 다시 만주 목단강으로 이주하여 생활 하던 중 8.15 해방이 된다는 정보를 입수하고 집과 모든 가구를 버리고 우리 식구는 부친을 따라 그 뜨거운 여름날 석탄운반 기차에 몸을 싣고 압록강을 건넜다. 압록강을 건너자 잠시 기차는 멈추었다. 그 사이 내가 목이 마르다고 부친은 물을 구하라 갔다 돌아오는 찰나에 기차는 서서히 떠나고 있었다. 물병을 들고 달려오는 아버지를 보며 소리치던 울 엄마, 석탄차 제일 마지막 칸에 탔기에 기차가 달리지만 아버지가 달려오는 것을 볼 수 있었다. 아버지의 달리는 속도도 만만치 않았던지 다행히 기차를 잡고 올라탔다. 한숨을 쉰 울 엄마는 얼마나 놀랐을까. 옛날 기차는 좀 느렸나 보다. 지금처럼 성능이 좋았다면 우리는 틀림없이 이산가족이 됐을 것이다. 우리 식구는 며칠 동안의 악몽 속에서 천신만고 끝에 인천 고향으로 돌아왔다. 그때가 아마 5살 아니면 6살 정도 됐을 것 같다.

울 엄마가 17세에 나를 낳아 주시고 어린 나이의 엄마로 나를 끌고 이북과 만주를 남편 따라 어려운 삶을 꾸려갔으니 그 마음의 고통이란 말할 수 없이 힘들었을 것이다. 남달리 배운 것도 없고 성격도 온순한 울 엄마를 생각하면 참으로 안타깝기만 하다. 나의 이민생활을 통해 울 엄마의 만주 객지생활의 어려운 삶에 공감이 간다.

아버지는 대동아 전쟁을 거치면서 어려운 역경 속에 경험을 통하여 세상을 습득하신 분이다. 성격이 무뚝뚝한 분인데도 사업에는 상술이 있어 후에 성공한 사업가로 그 많은 형제들 그리고 자식들을 챙겨주시고 공장 직원들 한 사람 한 사람을 보살펴 주신 분이다. 지금 말하자면 경제 민주화를 하신분이며 고용주와 고용인의 동반성장을 주장한 분이다. 그 와중에 울 엄마는 장손인 나를 경제적으로 힘을 실어주려고 애를 꽤나 쓰신 것 같다.

당신 나이 들어 수족 못 쓰면 어떡할래요? 노후대책에 대한 울 엄마의 걱정을 들을 아버지가 아니었다. 나는 예술도 길고 인생도 긴 줄만 알았다. 눈물 젖은 빵을 못 먹어 봐서 일까, 그저 걱정 없이 하루하루 넉넉한 마음을 가지고 살았을 뿐이다. 마음이 온유한 자는 복이 있다고 하였는데…. 어느 날 저녁 늦게 울 엄마와 아버지의 말싸움이 벌어졌다. "장사하면 뭐 해요 남는 것도 없는데 고생만 죽어라 하고." 화가 난 울 엄마는 자신의 노후대책을 세우라는 주장이었다. "너희들 굶기지 않을 거야." 하며 큰소리치시는 아버지의 목소리 역시 물러갈 기세는 아니다. 울 엄마는 아버지를 이기려고 고집도 부리지 않으셨다. 미래에 대한 식견과 큰 며느리로서의 자질을 가지신 분으로 대가족을 유감없이 이끌어 오신 마음이 넓은 호수와 같은 어머니시다.

계속 세상은 변하고 대가족 제도가 무너지고 급변하는 물질문명에 인간의 마음마저 싸늘해지고 있다. 지난날의 울 엄마의 생애를 조명하며 잠시나마 울 엄마의 마음에 빠져본다. 나실 제 괴로움 다 잊으시고 기를 제 밤낮으로 애쓰는 마음, 진자리 마른자리 갈아 뉘시며 손발이 다 닳도록 고생하시네.

"여보 당신 고집도 어지간하군요. 내 말 좀 듣지." 지금도 울 엄마의 목소리가 귓전에 스친다.

백인호 미주 송강 선양회 회장

어머니

연규호

대부분의 사람들은 어머니에 대한 간절한 사랑을 품고 살지만 나는 그렇지 못해 섭섭한 마음이며 후회스럽기도 하다.

나의 어머니는 2차 대전 중 일본군의 만행 중 하나였던 일본군 강제위안부에 끌려가지 않으려고 일찍 결혼해 18세 때 나를 낳았다. 더구나 아버지도 같은 나이의 고등학생이었기에 자식을 기를 능력이 없어서 젖을 떼면서 농사짓던 할아버지와 할머니가 충청도 시골에서 나를 길러주셨다. 그러기에 나는 할머니를 어머니로 할아버지를 아버지로 알고 살았다. 어쩌다 부모님이 시골집에 와 나를 안아 보려고 했지만 나는 낯선 사람으로 알고 도망을 다녔다.

그래도 할아버지의 지극한 사랑을 받아 시골 동네 애들에 비해 잘 먹고 지냈다.

7살이 되던 해 초등학교에 입학하기 위해 아버지와 어머니를 따라 청주로 왔으나 무척 힘들었다. 그리고 더 큰 문제가 나를 기다리고 있었다. 나보다 3살 어린 남동생이 있었는데 6.25 피난 중에 머리를 다쳐 돈 많이 드는 병원에 다니고 있었으니 경제적으로 말이 아니었다. 동생은 늘 누워있었으며 가끔 간질을 하기도 했다. 전 후 가난했던 그 시대, 병원비가 말이 아니었다. 없는 살림에 애마저 아프다보니 어머니는 정신적으로 불안정해 어머니로부터 어머니의 사랑을 받아 볼 여유가 없었다. 어머니는 자주 화를 내고 학교 가는 나를 돌아볼 여유가 없었기에 나는 혼자 컸다고 생각된다.

초등학교 3학년 때, 오래 앓던 동생이 세상을 떠나자, 나는 인생에서 처음으로 이별과 죽음을 조금은 알게 됐다. 그 후 내 밑으로 4명의 여동생이 태어났기에 나는 정말 어머니의 사랑을 별로 모르고 살다 고등학교, 의과대학을 마치고 인턴, 군의관, 그리고 결혼한 후 보따리 싸 들고 훌쩍 미국으로 왔다. 미국 생활은 아주 바쁘게 쫓기듯이 살았다. 숨도 돌리기 전에 생각지도 못하게 아버지가 일찍 돌아가시자 나는 어머니와 할머니에게 생활비를 보내면서 아들의 의무를 했다. 그러나 건강하리라 생각했던 어머니가 당뇨. 고혈압 등으로 몸이 아주 쇠약해지자 영어도 안 되는 이곳 미국으로 오셨다. 그러나 어머니는 여동생의 집에 사는 것이 더 편했기에 자주 볼 수 없었다.

"어머니가 힘들어 더 이상 못 모시겠으면 언제고 오빠에게 보내라."라고 나는 여동생들에게 말했지만 마음은 불편했다. 마침내, 혈액투석으로 연명하게 되자 동생들도 포기하고 나에게 어머니를 보냈다. 투석, 병원 응급실, 양로병원, 집으로 뱅뱅 도는 어머니의 삶이 안타까웠다. 그래도 아들이 더 좋았다고 하였다. 믿음직스럽다고도 했다. 비디오를 한 보따리, 그리고 순대, 해삼탕도 자주 사다 드렸다. 양로원 친구들과 파티도 자주 했다. 아들딸도 좋지만 같은 또래의 친구가 더 좋다고 했다.

어쩌다 충청도 시골에서 청주, 서울로, 그리고 태평양을 넘어 뉴욕, 뉴저지, 오하이오 그리고 LA를 거쳐 OC로 옮겨 왔으니 어머니는 미국을 횡단한 셈이다.

어린 시절 시골에 살면서 나는 어머니와 할머니로부터 무엇을 배웠는지 별로 기억이 나질 않는다. 문득 나의 손자 손녀들이 수많은 장난감을 가지고 노는 모습을 보면서 나는 어려서 무엇을 갖고 놀았을까? 궁금하다. 개구리를 잡던 기억이 난다. 제기차기와 잣치기를 했던 기억도 난다. 철이 들고 직장을 갖은 후 내가 어머니에게 한 일은 음식을 사다주고 생활비를 보내 주는 것이 고작이었다. ABC도 모르는 어머니는 가든그로브에 버스를 타고 다녔다. 노인회에 가서 버터나 치즈도 타왔다. 이미 고인이 되었지만 내 기억에 남는 어머니는 그래도 아들에 대한 믿음과 의지하는 마음이었다. 심장 당뇨 그리고 투석 등으로 병원에 입원 할 때마다 아들의 손을 잡고 안심하던 모습이 눈에 선하다. 나는 남들처럼 울 엄마로부터 그럴싸한 선물이나 큰 돈 받은 기억은 없으나 그래도 어머니는 나에게 피를 나눠주고 DNA를 통해 '나라는 존재'를 만들어 주었다. 로즈 힐 무덤에 찾아 갈 때 마다 캄캄한 밤 방구석에서 아들을 위해 기도하던 울 엄마의 목소리가 들리는 것 같아 눈시울이 찡하다. 그러기에 울 엄마는 오늘도 내 곁에 있는 것 같다.

연규호 내과의사

미주소설가협회 회장

엄마니까

이선자

본격적인 추위가 시작되는 11월, 한 번도 집을 떠나 본 적이 없는 엄마는 요양원으로 들어가셨다. 요양원이란 소리만 들어도 절대로 곁도 안 주셨다. 집에서 오 분 거리니 날마다 아들이 찾아올 것이고, 이제 시작하는 새집인지라 들러보시고 깨끗하니, 마음이 놓이셨나보다. 서둘러 휠체어 탈 때 무릎 시리지 말라고 담요와 걷지는 못해도 따뜻이 발을 감싸줄 실내화를 준비해 부쳤다. 가금 동생 내외가 찍어 보내는 카톡, 조그만 카톡방을 통해 나타난 엄마에게, 감사하고 좋은 선택이라고 곧 가겠다고 조금만 기다리라고 달랬다.

열 살에 한국을 떠나온 아이는 서른이 되었다. 병역 문제와 시민권까지 해결하고 5월에 아이들과 함께 나갈 날짜를 잡았다. 내가 겨우 할 수 있는 일은 부드러운 과자나 먹거리를 부쳐드리는 일. 답답한 날들이 지나가던 어느 날, 엄마가 식사를 도통하지 못해 기도해 달라는 카톡이 왔다. 병원 응급실로 달려간 엄마는 몸에 모든 기능이 떨어지고 계셨다. 늘 그랬듯 기다려 주시겠지 하는 마음을 뒤흔드는 후회가 물밀듯 몰려왔다.

요양원에 들어가실 때 좀 나가볼 것을, 지금이라도 가야겠다는 생각에 피가 마르는 것 같았다. 응급 처치를 받고 안정되었다는 연락이 있고 잠시 후 모든 기능이 심상치 않다는 주치의 진단은 요양원으로 돌아가기 힘들겠다. 아무래도 병원에서 임종을 맞게 되실 것 같다는 진단이 내려졌다.

일터에서 연락을 받고 제일 빠른 비행기를 잡아타고 몸을 실었다. 시시각각으로 변화되는 상황에 절대로 엄마 곁을 비우지 말 것. 혹시라도 엄마를 보지 못하게 된다면, 동생에게 엄마 귀에 대고 "정말 정말 미안하다는 말과 사랑한다."는 말을 당부해 놓았다. 왜 이렇게 비행기는 오래도록 날아가는 것인지 며칠을 뜬 눈으로 잠도 청하지 못한 상태에 불안은 더 깊어갔다. 도착해 핸드폰을 연결해보니 "누나 너무 서두르지 말고 차분히 오세요."라는 카톡이 들어와 있었다. 순간 쿵! 하는 둔기가 가슴을 내리쳤다. 기…다려 주실 줄 알았는데…. 힘이 쑥 빠진 상태로 입구로 나가니, 조카를 내보내겠다던 동생이 둘 다 나와 있었다.

"아 정말 돌아가셨구나!"

이렇게 어리석을 수가. 요양원에서 잘 적응하시니 다시 좋은 모습으로 1년 정도는 더 사실 수 있다고 생각했던 내가 얼마나 한심한지 견디기 힘들었다.

영하 22도, 발인하는 날 매서운 추위는 마치 서운한 마음을 나타내는 엄마의 마음 같아서 더욱 추웠다. 나라도 그보다 더한 매서운 추위로 섭섭한 마음을 표현하지 않았을까. 돌아오기 전 다시 한번 산소에 들렀다. 양지바른 언덕에 아버지와 나란히 누우신 엄마 묘소에 꽃 몇 점을 드리고 돌아섰다. 더 할 수 있는 일이 있지도 않았다. 마지막 엄마를 보내드리며 용서를 빌었다. 정말 미안하고 면목이 없이 용서를 비는 일조차 어이없는 일이지만 말이다. 나 없이 홀로 소식도 감감한 시누이 대신 묵묵히 엄마를 모셔온 올케와 그간 소원했던 관계에 잘못을 고백하며 눈물로 화해했다. 좀 더 잘 모시지 못했음을 후회하는, 모든 것 용서하시고 좋은 곳에 가시라는 그녀의 고백에 만감이 교차했다. 얼마나 말로는 할 수 없는 수많은 겹겹의 순간과 사연들이 깃들어 있었을까?

미국에 가면 상상하는 것처럼 무조건 좋은 것이라는 오해, 서로 시간이 다르고, 생활이 달라 이해할 수 없었던 일들이 장례를 치르며 지새는 며칠의 시간 속에서 자연스럽게 흘러나왔다. 정말 그렇게 힘든 시간을 보낸 줄 몰랐다며, 놀라는 올케와 오해의 틈을 좁히기에 충분했다. 이 서운함을 어떻게 풀어야 할지 늘 마음에 큰 부담들이 잘려져 나갔다. 돌아가면서까지 당신의 역할을 톡톡히 해내신 엄마! 그러니까 엄마시지….

이선자 미주 아동 문학가 협회 회장

어머니

정찬열

나락 베던 날
낫을 들고
어머니와 둘이서 논둑에 섰다
끄트머리가 아스라했다.
"오 - 메, 이놈을 언제 다 비까 잉"
어린 내가 툴툴거리자
논으로 들어서며 어머니가 하시는 말씀
"아야, 눈처럼 게으른 것이 없어야"

정찬열
미주 카톨릭 문인 협회 회장

어둠 속에 빛나셨던 어머니

정철

내가 24살이 되었던 그해 어느 여름날은 내 인생에 있어서 가장 어두운 날이었다.

그렇게도 꿈꾸었던 미국 유학의 길이 비자 거부로 무너졌기 때문이다. 서울에서 일곱 시간 가까이 걸렸던 완행열차도 그날따라 너무 빠르게 느껴졌다. 시골집에 이대로 가는 것은 죽을 만큼 싫었고 못난 아들을 기다리는 어머니를 뵐 면목이 없었다. 늦은 밤에 집 앞 도로에서 서성거렸다. 그날따라 유난히도 밤안개가 자욱했다. 막상 집 앞에 서니 산산이 부서져 버린 꿈 때문에 심장이 터질 것 같았다. 그 순간에 교회에 가고 싶은 생각이 섬광처럼 스쳐 지나갔다. 그 어둡고 막막한 밤에 그것도 나 홀로 말이다. 지금 생각해 보면 그 이유는 분명 어머니 때문이었다.

어머니는 늘 교회에서 기도로 사셨다. 초등학교 교사인 아버지의 박봉에 5남매의 가족은 늘 쪼들렸다. 그러니 어린 날부터 우리 5남매는 어머니의 기도가 마치 우리들을 일으키는 지주 겸 물주로 믿고 있었다. 장남이었던 나는 어머니에게 특별히 나를 위해서 기도를 해달라고 특별주문을 하곤 했다. 내가 그때 교회를 생각했던 이유가 하나 더 있다. 그때로부터 한해 남짓 전에 군대에 있을 때 강원도 어느 통신 부대에서 복무했다. 10.26 사건으로 부대 전체에 비상이 걸렸을 때였는데 엎친 데 덮친 격으로 버너가 폭발해서 얼굴 전체에 큰 화상을 입고 부대병원에 긴급 후송되었다. 군의관이 얼굴 전체를 기름 거제로 덮고 두 눈에는 증류수를 계속 떨어뜨려 눈 속에 가득 차 있는 경유 찌꺼기를 씻어내면서 열기를 떨어뜨리고자 했다. 군의관이 말했다. "너 하나님을 믿으면 기도해라. 얼굴은 화상자국이 남겠지만 눈이 이상하거나 썩을 수 있으니 실명되지 않도록 기도해라,"

그 말을 듣자마자 성전에서 기도하시는 어머님의 모습이 떠올랐다. 하염없는 눈물이 폭포수(?)처럼 쏟아져 나왔다. 그 후 석 달 만에 시력과 얼굴 피부가 정상적으로 낫는 기적이 일어난 것은 분명 그 이유였다.

오늘은 내가 직접 그 자리에 가서 기도하고 싶었다. 나는 밤12시가 가까운 시간에 성전 앞을 지나가 보았어도 기도하러 가본 적은 한 번도 없었다. 불 꺼진 성전에 혼자 들어간다는 것이 무섭기도 해서 망설여졌다. 그런 무서움보다는 인생의 희망의 불이 꺼진 어두움이 더 무섭고 두려웠다. 커다란 성전 문을 열었다. 성전에는 희미한 십자가의 불만 있었고 깜깜했다. 뒤쪽에 앉으려는 순간, 먼 앞에서 인기척을 느꼈다. 누구인지는 모르겠는데 울면서 어느 여인이 그 밤에 기도를 하고 있었다. 문득 '얼마나 팔자가 드세기에 이 밤에 혼자 울고 있을까?' 이런 생각이 스쳤다. 정신을 차리고 들어보니 어디서 많이 들어본 목소리였다. 기도의 내용은 이러했다.

"큰아들이 미국에 가서 고학을 해서라도 공부하고 싶어 하는데 보내기가 싫다. 그런데 가정형편으론 안 보낼 수가 없다. 하나님의 뜻이 어디에 있는지 알 수 없다. 큰아들과 같이 살고 싶다. 하지만 하나님의 뜻대로 해 달라."는 그런 기도였다. 어머니였다. 비자 심사에서 떨어진 것을 모르셨다. 한참 더 기도하시다가 뒤에 쭈그리고 앉아 있는 나를 못 보시고 나가셨다.

처음 기도하러 왔던 나에게 그 장면은 충격이었다. 이제는 막막한 정도가 아니었다. 불효자라는 생각까지 합쳐져 절망이 몰려왔다. 그 자리에서 뛰쳐나가고만 싶었다. 그런데 아무도 없는 그 희미한 불빛 아래 어머니가 기도한 그 자리가 환하게 나를 부르고 있는 강열한 이끄심의 충동을 동시에 느꼈다. 엄마가 앉은 그 자리에 나도 무릎 꿇으리라. 가보니 울 엄마가 하나님과 만난 자리는 아직도 따뜻했다. 눈물이 쏟아졌다. 막혔던 기도의 문이 열리고 성령이 쏟아 부어졌고 나의 하나님을 만나는 계기가 되었다. 그리고 비자를 받아 미국유학 길에 오를 수가 있었다.

그 후에 나는 어머니를 잃었다. 어머니가 돌아가셔서가 아니라 나 스스로 잊어야만 했다. 가족 중에 누구도 원치 않았던 신학의 길을 선택한 이후 나는 가족과 친척의 도움 없이 고학의 길을 걸어야 했다. 어머니를 생각하면 아픔이 밀려와 포기하고 무너질 것 같았기 때문이다. 더군다나 80년대의 한국과 미국 차이는 시간적 차이뿐만이 아니었다. 경제적으로도 마찬가지였다. 울 엄마의 음성을 듣고 힘을 얻기 위해 전화하면 늘 전화비 걱정을 하시며 가난한 아들 부담주기를 싫어하셨다. 그럼에도 그때를 지탱했던 힘도 역시 어두움 속에 빛이셨던 어머니의 기도하는 모습이었다. 그러다가 가정을 이루게 되었고 목사가 되었고 동생들도 가정을 이루고 어머니는 노인이 되셨다.

지금부터 십 년 전 2008년 5월 어느 날 동생한테서 아버지가 위독하시다는 연락이 왔다. 아버지는 평생 40년 이상을 초등학교 교사를 하셨다. 부랴부랴 한국에 나갔더니 중환자실에 계셨다. 어머니가 내게 말씀하셨다. 말씀의 요지가 "너는 큰아들로서 제대로 아버지를 모시지 못했으니 지금이라도 효도를 하라."고 하셨다. 다른 것은 아니었다. "아버지가 천국확신이 없으니 목사로서 복음을 전하고 구원의 확신을 가지고 천국 가시게 하는 것이 너의 효도의 몫이다."라고 말하셨다.

아버지 마지막 임종을 앞두고 다시 불효한 목사로 돌아왔다. 복음을 전했다. 예수님을 말했다. 아버지께서 5남매를 잘 키워주셔서 고맙다고 했다. 이제는 아버지가 예수를 믿는 믿음을 가지고 천국 문을 여시고 천국가시는 모습을 5남매와 엄마에게 보여 달라고 했다. 그랬더니 전혀 의식이 없을 것 같은 아버지가 손을 움직이시고 힘겹게 가슴에 올려놓으신다. 자식들이 부르는 찬송가에 손가락을 움직이시고 얼굴은 천국의 빛이 임하는 것 같이 환해지셨다. 그리고 한밤 후 숨이 가빠지셨다. 아버지의 손을 잡고 내가 기도하고 둘째와 셋째가 기도하고 여동생이 와서 기도하고 울 엄마가 "여보 먼저 가세요." 하고 기도하셨다. 목사인 막내가 들어오면서 축도를 한 후에 천국에 입성하셨다.

그 후 십 년이 지났다. 어머니는 팔순이 넘으셨다. 지금도 새벽을 성전에서 깨우신다. 평생을 같은 교회, 같은 기도 자리를 고수하신다. 이른 아침에는 밭에 나가 동생들 반찬거리 주시는 기쁨을 위해 밭농사를 열심히 하신다. 나도 그 덕분에 몇 년 전에 김치를 미국까지 보내주셔서 온 교우들과 함께 한국에서 보내온 '금(?)치'를 맛보았다. 오전에는 양로원가서 노인들 식사를 만들어 주신다. 며칠 전 한국 날씨가 폭염에 무척 덥다고 해서 전화를 드렸더니 양로원에서 섬기고 계셨다. 그날따라 전화비 아깝다 안 하시고 갑자기 전화에 대고 그러셨다. 평생에 가장 후회되는 일이 있다고 하신다. 그것은 "큰아들을 미국에 보낸 것이다."라고 하셨다. 눈물이 핑 돌았다. 그런데 죄송해서 어떻게 하나, "난 미국에 온 것이 내 평생에 가장 잘한 것인데…."

그러기에 난 울 엄마에게 타고난 불효자다. 그래도 울 아버지가 보고 싶고 울 엄마가 보고 싶다. 아직도 그 따뜻한 기도 자리가 고프다.

정 철 어바인 새 생명 한인교회 담임 목사

울 엄마 은가락지

정해정

나는 엄마를 생각하면 가슴이 저리는 아픔이 하나 있다. 나는 일곱째 막내로 쉰둥이다. 엄마는 늘 몸이 약해 아픈 치레를 많이 했다. 그런 엄마의 풍선에 바람 빠져 버린 듯 쪼글쪼글한 젖을 나는 초등학교 들어갈 때까지 빨았다. 당시 내가 자란 소도시에는 유치원이 하나 있었다. 그 유치원도 그놈의 젖 때문에 갈 수가 없었다.

엄마는 초등학교 입학식 날, 내가 입고 갈 주름치마를 은가락지 낀 주름진 손으로 정성 드려 만지시고 날마다 당신 요 밑에 깔고 주무셨다.

입학식 날이었다. 울타리에 노오란 개나리가 만발했다. 하얀 손수건을 가슴에 달고 엄마 손을 잡고 생전 처음 학교 운동장에 들어섰다. 저마다 엄마 손을 잡고 모인 아이들이나, 엄마들도 모두 흥분에 들떠 있었다. 다른 엄마들은 새로 파마를 하고, 원피스나 투피스로 모양을 낸 젊고 예쁜 엄마들이다. 그런데 우리 엄마는 얌전하게 쪽 진 머리에 손질이 잘된 명주 한복을 입은 어디로 봐도 할머니다. 그리고 유독 하얀 피부에 주름이 그렇게 많은 것도 처음 보았다. 엄마는 내 곁으로 다가왔다. 손을 꼬옥 붙잡았다. 순간 나는 늙은 엄마가 창피한 마음이 들어서 손을 살짝 빼고 곁으로 숨었다. 엄마는 속도 모르고 더 바짝 붙어서 무슨 말인지 말을 걸었다. 돌아오는 길에 엄마는 내게 말했다.

"아가 오늘 힘들었지? 업어 줄까" 나는 그것조차 옆 사람이 듣기라도 한 듯 창피했다. 결국 나는 엄마에게 해서는 안 될 말을 뱉고 말았다.

"엄마 담에는 학교 오지 마! 애들이 할매라고 놀린단 말야…. 할매…."

어느새 할매가 된 나는 지금도 그 생각만 하면 주름치마를 만지던 주름진 엄마 손가락에 끼워진 은가락지가 생각이나 더 가슴이 저린다. 가만히 손을 들여다본다.

아! 이 손이 바로 엄마 손이다.

정해정 미주 글마루 회장

마지막 인사

홍영순

우리 엄마를 생각하면 100년의 세월이 눈앞에 펼쳐진다. 내가 아주 어렸을 적에 엄마는 작은 등잔불을 켜놓고 바느질을 하셨다. 몇 년 뒤에는 남폿불을 켜놓고 바느질을 하시다가, 어느 날 휘황찬란한 전기불을 켜고 바느질을 하셨다. 일제 강점기를 사시다가 해방이 되어 좋아 하셨지만, 6.25 전쟁이 나서 똑똑하기로 소문난 큰아들을 잃으셨다. 6.25 전쟁 이후 우리나라는 급작스레 변하기 시작했고, 엄마는 그 변하는 세상에서 자녀들을 지키고 가르치셨다. 우리 엄마는 특히 자녀들 정신 교육에 정성을 쏟으셨다. 엄마는 내가 책을 읽을 때는 밖에 아무리 바쁜 일이 있어도 불러내지 않으셨다. 우리 오남매 중 사남매가 문학을 하게 된 것은 엄마의 사랑과 배려 덕분일 것이다. 엄마는 봄, 여름, 가을, 겨울 계절마다 우리들에게 아름다운 추억을 가득가득 채워주셨다. 우리들이 학교에 갔다 오면 엄마는 간식을 준비해 놓고 기다리셨다. 우리들은 맛있는 음식을 들고 뒷동산에 올라가 책을 읽고, 노래를 부르고, 시를 썼다. 그때 그 고향집과 가족들을 생각하면 언제나 풍성하고 아름답고 행복하다.

엄마는 아들가족과 사셨고, 언니와 여동생은 멀지 않은 곳에 살았는데 나만 늘 먼 곳에 살았다. 엄마는 잠결에 뉴스를 보시다가도 내가 살던 부산에 무슨 사고가 났다고 하면 벌떡 일어나 나의 안전을 확인해야 주무셨다고 한다. 그런데 나는 더 먼 미국으로 이민을 왔다.

엄마를 뵙기는 더 힘들어졌고, 이따금 전화를 하면 엄마는 타국에 있는 딸이 그리워 목이 메셨다.

이민 오고 몇 년 후, 엄마가 거동을 잘 못하신다는 소식을 듣고 여름방학에 한국에 갔다. 나는 엄마와 마지막인 걸 알고 엄마 옆에만 있었다. 엄마는 걷지 못하셔도 앉아계실 수 있고, 먼데서 자식이 와서인지 식사도 괜찮게 하셨다. 나는 가능하면 엄마를 기쁘게 해드리고 싶었다. 엄마하고 둘이 손톱에 봉숭아물도 들이고, 같이 노래도 부르고, 맛있는 음식도 해드렸다. 무엇보다도 나는 엄마와 많은 이야기를 했다. 엄마는 마지막 고해성사를 하듯 마음에 숨겨뒀던 이야기까지 하셨다. 어려운 시기에 태어나 고생하고, 끔찍한 전쟁까지 겪었던 엄마의 내면에는 굽이굽이 아픔의 강물이 흐르고 있었다. 나는 책 열권을 써도 모자란다는 엄마의 한평생 이야기를 들으며, 이제 얼마 남지 않은 엄마의 길은 따듯하고 평안하길 기원했다. 언니하고 여동생도 와서 놀다갔다. 엄마는 딸 셋이 와서 함께 웃고 밥 먹는 걸 보시며 참 좋아하셨다. 나는 엄마의 팔다리를 주물러드리며, "하나님! 우리 엄마를 끝까지 사랑으로 품어주시고, 세상 떠날 때 평화롭게 하나님 나라에 가게 해 주세요." 하고 기도하고 또 기도했다.

미국으로 돌아오는 날, 나는 엄마의 머리를 깎아드리고 목욕을 시켜드렸다. 새 옷을 갈아 입혀드리고 손톱 발톱도 깎아드렸다. 엄마를 안고 기도한 후, 마루에 앉혀 드리고 나는 절을 했다. 마지막 절을….

집을 나섰지만 눈물이 쏟아져 걸을 수가 없었다. 나는 마당 섶에서 뒤돌아봤다. 엄마는 내가 앉혀드린 대로 마루에 앉아 나를 보고 계셨다. 엄마도 미국 딸 마지막 배웅인 걸 아시고 온 몸으로 눈물을 삼키고 계셨다. 나는 다시 엄마에게 뛰어가고 싶은 걸 억지로 참으며 울고 또 울었다.

몇 달 후, 엄마는 세상을 떠나셨다. 나는 가지 못했고 동생이 전화했다. 엄마가 세상을 떠나실 때 방에 둘러앉은 자식들을 한 명 한 명 들러보시더니 여동생을 보고 "영순이 왔구나!" 하셨단다. 동생은 엄마가 잘못 보신 줄 알고 미국언니가 아니고 동생이라고 말씀드렸다. 그런데 엄마는 다시 둘러앉은 자식들을 보시더니 또 동생을 보며, "영순이 왔구나!" 하셨단다. 그때야 동생은 엄마가 미국 있는 언니를 찾고 계신 걸 알고 내가 미국에서 간 것처럼 대신 인사를 했다고 한다. 그러자 엄마는 조용하고 평화롭게 눈을 감으셨다고 한다.

나는 엄마의 소천 소식을 듣고 통곡하며 말했다.

"엄마 죄송해요. 늘 멀리 살아서 자주 찾아뵙지 못해 죄송해요. 천국에서 만나면 늘 엄마 옆에 있을 게요."

엄마가 유난히 그리운 날이 있다. 그런 날은 추억이란 기차를 타고 고향에 간다. 아담한 뒷동산이 있고, 앞에는 맑은 개울물이 흐르는 고향집에 가면 엄마가 마중 나와 계신다.

홍영순 전 미주 아동 문학 협회 회장

울엄마

제 3 부
라구나우즈 한인들의 시

어머님을 장례하는 노래(母を葬るのうた)

詩: 島崎藤村 시마사끼 도오손

김선하 譯

きみがはかばに	그대 무덤에는
きぎくあり	황국화 피고
きみがはかばに	그대 무덤가에
さかきあり	향나무 솟네
くさはにつゆは	풀섶엔 이슬
しげくして	가실 날 없어
おもからずやは	짐스런 모습은
そのしるし	그 때문인가
いつかねむりを	언제면 단잠에서
さめいでて	깨어나셔서
いつかかえりこん	언제면 돌아오시나요
わがははよ	어머님이여
紅羅ひく子も	철부지 아이들
ますらをも	억센 젊은이들도
みなちりひじと	모두 다 티끌 되고
なるものを	말아버리는데
ああさめたまふ	아아 단잠일랑
ことなかれ	깨지 마시고
ああかえりくる	아아 되돌아오실
ことなかれ	일은 없으시기를
はるははなさき	봄엔 꽃 피고
はなちりて	꽃닢져서
きみがはかばに	그대 무덤위에
かかるとも	날린다 해도

なつはみだるる　　　여름엔 어지러운
ほだるびの　　　반딧불이
きみがはかばに　　　그대 무덤 위를
とべるとも　　　맴돈다 해도

あきはさみしき　　　가을이면 쓸쓸한
あきさめの　　　가을비가
きみがはかばに　　　그대 무덤 위에
そそぐとも　　　줄기차다 해도

ふゆはましろに　　　겨울이면 새하얀
ゆきじもの　　　눈 서릿발
きみがはかばに　　　그대 무덤 위에

こほるとも　　　어름장 되도
とほきねむりの　　　아득한 잠결
ゆめまくら　　　꿈자리를
おそるるなかれ　　　두려워는 마세요
わがははよ　　　어머님이여

역자(譯者)의 말씀: 시인 '시마사끼 도오손'(島崎藤村)은 일본 현대 서정시(抒情詩)의 거장(巨匠)으로, 평이(平易)하고 아름답게 순화(淳和)된 일본어로 무수한 명작을 남겼습니다. 여기 실린 시는 돌아가신 어머님을 장례하며 흐느끼는 애틋한 자식의 마음을 노래한 그의 대표작(代表作) 중 하나입니다.

닮고 싶은 어머님께

김소향

꼭
닮고 싶었던 어머님

모습도 목소리마저
빼어 닮았다는데
지금까지 흉내도 낼 수 없는 어지신 마음

새벽녘이면
다소곳하게 기도하시던 어머님

이웃의 하소연에 진솔한 조언하신 후
아픈 사연 당신 가슴에 묻어 의리 지키셨다

누구나 칭찬받으면 더욱 잘하려 하므로
항상 다독여 주라고 일러주신 말씀

부족할 때라도 움켜쥔 마음 열면
이웃과 넉넉히 나눌 수 있다던 가르치심

말씀 귀담아듣고
진작 어머님을 본받았어야 했는데

'그 어머니에 그 딸'
얼마나 듣기 원했던 칭찬이었던가
어림도 없이 일흔둘 훌쩍 넘은 내 나이

마지막 날까지
어머님께 누 끼치지 않는 딸이고 싶다

미동부한인문인협회 회원
시집『둥그러지는 바람』『바람의 예감』

배웅

김창기

여든네 살의 늙은 할머니가
아직도 어두운 새벽
육십 가까운 아들의
새벽 배웅을 나섭니다.
아들은 조그만 세탁소 사장
말이야 사장이지 일 년 내내
휴가도 없이 북 치고 장구 치고
스물네 해 동안
컴컴해서 시작해
캄캄해서 끝납니다.
"에미 보기에도 한심하고 미련하고 불쌍해"
보인다고 합니다.
"XXX 강도 조심하고 벤또 밥 잘 챙겨먹어
밥이 심(힘)이여!"
똑같은 소리 오늘 또 합니다.
"어머니, 어서 들어가!"
늙은 아들이 어머니가 싸준
벤또 보따리를 뺏어 들고 투정합니다.
한 손은 고무창이 다 닳아 딱딱거리는
지팡이 짚고 다른 한 손은
구부러지고 삐뚤어 진 허리에 얹고
늙은 어머니 먼 하늘을 보며
중얼거립니다
"내는 동네 한 바꾸 걸어 볼라네."
이건 거짓말입니다.
이 십여 년 계속하는
거짓말입니다.
늙은 어머니 넘어질 듯 넘어질 듯
지팡이 휘두르며 앞질러
길모퉁이로 힘차게 걸어갑니다.
아들에게 정정한 모습을
보여주고 싶은 겝니다.
고물차 끌어내며 슬그머니 살펴보니
신호등 저쪽 구석에 잔뜩
쪼그려 숨은 늙은 어머니가
보입니다.
"잘 댕겨 오시게."
안쓰러운 얼굴로 아들 배웅을 합니다.

2003년 겨울에

꽁치

김창기

여든다섯 할머니가
출근을 서두르는 늙은 아들
새벽 밥상 옆에서
돋보기를 쓰시고
꽁치 뼈를 발라내
아들 밥술 위에 얹어 준다.
아주 오래된 흑백 사진 같은 모습이다.
"어머이도 몇 술 뜨지?"
"애비나 많이 먹어."
뜨거운 된장국을 좋아하는
아들의 국 뚝배기는
아직도 바글바글 끓고
땀을 뚝뚝 흘리며 먹는
아들의 얼굴에
어느새 수건이 건네진다.
"후르륵 후르륵"
국을 떠먹는 백수(白首)의 아들
아직 일해서 고맙고
잘 먹어서 고맙고
새벽어둠의 침묵이
두 모자(母子)를 둘러쌓아도
이 시간은
하루 중 가장 행복한 시간이다.

2004년 겨울에

엄마의 사랑

가진 것 모두 다 쏟아 부어주시던 엄마
그 눈물의 씨앗이 되어
내가 여기 서서 걷고 있네
인생의 언덕길에 오를 때에도
그 걸음 위에 동행해 주던 엄마
두 갈래 갈림 길이 희미할 때도
빛 따라 걸어가라 격려하셨네
우리 엄마 그리워하며 감사의 눈물을 담아
저 하늘에 띄워 보네
엄마 사랑해요.

박혜숙

A mother's Love

Love that is always there when you need it.
Love that knows all your needs.
Love that comforts when you feel sad.
Love that is generous and patient.
Love that is more understanding with every passing year.

후기 : 시 "엄마의 사랑"은 제가 쓴 시이고요, A mother's Love 는 제가 좋아하는 버지니아의 시입니다. 달랑 이 두 편의 시로 어머니를 표현하기에는 좀 부족한 것 같아 나름대로 글을 써 보았습니다. 어느 책에 그리스의 철학자 플라톤의 이야기가 있습니다.

"자식이 맛있게 먹는 것을 보면 어머니는 행복을 느낀다." "자식이 좋아하는 모습을 보면 어머니는 기쁨이 넘친다." 이렇듯 어머니는 오로지 자식에게는 조건 없이 사랑을 베푸는 참으로 위대한 존재입니다.

어머니, 당신이 있기에 이 세상은 아름답고 값진 것입니다. 그래서 세상의 어머니들은 먹지 않아도 배부르고, 얇게 입어도 춥지 않으며, 잠자지 않아도 졸리지 않습니다.

왜! 엄마니까요. 아니, 정확히 말하자면 엄마들은 그렇다고 하니까요. 그런데요, 막상 자식(내가)이 엄마가 되어 보니 먹지 않으면 배고프고, 얇게 입으면 춥고, 잠을 못자면 너무 힘들더라고요. 그런데 나중에, 또 나중에 엄마처럼 하게 되더라고요. 그게 엄마인가 봅니다. 그런데 이런 글을 쓰면서도 내가 너무 싫어지고, 한심하고 바보 같습니다. 내가 지금껏 살아오면서 어머니에 대한 행동들….

이걸 어떻게 보상해야 하나, 그러나 엄마는 보상을 받지 않을 겁니다. 엄마 사랑해요.

나의 어머니

양병곤

계장을 즐기다 42세로 요절하신 아버지
아버지를 대신하여 6남매를 맡으신
39세로 청상과부가 되신 나의 어머니

쌓을 곳이 없도록 고생은 버거워도
희망과 기대는 그분의 몫이었다.
두 아들이 크면 비행기 1등 칸 탈거요

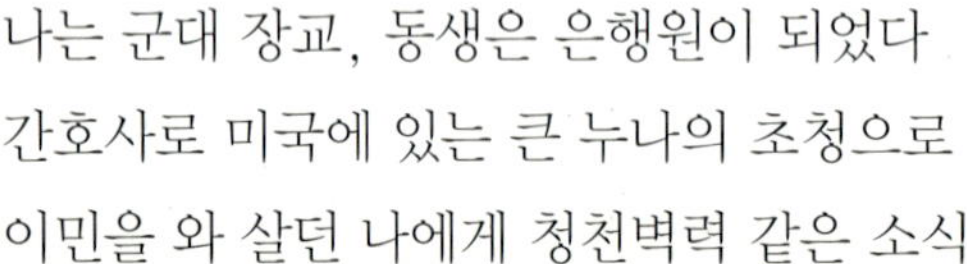
나는 군대 장교, 동생은 은행원이 되었다
간호사로 미국에 있는 큰 누나의 초청으로
이민을 와 살던 나에게 청천벽력 같은 소식

동생의 새집에서 주무시던 어머니
문틈으로 새어든 연탄가스로 사망하시니
아! 아! 불쌍한 어머니 이제 살만하시더니

그것도 복이라고 꼭 그렇게 가셔야만 했나요
비통하다 못해 원통합니다.
더 말해 무엇 합니까?

살아계실 때 더 잘해드릴 걸
후회만 하는 어리석은 자식들
그대 이름은 양병곤이라 합니다.

어머님을 뵙고

엄기환

오늘 산에 가서 어머님을 뵈었네
나무들도 울적하여 우두커니 서서보는
비탈길 돌아올라 어머님 뵈옵고
가까이 무릎 꿇어 두 손 모으니
안타까움 한이 되어 눈물로 흐르네

두고 온 세월이 너무도 서러워
날마다 돌아보는 이 조바심
어머님 내가 태어난 그날부터 오늘까지
한 평생 이 부족한 나 위해 애쓰다 가시니
못 다한 이 마음을 어디에 표할건가

저 멀리 고모래봉엔 새 아침이 오는데
슬픔이 안개처럼 나리는 이 산 속에
이름 모를 들꽃들이 흐드러지게 핀 것은
자식을 기다리든 어머님 마음인가
그대여 전해주게 애절한 이 아픔을

어머니의 초상화

이규병

엄마 엄마 엄마
어머니 어머니 어머니
어머님 어머님 어머님
지금도 불러보고 싶어요

엄마가 안아주던 그 가슴
어머니가 싸 주던 도시락
어머님이 차려주신 밥상들
지금도 잊을 수가 없네요

엄마에게 떼쓰던 생각도 나고
어머니를 그리워했던 눈물의 시절도
그 어머님의 뜨거운 사랑이 생각나면
못 다한 효성이 아쉽네요

내게 주신 교훈 중 잊을 수 없는 한 말씀
우리들의 육신을 운전하고 다니는
"네 속의 그 영을 잘 다스려라." 하시던 어머님
그날이 오면 또 뵙겠다는 희망으로 살아갑니다.

울 엄마

이명하

울 엄마는 십남매의 엄마
백옥 같은 얼굴에 풍만한 자태
비단결 같은 머리에 붉은 댕기 엮어 올려
금비녀 옥비녀로 쪽을 찌시고
당당한 자존심을 꼿꼿이 세우시던
십남매의 엄마
파란 하늘을 나는 높은 꿈을 꾸며
푸른 바다를 휘젓는 넓은 가슴으로
아침엔 도마 소리로 깨우시고
밤이면 재봉 소리로 새우시며
손발이 다 닳도록 혀가 다 닳도록
아들 셋 딸 일곱을 정성껏 기르셨다
가르치고 싶은 것도 많고 좋아하시던 것도 많던 우리 엄마

울 엄마는 유난히 고추 음식을 좋아하셨다
풋고추 빨간 고추 다 즐겨 드셨다
풋고추 고추장에 찍어 들며 싱싱하고 맛있다
빨간 고추 곱게 다져 양념장 만들어
따끈한 칼국수에 얹혀 들며 달다 얼큰하니 좋다하셨다

울 엄마는 고추 달린 아들도 너무너무 좋아하셨다
아가 고추 들여다보며 행복해 하시던 엄마
외아들 서방님 만나 딸 셋 낳고 아들을 가졌으니
하늘 아래 부러운 것 없었으리라
또 고추 고추 노래하던 엄마에게 딸 넷 주르륵
늦가을 녘엔 고추 둘 더 거두시고
열을 채웠으니 끝이라 하셨다
많이도 낳으셨지

세상의 빛이 되라
소금 되라
꽃이 되라
울 엄마 입에 침 다 마르셨다

부름 받아 나선 이 몸 어디든지 가오리다
울 엄마의 힘찬 찬송 소리 십남매 인생의 등불이다

모두 활짝 피어줘서 고맙다
하늘에서 함박웃음 보내신다

울 엄마

장은희

나에게 울 엄마라는 말은 좀 낯설다.
울 엄마를 엄마라고 불러본 기억이 나지 않는다.
엄마는 여섯 살 이전의 텅 빈 내 기억 속에 묻혀버렸다.

울 엄마는 막내 동생을 출산하고 일주일 후 돌아가셨다.

그날
놀다가 집에 돌아왔을 때
웬지 조용하고 어두운 분위기가 느껴져 아주머니가 있는 부엌으로 갔다.
날 보시며 엄마가 돌아가셨다고 했다.

여섯 살 어린아이가
엄마의 죽음이 무엇을 의미하는지 몰랐겠지만
이제 우리 곁에 엄마가 없고
먼 하늘나라로 가신 것을 알았으리라.

마음이 허전해오고 외로움이 밀려들었다.
그리고 부뚜막에 아주머니 곁에 앉아
조용히 오랫동안 울먹이며 슬퍼했다.

이후
울엄마는 내 기억 속에서 잊혀져갔다.

새엄마를 엄마라 불렀지만
울엄마는 결코 아니었다.

친구들이 결혼할 즈음
엄마들의 살뜰한 사랑의 손길들을 보며
얼굴도 기억 못하는
울엄마가 그리워지기 시작했다.

어린 시절 함께 찍은 사진들을 보면서
분명히 나를 사랑하셨을 엄마이건만
안타깝게 그 시절의 기억들은 묻혀있었다.

사진 속에서 보는 엄마말고는
모습을 알지 못하는 것이 애달팠다.

아름다운 음악을 들으며
밤늦도록 고요한 하늘을 보며
맘껏 엄마를 그리워했다.

울엄마는
복음전파에 확실한 소명을 깨닫고 힘썼던
믿음의 사람이셨다.

팔남매를 남겨두고 떠나시며
우릴 위해 얼마나 간절히 기도하셨을까.

우리 팔남매와 후손들
엄마의 믿음을 유산으로 물려받아
구원의 은혜를 감사하며 누리고 산다.

이제
삶의 황혼을 향하는 길목에서
어머니의 은혜와 사랑을 노래할 때면

사진 속의 울엄마가 그리워
눈물이 난다.

엄마는
영원한
우리의 추억!

제 4 부
라구나우즈 한인들의 수필

흉보면서 닮아가는 인생

강수지

내가 어머니에 대해서 싫어하는 몇 가지가 있었다.

첫째는 식당이나 잔치 등에 가서 남은 음식을 싸 오시는 것, 둘째는 유행이 지난 옷을 입고 다니시는 것, 셋째는 자식들이 무엇을 사 드린다고 해도 필요 없다며 돈 쓰지 말라고 하셨던 것 등이다.

어머니는 LA 노인 아파트에 살면서 딸이 보고 싶어 버스를 두 번씩이나 갈아타고 오렌지 카운티까지 오셨다. 오시면 먼저 2층에 올라가 잠자리부터 챙기신다. "이왕 오셨으니 한 일주일 쉬다 가세요."라고 하면 "내일 갈란다. 이렇게 한번 봤으면 됐지 너희들에게 신경 쓰이게 하고 싶지 않다."며 고집을 피우신다. 어머니 아파트에 가면 이것 저것을 내놓으신다. 그런데 그땐 컵이 깨끗하지 않은 것 같은 느낌을 받는다.

지난번 아들과 며느리가 와서 저녁을 해 주었다. 내가 접시를 꺼내주니 며느리의 표정이 조금 이상하다. 내가 "더러워 보이니?" 물으니 며느리는 아니라고 한다. 내가 전에 어머니 아파트에 가서 느낀 것을 지금 며느리가 느끼는 것 같다. 나는 며느리에게 "나도 전에 어머니한테 갔을 때 지금 너와 같은 감정을 가진 적이 있으니 괜찮아." 하며 다시 접시를 씻어주었다.

세월은 눈 깜짝할 사이에 흘러 내 나이 80을 넘어 미수를 향해 가면서 어머니와 똑같은 모습이 되었다. 남은 음식은 버리기 아까워 싸온다. 옷은 유행이 지나든 말든 끝까지 입는다. 다 못 입고 죽을 것이 뻔한데 옷을 사서 뭐하냐는 생각이다.

그리고 나이가 들수록 잠자리는 내 집이 최고다. 애들이 가까이 살아서 자고 오는 일은 없지만 간혹 멀리 갔어도 가급적 집으로 돌아온다. 특히 젊은 사람들과 있을 때는 일찍 자리를 떠난다. 옛말에 흉보며 닮는다는 말이 있다. 누구의 흉을 보면 언젠가는 나도 저렇게 된다는 것을 이제야 깨달았다.

속 깊은 어머니의 정

강창근

누구나 어머니를 생각하면 죄스럽고 그리운 마음이 들겠지만, 내 가족에 묻혀 살다 보니 더욱 그런 것 같다. 나는 미국에 와서 직장생활에 골몰하여 부모님을 한국에 있는 여동생에게 부탁하고 생활비조차 제대로 못 부쳐 드렸는데, 동생 부부도 넉넉지 못한 처지였지만 마음이 착하고 본심이 어질어서 아들보다 더 잘 받들어 마음 편하게 지내게 하였다. 사위도 아들보다 더 만만하게 여기며 지내셨다고 한다. 뉴욕에 있는 막내 여동생이 때때로 송금을 했다. 어머니가 교회에서 권사 직에 선출되셨고 일정 액수의 헌금을 내야 정식으로 임명된다고 했을 때도 아들은 교회 처사가 못마땅하여 송금을 안 했는데 막내 여동생이 송금을 해 드렸다고 한다. 몇 년 후 미국을 방문했을 때도 딸집이 편하다 하시면서 아들 집에는 얼마 있지도 않으셨다. 동생 집에서도 동생이 직장에 가고 나면 심심하고 답답하시다며 한국으로 도로 가버리셨다. 노후에 어머니는 한국의 익숙한 환경과 마음 편한 딸집에 사시다가 천식으로 인한 심장 질환으로 칠십 고개를 못 넘기시고 돌아가셨다. 나도 이제 팔십을 바라보니 칠십세를 못 넘기고 돌아가신 조상들보다 십 년을 더 살았다. 기후 좋고 아름다운 곳에서 여생을 보내게 되니 옛 생각들이 가끔 아련한 그리움으로 다가온다.

어릴 때 어머니와 지냈던 추억이 많지만, 그중에 하나는 초등학교 입학 전, 어머니와 같이 십 리 길 신작로를 걸어서 병원에 갔던 기억은 지금도 가슴을 따뜻하게 한다. 그때 홍진의 합병증으로 왼쪽 귀에 중이염이 생겼는데 마침 페니실린이 보급되던 때라 주사를 맞으러 갔다. 여덟 시간마다 맞아야 하므로 아침 일찍 가서 저녁때까지 기다려야 했고 집으로 돌아올 때는 어둠이 깔리기 시작했다. 그래도 어머니가 옆에 있으니 마음이 든든하고 행복했다. 이틀째 귓속은 고름이 멈췄으나 며칠 더 다니며 치료를 받아야 했다. 어머니는 내가 세 살 때 아버지 직장이 있는 두만강 끝자락에 위치한 발해성으로 갔다. 거기서 오년 정도 살면서 두 여동생이 생겼다. 그때가 엄마는 아버지와 같이 살았던 가장 행복했던 시절이었을 것으로 생각된다. 해방 후 아버지는 경찰공무원으로 전근이 잦아서 어머니는 할아버지가 이루어 놓은 과수원과 농사일 때문에 시부모님을 모시고 살게 되었다.

초등학교 일 학년 때로 기억되는데 겨울이라 날은 춥고 길은 멀어서 학교 갈 엄두가 안 나 땡땡이 구실을 찾고 있었다. 그때 형도 같은 심정이었는지 배가 아파서 학교에 못 가겠다고 하기에 나도 덩달아 배가 아프다고 하였다. 그러나 아버지께서는 꾀병인 줄 아시고 회초리를 가지러 간 사이 어머니가 얼른 책가방을 챙겨 주시며 학교에 가라고 재촉하셨다. 그때 논두렁으로 갔다면 안 잡혔을 텐데 신작로로 갔으니 자전거를 타고 따라오시는 아버지에게 잡히고 말았다. 아버지는 벌로 우리 형제에게 우물가 얼음 위에 맨발로 서 있게 하셨다. 그냥 바라만 볼 수 없었던 정 많으신 어머니와 할머니는 아버지 눈치 봐가며 더운물을 발에 부어 주셨다.

얼마 후 6 · 25동란이 터졌다. 나는 대구로 전학을 오게 되었고 아버지와 같이 살며 방학 때는 시골로 갔다. 나는 어릴 때부터 숫기가 없어서 얘기를 잘 안 했는데 어머니는 오랜만에 만나는 아들과 얘기하고 싶어 이것저것 물어보시곤 하셨다. 어떤 때는 대구에 쌀값이 얼마냐고 묻는데 알 턱이 있나? 아버지는 가끔 시골로 내려오셨지만 어머니와는 별로 대화가 없으셨던 것으로 기억된다. 어머니는 시어른 모시고 고생하시다가 그분들이 돌아가신 후 가산을 정리하여 우리와 같이 살게 되었다. 시부모님을 공양하며 남편과 자식들의 뒷바라지로 고생만 하셨던 어머니를 생각하면 지금도 가슴이 찡하니 메어 온다. 항상 사랑으로 감싸고 덮어주시던 속 깊은 어머니의 정을 아직도 그리워하며….

어머님 가시던 날

강홍식

오래전에 중국의 유명배우 장쓰이 주연의 중국영화 'Road Home'이라는 영화를 보았습니다. 그 영화의 줄거리는 중국 개화기에 한 미남 청년이 시골 산골짝 마을에 들어가, 그 동네 젊은 청년들과 그곳 어린이들을 가르칠 학교 건물을 짓고, 젊은 여자들은 점심을 지어 일하는 이들을 대접합니다. 여자들은 자기가 가져온 점심밥을 그 선생이 들기를 원합니다. 여러 여자들 중 할머니와 외롭게 사는 소녀가 그 청년 선생의 마음을 사로잡습니다. 그들은 결합해 아들을 두게 됩니다. 오랜 세월이 흘러 남편이 늙어 병이 듭니다. 병 치료차 도시에 갔다가 병원에서 사망합니다. 그 여자는 남편의 시신을 사람 손으로 모셔와 집에서 장례를 치러야 훗날 죽은 남편의 영혼이 그의 제삿날 집에 찾아올 수 있지, 자동차로 모셔 오면 집에 못 찾아온다고 믿고 폭설로 길이 막힌 시골길인데도 사람들이 도보로 모셔오기를 고집합니다. 집을 떠나 도시에 있던 아들이 동네 사람들에게 사정해 여러 장정들이 시신을 마차로 모셔 옵니다.

저의 어머니는 25년 전 미국 동부의 폭설로 모든 교통수단이 두절되어 병원 문병도 못 가는 날 뉴욕 어느 병원에서 작고 하셨습니다. 보스턴에서 열리는 세미나에 참석하러 갔었습니다. 세미나 참석 도중 담당 의사로부터 어머니의 인위적 생명 연장이 별 의미가 없다는 전갈을 받았습니다. 회의 도중 밖으로 나가 비행장에 가려니 폭설 때문에 비행장까지 택시가 못 간다며 운전기사들이 공항에 가기를 거절했습니다. 평소 요금의 세배를 줄 테니 가보자고 간청했습니다. 어느 흑인 운전사가 제 사정 이야기를 듣고 가보겠다고 해 감사한 마음으로 그 차를 타고 뉴욕 왕복 비행기만 이용하는 공항에 갔습니다. 모든 항공기 이착륙이 불가능하며 며칠이 걸려야 개항될 것 같다고 공항 내 안내양이 말하며 기차는 혹시 운행할지 모르니 기차역으로 가보라고 하기에 급한 사정이 있다는 어느 여행객과 함께 또 웃돈을 주고 택시를 타고 기차역에 달려가서 뉴욕 행 기차를 탔습니다. 기차는 왜 그리 느리게 가는지 눈 때문이라 하면서 5, 6시간이면 가는 거리를 12시간이나 걸려 새벽에 뉴욕 센트럴 스테이션에 도착했습니다. 지하철을 타고 형이 사는 플러싱 역까지 가서 도보로 눈길을 헤치며 형 집에 들어서니 상복을 입은 형수가 맞아 주며 병원에 간 형이 길이 막혀 병원에 그대로 계시다고 말했습니다. 형과 전화통화를 하니 어머니는 시체냉동실에 계시니 뵐 수 없고 며칠 후 길이 뚫리면 장의사로 모셔오겠다고 말했습니다.

다음 날 기차로 보스턴에 짐을 가지러 다시 갔습니다. 공항이 아직 폐쇄되어있었기 때문에 호텔에서 하룻밤을 묵고 또 다시 밤기차를 타고 뉴욕으로 돌아와 장의사 관속에 누워계신 어머니를 뵈었습니다. 내 얼굴을 싸늘한 어머니 얼굴에 비비며 울었습니다. 한국에 사는 자식이 없어서 묘지관리하기 힘들고 평상시 아들 곁에 계시고 싶다 하셨다고 해 한국의 아버지 곁에 못 모시고 롱아일랜드 묘지에 모셨습니다. 4년 전에 오하이오에서 은퇴를 하고 이곳 라구나우즈에서 편히 살고 있지만 이사 온 후 아직 뉴욕 롱아이랜드의 어머니 묘에 가보지 못했습니다. 사람은 죽으면 육신은 흙으로 돌아가고 영혼은 하늘나라로 간다지만 남들 성묘 가는 명절 때가 되면 자식의 도리를 못하는 불효의 자책감을 지울 수가 없습니다.

사과 한 입

고영주

가난하고 어려웠던 시절, 내가 학교 선생님이 되는 것이 우리 어머님의 소원이었다. 그래서 내가 사범 병설 중학교에 다닐 때였다. 그때 어머니는 장이 겹쳐지는 '중첩장'이라는 처음 들어본 병으로 수술을 하셨다. 나는 하교 시간에 언제나 병원으로 어머니를 찾아갔다. 그리고 눈물을 삼키면서 경향못을 지나 외로운 철둑길을 따라 뚜벅뚜벅 걸어서 집으로 돌아오곤 했다. 그러던 어느 날 거만하게 보이는 학생 세 명이 철로 옆길 맞은편에서 걸어오고 있었다. 모자를 보니 깡패 많기로 유명한 학교 학생들이었다. 그들은 일부러 내 어깨를 툭 부딪치며 시비를 걸기 시작했다. 손에는 검은 가죽 장갑을 끼고 금방이라도 나를 후려칠 기세였다. 그리고 나를 빙 둘러쌌다. 나를 구타하고 무엇이라도 빼앗겠다는 위급한 상황임을 직감했다. 나는 반사적으로 책가방을 휘두르며 무작정 죽을 힘을 다해 뛰었다. 그들도 예상이라도 한 듯 내 뒤를 바짝 따라붙었다. 바로 그때다 저쪽 멀리 보리밭 샛길로 서너 명 내 또래 학생들이 보였다. 나는 다짜고짜 "어- 영식아! 영식아!" 하고 그쪽을 향해 이름을 부르며 고함을 질렀다. 보리밭 사이에서 영문을 모르는 그들은 발걸음을 멈추고 내 쪽을 쳐다보고 있었다. 그러자 쫓아오던 깡패들이 잠시 주춤한 사이 나는 천만다행으로 위기를 모면했다. 나는 창피했지만, 그 말을 어머니에게 하려다가 그러면 병상의 어머님이 걱정하실 것이 뻔해서 입을 다물어 버렸다. 어머님도 항상 괜찮다고 말씀하시지만 아픔을 꾹 참고 내 앞에서는 언제나 웃고 계셨다는 걸 느꼈기 때문이었다.

그때 병원에서는 어머니에게 하루에 사과 하나를 주었다. 어머니는 그걸 남겼다가 나에게 내밀었다. 그땐 한국 전쟁이 끝난 지 얼마 되지 않아 먹을 것이 부족했다. 더구나 사과 구경을 하기가 어려운 시절이라 그 사과가 무척 먹고 싶었지만, 완강히 거절했다. 그랬더니 그다음 날부터는 한 입 먹다 남은 사과를 먹기 싫어서 남긴 것이라면서 나에게 주셨다. 한 입 먹은 그 자리는 갈색으로 변해 있었다. 그래도 어머니의 영양 상태를 고려한 병원 식단인데 나는 도저히 그걸 받을 수가 없었다. 그런데 어머니는 "한 입 먹어 보니 입이 써서 먹을 수가 없구나." 하시며 다음 날 또 사과 든 손을 나에게 내밀었다. 내가 고개를 흔드니까 어머니는 먹음직스럽고 빨간 그 사과를 쓰레기통에 버리셨다. 그때서야 나는 어머니는 사과를 정말 싫어하신다는 것을 알았다. 그 뒤부터 나는 병원에 들를 때마다 한 번 베어 드신 사과를 먹다가 온전한 사과를 얻어먹는 철없는 아이가 되어버렸다. 나에게 사과를 주기 위한 어머니의 깊은 뜻을 한참 지나서야 헤아리게 되었다. 애플 컴퓨터의 사과 마크는 돌아가신 어머님 생각을 떠오르게 한다. 사과 한 입, 그리고 병상에 누워계신 어머님의 하얀 손, 어머님 생각에 눈물이 고인다.

논산 훈련소에 어머님이 면회 오셨을 때였다. 면회 시간이 다 끝날 무렵이었다. 파장에 나타난 심 봉사가 생각났다. 병약하신 몸으로 그 멀고 복잡한 길을 순전히 정성하나로 찾아오신 것이다. 그때도 사과는 빠지지 않았다. 삶은 닭, 손수 빚은 떡, 속옷 그리고 내가 소포로 보내 달라고 부탁한 책을 직접 들고 오셨다. 그 짧은 면회시간에 어머니는 계속 내손을 꼭 쥐고 계셨다. 어머님은 그날 밤 근처여관에서 머물고 내일 떠나신다고 했다. 아무리 참으려 해도 눈물을 억제할 수가 없었다. 아쉬운 작별을 하고 내무실에 들어와 내의를 보고 나는 또 한 번 울었다. 짧은 내의 속에는 입이 좁은 주머니가 있었는데 그 속에 지폐가 말아져 있었다. 해마다 어머니날이 오면 왠지 가슴이 저미어 온다.

어머니에게서는 어머니 특유의 향기가 난다.

꿈결처럼 아늑하고 양털처럼 보드랍다. 푹신한 이불 같고 안락의자 같다. 그리고 백합 향기처럼 그윽하고 와인 향기처럼 달콤하다. 체리같이 상큼하지만 때로는 청국장같이 구수한 맛이다. 화창한 봄볕이고 손발을 녹여주는 뜨끈한 아랫목이다. 늦은 귀가 시간이면 집 앞 모퉁이에 어머님이 서 계신다. 어머니의 일생은 기다림의 연속이었다. 그러나 자식이 어머니를 모시고자 할 때 어머니는 순간도 기다려 주시지 않고 이미 이 세상을 떠나신다. 나무가 고요하고자 하나 바람이 그치지 않고(樹欲靜而風不止) 자식이 부모를 봉양하고자 하나 부모가 기다려 주지 않는다(子欲養而親不待).

사랑하는 자녀들아!

어머니는 고향이다. 결코 고향을 잊지 마라. 호마는 북풍에 몸을 의지하고 월나라 새는 남쪽 가지에 둥지를 튼단다. 여우는 죽을 때 고향 언덕을 향해 머리를 두른다(首丘初心)고 하지 않던가. 연어는 피투성이 행진을 하며 산란을 위해 태어난 곳으로 돌아온다. 모두가 근본 때문이다. 세상이 다 너를 버려도 오직 어머니만은 너를 절대 버리지 않는다. 세상이 너에게 달걀 세례를 퍼붓고 돌을 던지며 온갖 야유와 욕설로 비난하더라도 어디론가 찾아가 하소연하고 마음껏 울고 싶은 자리, 그곳은 바로 오직 어머님의 품 안뿐이다.

울 엄마

김강서

울 엄마 이야기를 하자면, 울 엄마가 나를 어떻게 힘들게 기르셨고 얼마나 고생하셨나 하는 이야기보다 떠오르는 이야기가 있다. 내가 자라면서 보고 들었던 이야기들과 함께, 엄마가 로스앤젤레스에 사실 때 내가 교회를 모시고 다니면서 자동차에서 귀에 못이 박히도록 듣던 이야기들이다.

평양에 한 한문을 열심히 공부한 선비가 평양의 한 진사집 딸과 혼인하여 아들 넷과 딸 둘을 두었는데 첫째 딸이 울 엄마시다. 울 엄마는 성격이 활달하시고, 항상 남에게 지지 않으시며 친구들과는 항상 우두머리 역할을 하셨다고 들었다. 그 당시 여자들은 교육을 안 시키던 시절이었지만, 특별히 외할아버지께서는 울 엄마를 평양에 있는 서문여자 중학교(현재 고등학교)와 선생을 양성하는 보육(교육)전문학교에 보내셨다. 울 엄마는 키가 크셔서 서문여고 배구선수로 활약하셨다. 배구선수들과 함께 찍은 흑백사진을 나에게 보여주셨는데 울 엄마는 이목구비가 갖추어진 아주 미인이었다. 그리고 울 엄마는 종종 평양에 있는 숭실 중학교 남학생들한테서 연애편지를 받으셨다고 자랑하셨다. 이때, 울 엄마는 평양에 있는 예배당(교회)을 나가셔서 풍금으로 성가 봉사를 하셨다고 들었다. 풍금은 보육전문학교에서 배우셨다고 하셨다.

얼마 후 황해도 장연군에서 부농이며 첫째 아들은 의학박사이고 둘째는 일본 유학을 마쳤다는 집안의 둘째 며느리로 시집을 가셨는데 여기서 아들 셋과 딸 하나를 두셨고, 내가 바로 셋째로, 아들로는 막내로 태어났다. 나중에 서울에서 나에게는 여자 동생 둘이 더 생겼다. 큰아버지 내외께서는 서울에 있는 세브란스 병원에 계셨기 때문에 울 엄마가 이곳에서 약 십여 년간 할아버지를 모시고 시집살이를 하셨다고 들었다. 그리고 울 엄마는 여러 가지 수완을 발휘하여 할아버지의 재산을 많이 불려놓았다고 자랑하셨다. 황해도에는 옛날부터 인재들이 많았는데, 초대 대통령이신 이승만 박사가 황해도 태생이고 특히 장연군에는 양주동 박사가 어렸을 때 자란 곳이다. 울 엄마 말씀에 의하면, 양주동 박사가 어렸을 때 하도 말을 잘하셔서 '양 주둥이(이북 사투리로, 입이 두 개)'라는 별명을 가지셨다고 한다. 그리고 장연군에는 원한경(Underwood)박사의 별장이 있었는데, 할아버지가 이 별장을 관리하셨고, 그 아들인 원일한 박사와 울 아버지는 어려서 친하게 지내셨다고 들었다.

울 엄마는 시집을 오신 후 소래교회에서 봉사하셨는데 이 소래교회는 한국 최초의 장로교회로, 우리나라에 천주교가 선교사 없이 세워진 것과 같이 미국 선교사가 한국에 들어오기 전에 한국인이 스스로 세운 장로교회다. 소래교회에서 울 엄마가 나를 임신하셨을 때 소래교회 교인 몇 분들과 할아버지, 그리고 제 두 형님과 소래교회 앞에서 찍은 사진이 있는데, 이것을 Los Angeles, Jefferson 거리에 있는 한인 연합장로교회(당시 우상범 담임 목사 시무)에 울 엄마가 기증하였다. 이 한인 연합장로교회는 100년이 넘는 교회로 한인들이 최초의 미국 땅에 세운 한인 장로교회이며 우리나라 독립운동을 위해 많은 모금도 하였고, 초대 대통령이신 이승만 박사도 이 교회를 다니셨다고 들었다.

1943년, 황해도 장연에서 내가 태어났을 때 일본 강점시대라서 정부에서 나온 항독소 주사약이 부족하여, 내 또래의 많은 아이들이 디프테리아(Diphtheria)라는 전염병에 걸려 거의 모두가 사망하였다고 한다. 당시 방역에 속수무책이었다고 하셨다. 그런데 장연군 공의(Public Doctor)가 본인 아들을 위하여 보관하고 있던 주사약을 울 엄마가 공의 사모님을 통해서 천행으로 구해 내 목숨은 구했지만, 얼마 후 나와 동갑이던 공의의 아들이 안타깝게도 그 전염병에 걸려 사망했다고 들었다. 이 이야기를 생각하면 내 마음이 항상 아프다.

일제 강점기로부터 해방된 후에 큰 지주셨든 할아버지께서는 공산주의자들의 이론과 그 행태를 보시고 울 엄마에게 할아버지가 소유하셨던 땅에 미련을 버리고 남쪽에 가서 살 것을 권유하셔서 남하하셨다. 해방 후, 먼저 남하하셔서 손원일 제독을 도와 대한민국 해군을 창설하신 아버지와 함께 큰 아버지가 계시던 세브란스의대 사택에서 같이 사셨다. 얼마 후 국가에서 신당동에 적산 가옥을 하나 장만해 주어 그곳으로 이주하였다.

이곳에서 울 엄마는 해군 장병 부인회의 부회장으로서 한국 최초의 전함인 '백두산 호'를 구입하는데 큰 힘을 쓰셨다고 들었다. 당시 국가 재정으로는 엄두도 못 낼 형편이라서 해군 장병의 봉급의 약 10%를 각출한 돈, 해군 부인회에서 헌금한 돈, 그리고 부인회에서 바느질, 뜨개질, 세탁 등을 하여 모은 돈으로 미국에서 구입한 초계정으로, 6.25 사변 당시에 부산을 수호하는데 혁혁한 공을 세웠다고 내가 군대에서 복무할 때 들었다.

이후 외할아버지가 큰 외삼촌을 따라 남하하셔서 우리 집에 계셨고, 내가 국민학교 일학년에 6.25 사변이 났다. 우리 식구는 진해로 피난을 가고 외할아버지가 혼자 집을 지키고 계셨는데, 서울 함락 후, 한 인민군 장교가 아버지를 찾았는데 이 사람이 할아버지께서 장연에서 데리고 있던 인부 중 한 사람이었다고 하셨다. 외할아버지께서는 그 사람에게 "내 사위를 잡으러 왔느냐? 아니면 보호하러 왔느냐?"고 질문하셨다는데 그는 아무 대답 없이 나갔다고 들었다.

서울 수복과 정전 후 많은 사람들이 생활고에 시달렸지만 우리 가족 외에도 우리 집에는 피난 온 많은 친척들이 함께 생활하고 있었다. 집안 생활에 보탬이 되고자 울 엄마는 고철장사를 시작하셨는데 장사수완이 좋으셔서 돈을 많이 버셨다. 이때 고철로 조립한 지프차, 자가용, 그리고 피아노도 집에 있었다. 공부를 아주 잘한 큰형님을 미국에 유학을 보낼 수노 있었고, 울 엄마의 능력으로 장충동 대통령 비서실장 옆집을 사서 이사했다. 삼성의 이병철 회장도 이 동네에 살고 있었고, 후에 백낙준 박사가 우리 앞집으로 이사도 오셨다

그런데, 이북 노동당 간부로 있던 외삼촌이 아버지를 포섭하려고 남파되었고, 아버지가 외삼촌을 해군 방첩대에 자수시켰는데, 5.16 군사 혁명 후 중앙정보부가 생기면서 재수사를 하게 되었다. 이때 들어가는 변호사 비용이 대단했고, 더욱이 5.16 군사 혁명 후 군사정권의 여러 가지 경제정책 시행착오와 많은 규제로, 울 엄마의 경제적 전성시대는 끝이 났다. 한동안 무직 상태였던 울 엄마는 집안 규모를 세 번이나 줄였는데, 줄일 적마다 통곡하셨다. 내가 미국 올 때 나는 공항에서 울 엄마를 붙들고 울었다, 형님들이 미국에 계시기 때문에 한국에 돌보아 드릴 아들이 없기 때문이었다. 그때 엄마는 "남자 놈이 울면 되느냐?"고 호통을 치실만큼 강인하셨다. 지금 생각하니 그 당시에 마음이 많이 아프셨을 것 같다.

형님들은 울 엄마를 많이 닮아서 생긴 것이 준수해 연애결혼을 했는데 엄마는 이를 항상 못마땅해 하셨다. 다행히 별로 준수하게 생기지 못한 내가 효도를 할 기회가 생겨서 나는 큰어머니 주선으로 울 엄마와 내 마음에 드는 여자와 결혼해 48년을 살고 있다. 특히 형님들은 아들이 하나만 있는데 나는 아들이 둘이나 있어서 울 엄마와 큰어머니께서는 당신들이 고르신 며느리가 제일이라고 항상 자랑하시며 만족해하셨다. 내 동생들도 좋은 혼처로 결혼을 시키셨다.

6.25 동란으로 격변기에 6남매를 다 대학과 대학원을 졸업하게 뒷바라지하신 울 엄마에게 한없는 경애와 존경심을 드린다. 울 엄마와 아버지는 그 후 형님의 주선으로 미국에 이민 오셨는데 미국에서도 울 엄마는 한인회 등에서 여러 활동을 많이 하셔서 Los Angeles City와 Los Angeles County에서 여러 표창장도 받으셨다. 아버지는 대한민국 국민으로 사시겠다고 하셨으나, 울 엄마는 70세에 공부하셔서 미국 시민권도 획득하시는 억척을 보이셨다. 평생 교회에서 봉사하시면서 항상 자식들을 위해 기도했으며, 특히 미국에 오신 후에는 다들 잘살고 있는 6남매 자식들에게 폐가 되지 않는 삶으로 마감하게 해달라고 기도하셨다. 울 엄마의 기도가 이루어져 90세에 심장질환으로 Hollywood 병원에서 주님 곁으로 가신 후, 먼저 주님 곁으로 가신 아버지 옆인 Glendale에 있는 Forest Lawn에 모셨다.

울 엄마! 우리 6남매를 부족함이 없이 다 잘 길러주셔서 감사드립니다. 생전에 잘 모시지 못해 가슴이 아픕니다. 우리도 울 엄마와 같이 우리 자식들을 위해 주님께 같은 기도를 바치겠습니다.

늘 죄인으로 사신 어머니

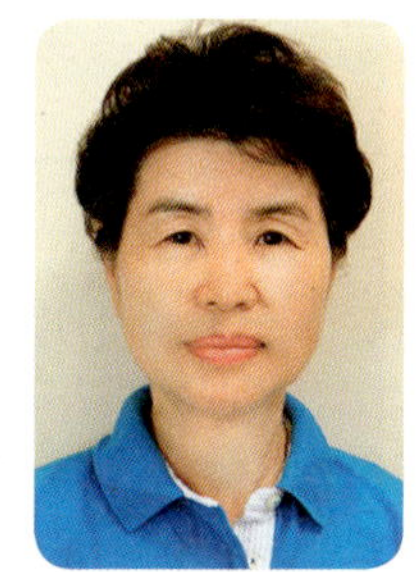
김귀양

어머니의 옛 이야기 속에 "나는 박복하여 아들을 낳아 아장아장 걷기 시작할 때면 병에 걸려 죽는 걸 보니 아들이 없을 팔자인가 보다"고 한숨을 쉬며 하소연을 하시곤 하셨다.

가끔 아버지는 자신이 "박혁거세의 136대 손이며 너희들은 137대 손이다. 하지만 이제 아들이 없으면 대가 여기서 끊길 수밖에 없구나." 하시며 몹시 서운해 하시는 것을 여러 번 보았다. 어머니에게 당신에게는 아들 복이 없나 보다고 말씀하시는 것도 들었다. 위로 언니 둘을 낳고 또 아들 둘을 낳았으나 아들들은 병으로 다 죽고 그다음 셋째와 넷째를 생산했으나 둘 다 딸이었다. 그 넷째가 바로 나다. 어머니는 이제 나이도 들어가는데 여간 걱정이 아니셨을 것이다.

옛 노인들이 아우 볼 딸에게 남장을 시키면 남자 동생을 본다는 말이 있다. 그래서 4째 딸인 나에게 남복을 입히고 상구 머리로 깎아서 아예 남자로 만들어 놓으셨다. 내 이름마저도 족보에 있는 돌림자를 따라 아들인양 귀양으로 지으셨다. 다행히 나는 남동생을 보았고 덕분에 집안의 복덩이로 여기게 되었다. 아들을 얻으신 부모님들은 얼마나 기뻐했으며 그 아들을 귀하게 길렀을까 짐작이 간다.

남동생은 한 가문의 기둥으로 부모님의 마음이 든든했고 재롱으로 행복했던 것도 잠시, 돌을 바라볼 즈음, 6.25 사변이 터졌다. 공무원이셨던 아버지는 전쟁이 나자 바로 산속으로 혼자 숨어 버리셨다. 어머니 혼자 다섯을 데리고 피난을 가야 하는데 큰 언니 둘은 잘 걸을 수 있으니 함께 피난길에 올랐다. 하지만 바로 위의 셋째 언니가 6살, 내가 4살이었으니 딸 둘은 도저히 데리고 갈 수 없어 경기도에 사시는 할머니가 계신 큰댁에 맡기고 꼭 살려야 하는 돌쟁이 남동생을 업고 떠나며 돌아보고 또 돌아보며 울면서 기약 없는 길을 떠나셨다고 한다.

대전 피난민 수용소에서 지내는 동안 홍역과 천연두가 함께 퍼지자 어린 아이마다 전염병을 앓게 되었고 약을 구할 수가 없으니 결국은 고열에 시달리다 모든 어린 아이들이 세상을 떠났다고 한다. 어느 자식이건 귀하지 않은 자식은 없겠지만 나를 남자로 변장시키면서까지 귀하게 얻은 아들을 대전 공동묘지 차가운 땅에 묻어야 했던 어머니의 아픔을 짐작해 본다. 또한 대를 이을 아들을 잃은 어머니는 아버지의 얼굴을 무슨 면목으로 볼 수 있었을까?

서울이 수복되자 어머니는 슬픔과 고민 속에 지친 몸으로 언니들을 데리고 이천 할머님 댁으로 우리들을 데리러 돌아오는 날이었다. 동구 밖에 웬 서울 아줌마가 우리 집을 향하여 걸어오면서 나를 보고 손을 흔들었다. 낯이 익긴 한데 정확하게 누구인지는 몰랐다. 안채를 향해 "할머니, 서울에서 아줌마 와."라고 소리를 질러 손님이 오는 것을 알렸다. 할머니는 댓돌에서 내려오시며 "에구 내 새끼들이 오는구나. 에구 너의 어멈이지 아줌마가 뭐야?" 하시며 언니들을 껴안고 얼굴을 비벼대셨다. 피난길에 살아 돌아온 가족들에게 감사함과 반가움의 표현이셨으리라. 엄마는 나를 껴안고 눈물을 흘리시는데 할머니는 "막내는 왜 없냐?"라고 물으셨다. 비록 4살이었지만 이 일은 내 머리 속에 남아 지금까지도 잊혀지지 않는다. 그날 밤부터 나는 엄마의 옷자락을 붙잡고 놓지 않았다고 한다. 동생은 가고 없었지만 나는 계속 남복을 하고 살았다. 아마도 남자 동생 하나를 더 바라고 계셨으리라.

초등학교 입학식을 하는데 여자 선생님이 남자 쪽 맨 앞에 나를 세웠다. 선생님이 돌아서자 나는 여자 줄 맨 앞으로 살짝 옮겨 갔다. 끝까지 줄을 다 세우고 앞으로 오신 선생님은 나를 끌어다 다시 남자 줄에 세우셨다. 선생님이 안 보는 사이에 나는 다시 여자 쪽으로 섰다. 선생님과 계속 실랑이를 벌이는 나를 보고 드디어 어머니가 "걔가 여자예요." 하시자 주위에 섰던 학생들과 학부형들이 와 웃음을 터트렸다.

그 일이 있고 난 후부터 학교에서는 남복을 한 여자아이로 유명해졌다. 이발소 아저씨는 내가 갈 때마다 남자인 줄 알고 의례히 상구 머리를 깎아 주셨다. 그런데 방학이 끝나고 4학년이 되어 학교에 가야하는데 내 마음 속에 더 이상 남자의 모습으로 살아간다는 것이 부끄럽게 느껴졌다. 머리를 깎고 오라고 돈을 주신 것을 계기로 이발소에 가서 내 마음대로 "아저씨 저 여자 단발머리로 깎아 주세요."라고 하자 눈이 휘둥그레진 이발사는 "너 임마 남잔데 왜 단발머리를 해?" "저 여자란 말이에요." 이발소에 있던 모든 사람들은 박장대소를 하고 말았다.

큰 언니는 그 때부터 나에게 여자 한복을 지어 입히고 미국에서 원조하는 예쁜 드레스도 사서 입혀 주었다. 이렇게 해서 드디어 나는 여자답게 변해 갔다. 어머니가 피난에서 돌아온 후 막내 동생을 하나 더 보았지만 또 딸이었다. 결국 부모님은 아들 셋과 딸 다섯을 생산하셨지만 아들 셋은 이 세상에 없었던 듯 하늘나라로 가고 딸 5형제만 건실하게 잘 자라 주었다.

내가 국민학교 3학년 때였던 것으로 기억된다. 어머니는 아들을 잃을 때마다 병으로 몸져누우시고 늘 스트레스로 사신 탓인지 병약하셨다. 어머니는 몇 날을 누워 앓으시던 끝에 2주 동안 의식이 없자 아버지는 이제 갈 때가 됐나 보다며 단골인 내과의사 선생님을 모셔왔다. 이미 각오는 되어 있던 상태였지만 가망이 없다는 의사의 선고를 받고 온 식구가 모여 어머니의 임종을 기다리고 있던 저녁이었다.

어머니는 신음소리를 내며 눈을 뜨셨다. 그리고 꿈 얘기를 하셨다. 넓은 초원 위로 구름길이 나 있는데 그 길로 어머니를 인도하는 하얀 강아지를 따라 한참을 가셨단다. 저 멀리 저승 문이 보이는데 갑자기 강아지가 사라져 버리고 어머니는 꿈을 깼노라 하시며 저승엘 갔다 왔다고 하셨다. 그 후에 병세가 나아지긴 했지만 정상으로 돌아오지 못하고 귀가 먹고 왼쪽 눈이 실명되었다. 발음도 어눌해져서 가족들은 손짓으로 겨우 대화를 할 수 있게 되었다.

아버지는 아들만 5형제를 둔 작은댁에서 둘째 사촌 오빠를 양자로 생각하며 졸업할 때까지 학비며 용돈을 넉넉히 챙겨 주곤 하셨다. 하지만 결국은 연로하신 부모님을 보살피고 끝까지 모신 건 넷째 딸인 나였다. 대를 잇겠다는 옛날 노인들의 염원은 이룰 수가 없었지만 어려서부터 아들 없는 우리 집안의 기둥으로 살아야 한다는 일념은 자연스럽게 내 머릿속에 박혀있었나 보다. 1983년에 70이 넘으신 동갑내기 부모님을 미국으로 모셔왔고 늘 보살펴 드려야 했다. 1993년에 어머니는 79세로, 또 2008년에는 94세인 아버지를 하나님 품으로 보내드렸다. 우리 딸 다섯을 기르느라 희생하신 어머니였지만 아들이 없다는 책임을 혼자 떠맡고 늘 남편과 시댁에 죄인으로 살아야만 했던 외롭고 힘드셨던 어머니였다.

오랜 세월이 흘러 1983년에 부모님을 미국으로 모셔 올 때는 귀가 거의 안 들리고 당뇨병이 심한 것 말고는 생활하는데 불편은 없으셨다. 하지만 나는 직장에서 돌아오면 이미 지쳐 있어 듣지 못하는 어머니와 대화를 할 수가 없었고 살갑게 대해 드리지도 못했으며 이국땅에서의 외로움을 덜어드리지 못했다. 살아계신 동안 어머니의 마음을 헤아려 드리지 못했고 위로 한 번 해드리지 못한 것이 못내 가슴 아픈 후회로 남는다. 당뇨가 심한 어머니를 오랫동안 보살폈던 나는 나 자신의 당뇨병은 어머니가 사랑으로 남겨 주신 표적이라고 생각하며 그마저도 감사하게 생각한다.

오늘도 나는 어머니 너무너무 죄송해요. 어머니, 진심으로 사랑합니다!
어느새 눈가에 눈물이 글썽인다.

소쩍새 울 때면

김성웅

어머니 !

그날도 소쩍새가 슬피 울었지요. 달 밝은 오월의 그 밤이 오면 이 불효한 소자는 소쩍새가 울적마다 두 무릎 꿇고 조용히 고개 숙여 이 소자는 웁니다. 그러지 않으려고 이를 깨물며 참았던 나의 눈물이 터지던 날이었지요. 어린 중학생 나이에 새벽 6시에 일어나서 400여 부의 신문을 배달하고 나면 그것도 아침 8시까지는 끝내야 하는 고된 일에 나이 어린 13세 소년의 몸으로 너무 힘들었습니다. 아침 조간신문을 배달하고 나면 저녁 석간신문을 또 다시 200여부를 배달해야 하는 고달픈 일과에 학교에서 숙제는 해 오라 하지 시간은 없지요. 내 별명은 학교에서 지각 대장으로 소문났었지요. 무슨 재주로 10살 때부터 신문 배달한 어린 몸이 2시간 이내에 400집을 배달합니까?

어머니는 아버지에게 이 신문지국 일을 걷어치우자고 몇 번이고 호소하고 아버지는 무얼 먹고 살려고 그런 배부른 소리하느냐 하다가 어떤 때는 깊은 밤 큰 소리 나서 눈 떠보면 아버지와 어머니는 싸우셨지요. 급기야 성질에 겨운 아버지는 어머니에게 손찌검을 하면 어머니는, 피하지 않으시고 그대로 얻어맞고 계셨습니다. 이불 속에서 소리 없이 지켜보며 울다가 날이 새면 어머니의 얼굴에 눈물이 덩그러니 고이시며 말없이 신문 400부를 어깨에 지워 주시며 돌아서서 눈물을 훔치시던 어머니 .

어느 날 배달을 하는데 작은 송아지만큼 큰 개가 제 넙적 다리를 물어 피가 흐르는 모습을 쳐다보시며 다음 날 새벽 일찍 일어나신 어머니는 누룽지를 다섯 덩이 만들어 주시며 그 집에 들어갈 때에 미리 던져 주어라 그럼 물지 않을게다. 어머니가 싸주신 누룽지는 과연 효과가 컸습니다. 던져 주면 물고 한쪽으로 가서 먹는 사이에 신문을 넣어주고 돌아선 기억이 지금도 생생합니다. 그러나 물린 상처를 제때에 치료하지 못하고 계속 걸으며 배달해야 하는 것이기에 나중에는 독이 임파선을 타고 올라가 사타구니 사이는 큰 밤톨 모양의 종양까지 생겼습니다. 어머니는 이 모습을 바라보며 수시로 어루만지시며 눈물겨워 하시던 모습, 어찌 이 소자가 잊을 수 있겠습니까?

아버지는 녹내장으로 일찍이 상당 부분 시력을 잃으셔서 홀로 행보가 어려우셨고 어머니마저 결핵성 고관절염으로 다리가 불편하셔서 이 신문 배달은 응당 내 차례였습니다. 누나는 16세 소녀라 가능했지만, 당시 사회 환경은 그럴 수 없었고 남동생은 분담하여 할 수 있었으나 견디지 못하고 이런 일은 싫다고 하여 어디로인지 도망가서 들어오질 않았습니다. 몸이 너무 피곤하여 죽고 싶어서 어느 날 밤 저수지로 나 홀로 빠져 죽으려고 걷고 있는데 그날 밤 달빛은 왜 그리 밝은지 달빛에 비친 내 그림자를 보며 쉴 새 없이 눈물이 솟구쳤습니다. 그런데 제일 생각난 게 어머니였습니다. 누나도 싫어하고 동생도 집을 나가버리고 아버지는 날이 어두우면 혼자 걷지를 못합니다. 이런 생각에 나도 모르게 엉엉 울면서 저수지로 달빛 아래 보이는 오솔길을 따라 걸어갔습니다. 이때도 어김없이 소쩍새가 울었습니다. 먼 산에서 아련히 들려오는 소쩍궁 소쩍궁…. 밤이 깊어 가니 작은 소리까지 들리는데 어디서 차르르 차르르 소리가 들려 옆을 보니 저만치 떨어진 거리에서 낯익은 걸음걸이 모습이 보입니다. 보통 달밤에 그림자는 반듯하게 움직이며 오는데 이 그림자는 흔들거리며 다가옵니다. 아 어머니! 그 저는 다리로 꽤나도 먼 길, 저수지로 가는 길을 아들의 뒤를 쫓아 오신 것입니다. 어머니! 나는 어머니의 몸빼 자락을 붙잡고 한없이 울었습니다. 어머니의 한마디 말씀, "너는 집으로 가거라, 내가 죽는 게 낫다 부모 노릇도 못 하는데 살아서 뭣하랴." 다리가 아파서 잘 걷지 못하시던 어머니의 힘은 어디서 난 것인지 뿌리치고 저수지로 향하는 데 두 다리를 부여잡고 모자간에 한참을 울었습니다. "내 다시는 안 그럴게요, 용서 하세요 어머니!" "아가 내 어찌 네 고생 모르겠니 나는 기억한다. 네 아버지가 6.25 전쟁 때 공산군에게 얻어맞아 생사를 헤맬 때 우리가 어떻게 살았니. 너는 날마다 개똥을 주워오고 엄마는 그것을 볶아서 차를 만들어 아버지가 마시고 살아나셨을 때도 너는 들판으로 다니며 그것을 주워왔다. 아버지가 왜 여덟 시간이나 어깨가 깨지고 무릎이 탈골되도록 맞았냐? 교회 장로라 해서가 아니냐, 그런 네가 오늘 저수지로 향하는 널 보고 너와 운명을 같이 하고 싶었다."

어머니는 이 생명을 살리셨습니다. 힘들고 고생스럽다고 죽어야 하겠단 나를 단 한마디 말씀, "내가 네 고생을 왜 모르겠니?" 하시며 달빛이 온천지 우리 모자 위에 비치시던 밤, 껴안고 우시던 어머니의 눈물을 이 소자는 어찌 잊으리이까. 아버지는 공산군에게 얻어맞은 후유증으로 괴로움 속에 지내시다가 피가 머릿속에서 터져 뇌일혈로 세상을 떠나시던 슬픔을 우리는 겪었습니다. 어머니는 떠나가신 아버지를 그리워하시며 새벽녘에야 잠이 드신 마음 아픈 모습이 지금도 눈에 선합니다. 어느 날 아침 교회 전도사님은 돌아가신 아버님의 무덤이 가운데가 쩍 갈라지면서 살아서 앉아 계시더란 황당한 꿈을 꾸고 어머니에게 이야기하니, 저를 조용히 불러 "네가 가

보고 올래?" 하고 종용하신 말씀 저는 기억합니다. 생과 사를 가르는 아픔처럼 이 세상에 큰 게 어디 있나요.

어머니 좀처럼 듣기 어려웠는데 오늘도 소쩍새 울음소리를 들었습니다. 예쁜 얼굴, 고운 모양으로 시집와서 한세상을 나에게 바친 잠든 아내의 얼굴 위에 어머니의 모습을 오버랩하여 보며 한 가닥의 기쁨을 발견합니다. 천국에서 주님 모시고 보고픈 남편이신 아버지 곁에 계셔서 행복하시지요. 어머니와 달빛 아래 저수지 사건 이후로 어머니, 다시는 그런 허약한 생각을 물리치고 여기까지 걸어왔습니다. 어머니, 어머니 영원히 부르다가 영원히 간직할 나의 사랑 어머니 그 이름.

오늘도 소쩍새가 웁니다. 이제는 자겠습니다. 어머니도 굿나잇.

어머님을 그려본다.

어머님을 그리며

김소향

열여섯 해를 손자 셋, 사위와 맏딸을 지극정성으로 돌보아 주시며 함께 사셨던 어머님은 매사에 감사하고 행복하다고 가끔 말씀하셨다. 나의 남편은 일만 대군보다 더 든든한 장모님의 사랑 덕분에 아내의 바가지, 때로는 빗발치는 투정도 거뜬히 막아내면서 마냥 으스댔다. 어머님이 우리 집에 오신 1973년부터 천국으로 떠나신 1989년까지 축복받은 세월을 함께 지낼 수 있었던 것은 우리의 큰아들 승범에게 일등 공신의 몫을 주시어, 어머님을 모시고 싶었던 내 간절한 소원을 이루게 해주신 하느님의 자비 덕분이라고 굳게 믿는다. 아들에게 모유를 먹인지 겨우 이 삼 주 지난 후 오른쪽 유방이 커지면서 아프기 시작했는데 의사는 수술을 권했다. 나는 생사를 예측할 수 없는 상황에서 어머님의 정신적인 도움과 간호가 절실하다는 의사의 편지와 진단서로 곧바로 어머님의 미국 방문비자 신청을 했으나 즉시 거절당했다. 재산도 없는 홀 어머님, 더구나 두 딸이 미국에 살고 있던 터라 딸네 만나러 오면 귀국할 리가 없음이 불 보듯 뻔했기 때문이었다.

모르면 무서울 것도 없고 궁하면 통한다고 했던가. 나는 짧은 영어 실력으로 이민국과 백악관에 내 사정을 호소하는 편지를 보냈다. 각 기관에서는 도와주지 못해 미안하다면서 자기들의 업무 영역이 아니니 내 거주지의 하원의원에게 의뢰하는 것이 최선의 방법이라는 친절한 조언을 보내주었다. 그 당시 뉴욕 맨해튼의 하원의원이던 Edward Koch에게 하소연을 보냈더니 얼마 후에 서울의 미 대사관에 전화하라는 연락이 왔다. 대사관 직원의 "네 어머니는 미국에 절대 갈 수 없는데 보낸다." 하던 음성은 천사의 노래처럼 들렸다. 어머님이 뉴욕에 오신 후에 하원의원을 찾아뵙고 한국미가 그윽한 램프로 감사의 마음을 표했다. 우리가 행복하기 바란다던 그분은 후에 뉴욕시의 시장을 여러 번 재임했으며 2013년에 타계했다는 소식을 접하고 진심으로 명복을 빌었다.

서울을 떠나온 지 다섯 해 만에 나는 어머님께 사위와 첫 외손자를 안겨 드렸으며 마흔여섯 살에 할머니가 되신 어머님은 식구들 거두시느라 쉬실 틈이 없으셨다. 살림을 도맡아 해주시는 어머님 덕분에 나는 부엌일을 그만둔 것은 물론 식료품 가격, 하물며 세탁비도 모르는 엉터리 주부가 되었다. 세월이 가면서 나는 둘째, 셋째 아들을 낳았고 자동차로 두 시간 가는 거리에 살던 여동생 네도 삼남매를 기르며 부부가 낮과 밤에 번갈아 가며 일하던 터라 어머님을 독차지한 나는 동생한테 미안하기 그지없었다. 출퇴근이 불규칙한 그이의 사업 때문에 우리가 어머님의 도움이 더욱 절실하다고 마음으로 변명했었다. 경제적인 여유가 없을 때면 손님들에게 대금을 일 년 내지 이 년의 장기 월부로 내도록 선심을 베풀어 준 그이가 야속했고 부도 수표가 많아질수록 미안하다는 연락도 없는 이들이 무척 원망스러웠다. 나의 불평을 들으신 어머님은 돈을 받지 못해 굶느냐고, 여유가 없으면 적게 쓰면 된다고 타이르시며 우리가 받지 못한 돈은 큰 복이 되어 아들들에게 되돌아온다고 나를 달래셨다. 어머님은 오죽했으면 부도를 냈겠느냐고 하시며 빚진 사람들은 양심의 가책 때문에 다리 펴고 편히 잘 수 없을 터이니 가엽다고 오히려 측은히 여기신 사리에 밝으시고 배려심이 그지없이 깊으신 성품을 지니셨다.

믿음이 돈독하셨던 어머님은 새벽에 묵주 기도를 드리며 하루를 시작하셨고 주변의 지인들은 어머님께 고민을 허심탄회하게 하소연하기 일쑤였다. 어머님은 해법을 세안하신 후에 그분들의 비밀을 아예 당신 가슴에 묻어 버리시니 '천사'라 불리셨다. 어머님, 남편과 함께 오순도순 시작한 담소는 때로는 내가 동의할 수 없는 상황이 생기게 되면 어머님을 닮지 못해 성미 급한 나는 침실로 들어가 버리는 경우가 있었으며 그 후로도 끝없이 계속되던 두 분의 대화는 내게 소외감을 느끼게 했다. 어머님의 가르치심, 위로, 배려와 타이르심이 없었다면 우리가 화목한 가정을 꾸리기는 더욱 힘들었을 것이다. 그이가 마누라보다도 장모님이 계셔서 산다고 친구들에게 자랑삼아서 했던 이야기는 진심이었다.

바느질 솜씨가 특출하셨던 어머님은 아이들이 어릴 때 성탄 행사, 할로윈 때 입을 옷을 지어주셨으며 예쁜 조각 천으로 만든 쪽 이불, 방석 등은 어머님의 소중한 유품이 되었다. 첫째 아이는 아직도 쪽 이불을 간직하고 있어 아들네 집에 다니러 갈 때마다 헤진 곳을 꿰매 준다. 둘째 아들은 대학 응모 때 쓴 글에 할머님이 앓으시던 암을 치료하는 의사가 되겠다더니 암 전문 외과 의사가 되었으며 할머님을 대하듯 환자를 정성껏 돌보아 주고 있으리라 믿는다. 늦둥이로 할머님과 여섯 해 밖에 함께 지내지 못했으나 각별한 사랑을 받았던 막내는 다행히 할머니를 기억하고 있다. 어머님이 세상을 뜨신 후 할머님이 계시지 않은 빈 아파트에 들어서면서 아들들이 겪었을 허전함과 외로움을 생각하면 지금도 가슴이 미어지는 듯하다.

위암 진단을 받으셨던 1989년 6월부터 급속도로 번지는 암 때문에 음식을 삼키시지 못하셔서 튜브로 영양제를 넣어 드리던 당시에 음식 냄새를 풍기며 저녁을 준비할 때마다 어머님께 죄송하기 그지없었다. 어머님은 기력이 좀 나실 때면 반찬을 만드시고 김치까지 담그셨으니 부엌일에 서투른 딸이 얼마나 염려스러우셨을까 생각하면 지금도 무척 죄스러울 뿐이다. 열일곱 살에 결혼, 두 딸을 낳으셨고 전쟁 통에 남편을 여의신 어머님은 스물다섯 살에 미망인이 되셨다. 내가 어릴 적 어머님이 가끔 들려주셨던 어머니에 관한 외할머니의 태몽은 산꼭대기에 핀 예쁜 연꽃을 외할머니가 집에 안고 오셨다고 하셨다. 어머님이 서른이 채 되시기 전에 이모님과 함께 가셔서 만난 점쟁이로부터 예순둘에 세상 떠나겠다고 했을 때 "그만큼 살면 되지요." 하셨다던 이야기도 들려주셨다. 어머님이 투병하시던 동안, 예순둘에 운명하셨을 때와 지금까지도 어머님이 해 주셨던 이야기가 가끔 생각나면 운명은 바꿀 수 없음이 분명한 듯하다고 느껴진다.

어머님 은혜를 부족한 글로 이루 다 표현할 길이 없다. 여섯 식구가 함께 가장 행복했던 열여섯 해를 정성스레 엮어 주셨던 어머님을 회상하는 글을 쓰고 있으니 생전에 잘 섬기지 못한 자책감에 새삼 가슴이 미어진다. 어머님을 여읜 후 천국에서 우리를 위해 기도하고 계실 어머님의 사랑에 대한 확신은 내게 큰 위로가 되고 있다. 어머님께 부끄럽지 않은 딸이 되기 위해 생전의 말씀을 되새기며 죽는 날까지 노력하리라는 결심을 어머님 영전에 드리면서 웃고 계실 인자하신 어머님을 그려본다.

엄마에게 드리는 나의 독백

김수경

엄마….

오랫동안 불러보지 못했던 이름 '엄마'. 그리움이 쌓이고 쌓여서 이제는 보고 싶은 마음마저 희미해져 가는 엄마를 다시 부르며 이 글을 씁니다.

엄마, 이제는 벌써 반세기가 지난 시간 전에 엄마 곁을 떠나 푸른 꿈을 안고 한국을 떠났을 때, 엄마는 김포공항에서 치잣물 드린 모시 치마저고리를 단정히 입으시고 울고 서 있는 나에게 손을 꼭 잡으시며 "꿈이 있는 사람은 길이 있어." "마음먹은 대로 잘하고 돌아오너라."라며 다정히 속삭여 주셨다. 그날 엄마의 목소리, 세월과 상관없이 아직도 들리는 엄마의 음성, "네." 이 짧은 대답을 뒤로하고 나는 비행기에 올랐죠. 그 후의 나의 미국 생활은 마음먹은 대로 잘하라는 엄마의 권고와는 전혀 다른 삶을 살아오면서 엄마가 보고 싶었고…. 얘기하고 싶었고…. 의논하고 싶었던 수없는 가지가지의 일들이 지나갔지만, 엄마와의 만남은 아주 제한적이었잖아요.

엄마! 제가 학교 다닐 때는 엄마는 늘 식구가 많은 살림 하시느라, 아버지 뒷바라지하시느라, 동생들 키우시느라 엄마와 다정히 속마음에 있는 말 해보지 못했죠. 그 후에 엄마가 미국에 방문하셨을 때 제가 출장을 가게 되어 엄마와 함께 뉴욕에 갔고 나이아가라 폭포도 구경하면서 즐거운 시간을 가졌을 때 엄마는 나이아가라를 구경하시면서, "수경아, 할머니(나의 외할머니)도 여기 같이 오셨더라면 참 좋아하셨을 텐데…." 하시면서 말을 잇지 못하셨던 것 생각납니다. 전 그때 외할머니 돌아가신지도 오래되었고 그 당시에 "할머니가 어떻게 나이아가라를 구경하실 수 있어요?" 하면서 엄마의 어머니를 그리워하는 마음을 깊이 이해 못 한 미련한 딸이었음을 나중에 알게 되었고 엄마한테 많이 미안했어요. 엄마도 보고 싶은 엄마가 계셨는데, 저는 외할머니의 끔찍한 사랑을 받고 자랐는데, 할머니는 우리들 사랑하시는 것이 즐거움이고 행복이라고 그냥 그렇게만 생각했었죠.

그런데 엄마! 제가 삼십대에 혼자 됐을 때 엄마보다 더 외할머니를 생각하면서 울었어요. 외할머니는 스물두 살 꽃다운 어린 나이에 두 딸 데리고 청상과부로 평생 사신 것, 손녀딸인 저는 외할머니를 무척 좋아했지만, 할머니 마음에 무엇이 있었는지는 몰랐고 할머니는 그냥 그렇게 우리와 사시며 행복해하시는 분이라고만 믿었죠. 그런데 엄마, 제가 아이 아빠를 잃고 제일 많이 생각해 본 분은 외할머니이었어요. 외할머니처럼 당당하게 꿋꿋이 손주들 끔찍이 사랑하며 희생하며 자신의 모든 걸 포기하신 엄마의 엄마. 외할머니는 나의 영웅이었고 멘토였고 사랑의 표상이었던 여인이었다고 이제야 엄마한테 고백해봅니다. 이렇게 엄마는 과부 어머니를 모시고 산 아픔이 있으셨는데, 또 하나밖에 없는 딸, 제가 혼자 됐다는 소식을 들으시고는 병상에 계신다는 소식을 듣고 아이들 데리고 한국을 방문 했을 때 엄마가 받으실 충격을 생각하며 비행기 안에서 고민하고 고민하며 엄마한테 할 말을 준비했어요. 그런데 막상 엄마를 뵈었을 때는 눈물을 삼키시면서 하신 말. "수경아, 넌 하나님 잘 믿는 사람이지…. 네 인생을 책임져주실 분은 하나님이시다. 부탁한다. 네 두 딸, 하나님과 사람들한테 칭찬받는 애들로 키워라." 하시며 눈물도 안 보이시던 엄마이셨잖아요. 전 그때 놀랐어요. 엄마가 절 붙들고 통곡하실 것이라 생각했는데 의외로 담담히 애들 잘 키우라고 당부하셨죠. 제가 떠난 후 많이 우셨다고 동생한테 들었어요. 엄마 죄송해요. 잘한 것이 하나도 없는 딸, 엄마를 울린 딸, 마음먹은 대로 하나도 이루지 못한 딸이 오랜 세월이 지난 지금에 와서 엄마께 하지 못한 말, "엄마 고맙습니다. 저를 믿어주신 것." 그리고 엄마는 참으로 독특한 남편, 나의 아버지, 독립운동가, 치과의사, 변호사, 국회의원 등등으로 살아오신 아버지 뒤에서 아내의 내조로 남편을 세우신 엄마, 그리고 그 시대의 여성 교육자로서의 꿈을 접으시고 자신을 희생하신 신여성, 그리고 우리 사 남매를 당당한 사회인으로 키우신 현모양처의 모델, 많은 사람들이 울 엄마에게 '신사임당'이란 별명을 지었고 존경을 보냈던 울 엄마가 꿈에라도 오셨으면 하며 그리워합니다. 엄마 천국가신지도 26년의 시간이 지났네요. 바람 같은 세월 속에서 엄마가 주신 교훈같이 살지 못했음을 고백하면서 나도 이제 엄마 곁으로 갈 날을 기다립니다. 나의 두 딸에게 비쳐질 엄마, 나, 생각할수록 부끄럽고 자신이 없지만 이글을 쓰면서 엄마의 모델로 남은 시간의 삶을 열심히 살아가기를 조용히 기도해 봅니다. 엄마 고맙습니다. 사랑합니다. 엄마 딸, 수경드림

바람 따라 구름 따라

김양길

엄마 어머니 어머님 ! 많은 사람들이 정겨워 부르고, 베풀어주신 넘친 사랑 못 잊어 그리워하고, 살아생전 잘 모시지 못한 죄책감에 아쉬워하며 눈물 짓게 하시는 분!

나에게 어머님은 어떤 분이신가?

7월이면 어머님께서 소천하신지 24년이다. 어머님은 병오생(1906년) 나는 임오생(1942년)으로 같은 말띠 생이다. 그래서 30년생 말띠인 큰형님도 우리 중 누가 제일 복 많은 말띠 생이며 얌전한 말과 닮았는지 서로 우기며 웃던 기억이 떠오르는데, 어머님은 얌전한 말은 아니셨던 것 같다. 어머님은 다섯째 아들인 나를 포함해 12명을 낳으셨는데, 그중 2명은 태어나지 못했고, 맨 위 두 누님과 내 아래 여동생과 남동생 둘 모두 돌을 넘기지 못했다. 그래도 두 살 반 많게는 3살 반 터울의 6형제를 잘 키워주신 장한 어머니시다.

해방 전까지 아버님을 도와 양복점과 포목점을 하셨고 해방 후에는 시장에서 과일과 식료품 가게를 하셨다. 6.25 때는 폭격으로 가게가 불타서 맨손으로 다시 일으키려 애쓰시던 모습은 어린 내가 보기에도 몹시 애처로웠다. 먼동이 트기 전에 나가셔서 밤늦게까지 일하셨는데 항상 손발이 불어터져 보기조차 민망했다. 언제 끝날지 모르는 고된 일상도 힘드셨지만, 그보다도 고향을 잃은 슬픔으로 외로워하시며 눈물 젖으셨던 날이 많았다. 그래서 가끔은 가게가 끝나고 약주 한잔 드시면 '고향이 그리워도 못가는 신세/ 저 하늘 저산 아래 아득한 천리/ 언제나 외로워도 타향에서 우는 몸/ 꿈에 본 내 고향이 마냥 그리워.'와 같은 18번 애창곡을 울며 부르신 한 많은 분이셨다. 어머님은 위로 두 분의 오빠와 언니 그리고 다섯 살 아래인 남동생이 있었다. 해방 후 한 달 전까지 남동생과 함께 있었는데 곧 38선을 경계로 남북이 갈라질지도 모른다는 소식에 그 동생이 고향으로 돌아간다고 서둘러 급히 떠나셨다. 좀 더 사정을 살펴본 다음 떠나도 되지 않을까 만류도 해보았지만 혹시 사정이 안 좋아 영영 돌아가지 못 하실 것 같은 불안으로 초조해 하는 동생을 더 붙잡을 수가 없으셨다고 하셨다. 그렇게 동생을 떠나보낸 다음 그 후 아무런 소식도 전해 듣지 못해서 늘 자책하고 괴로워하시며 슬퍼하셨다. 약주를 드시면 식사도 거르시고 때로는 감기 몸살도 앓으셨지만 내 기억으론 하루도 늦게 일어나시는 것을 보지 못했고 가게 쉬는 날도 없었던 것 같다. '함경도 또순이' 그 이미지는 나의 어머니를 두고 말하는 것 같았다. 가족들을 위해 평생을 헌신하며 하루도 편안한 날 없이 사신 분이다.

나는 정말 불효자식이다. 어머님은 아흔을 채우지 못하셨지만 89세까지 장수하셨는데, 긴 세월 많은 기회가 있었건만, 효도 한번 못한 것은 뒤로 하고 불효만 저지른 못된 자식이다. 결혼 후 어머님과 지낸 적이 두 번 있었는데, 첫 번째는 막 결혼하고 서울에서 조카들과 함께 일 년 가까이 지내는 동안 손자 손녀 아들내외 뒷바라지 하시느라 고생만 시켜드렸다. 두 번째는 미국으로 모셔왔는데, 그때 이미 칠순을 훨씬 넘긴 연세로 즐거움이라고는 네 살짜리 손녀 유치원 갔다 오면 함께 노는 재미, 아들내외 직장에서 늦게 돌아오면 맞이하는 재미, 어쩌다 주말 나들이 정도의 재미에 비하면, 빈 집에서 홀로 지내시면서 알아듣지도 못하는 텔레비전 앞에서 시간만 보내며 창살 없는 감옥 같은 생활만 보내셨다. 다행히 손자를 보게 되어 얼마나 기뻐하셨는지 그 환한 웃음을 짓던 모습은 잊히지 않는다. 손자 손녀 보는 재미 이상으로 우는 아기 안아 달래고, 재우고, 우유 데워 먹이고, 세탁기도 있건만 손수 기저귀 빨아 말리시며 온갖 수발 다 하셨던 어머니 미안합니다. 감사합니다. 형님들의 성화에 손주 첫돌 맞이하는 것을 겨우 보신 다음 4년여 만에 한국으로 돌아 가셨다. 귀국하신 이후 한참 만에 우리가족 모두 어머님을 한번 뵙고 왔는데 그때는 그것이 어머님을 뵙는 마지막이라고 생각하지는 못했다.

어머니와 함께했던 시절 재미있는 잊히지 않는 일화가 있다. 옆집 마당과 뒤뜰에 조그마한 텃밭을 가꾸셨는데 옆집에서도 우리 집 마당 옆으로 텃밭을 가꾸고 있었다. 어떤 오후 어머니께서 텃밭에서 옆집 아저씨와 한참 대화를 하고 계셨다. 그 분은 연세가 어머님보다 한두 살 많으신 분으로 테네시 주정부에서 오랫동안 법률고문변호사로 계시다 은퇴 하신 분이시다. 두 분이 대화가 통할 수가 없는데 내 눈이 의심 될 정도로 꽤 오래 대화를 하시는 것이 아닌가? 안에서 지켜보고 있다가 어머니께서 들어오셔서 옆집 아저씨와 무슨 말씀을 나누셨냐고 물으니 이런저런 채소 가꾸는 이야기와 너희 집 뜰 채소들은 잘 자라는데 우리 집 것은 별로인 것 같다는 내용들 이었다고 하셨다. "설마 그러면 어머니께서 영어로 말씀 하셨어요?" 하니까 "야야 내가 무슨 영어로 말할 수 있니 그냥 우리말로 하고 그분도 영어로 말하는 거 같더라." 하셨다. "그런데 어머니 어떻게 알아 들으셨어요?" 하니 "말하는 입술과 눈빛 그리고 행동을 보고 그렇겠구나, 했지." 하셨다.

어머님 말씀에 의문도 나고 호기심도 충만해 다음날 옆집 아저씨를 만나 물었더니 아주 재미있게 이야기를 나누었다고 했다. 그분의 대답도 어머니 말씀과 비슷하였다. 성경의 바벨탑 사건

이후로 민족들끼리 다른 언어를 사용하게 되어 서로 불편함을 겪고 있지만 다른 언어라도 의지만 있으면 눈빛과 몸짓만으로도 어느 정도 대화가 가능하다는 것을 깨달았다. 몇 년 후 내가 시카고로 이사 가면서 작별 인사를 드릴 때 아주 섭섭해 하시며 해 주셨던 말씀은 “좋은 이웃은 네가 어떻게 만들어 가는 것이지 좋은 이웃이 그냥 그곳에서 너를 기다리지 않는다.”라고 하시며 격려해 주셨다. 그동안 몇 번 이사를 다니면서 이 말씀 실천이 쉽지 않아 나의 게으름을 일깨워 준다.

또 하나 일화는, 캠핑을 좋아 했던 나는 어머니를 모시고 가족과 함께 노스캐롤라이나 넥스해드 라는 바닷가로 캠핑을 갔었다. 바닷가 어시장에서 저녁꺼리로 불루크렙과 생선 몇 마리를 사서 캠프장으로 와서 텐트를 치고 생선을 손질하고 크렙 중에서 큰놈은 삶고 작은 것들은 게장을 담아먹으면 좋을 것 같아 어머님께 말씀 드렸더니 당신께서 하시겠다고 하셔서 맡겨드렸다. 서둘러 장만한 저녁을 먹고 나서 어머니 게장 어떻게 하셨냐고 하니 플라스틱 통에 잘 담아두었다며 “맛 볼래?” 하시기에 예, 하고 뚜껑을 열어보니 거품이 많이 일고 있었다. 금방 담근 게장에 거품이 일어 이상해서 어떤 양념을 넣었냐고 물으니 소금과 설탕 그리고 고춧가루 등을 가리켰다. 캠핑 갈 때는 부피를 줄이려고 양념과 가루비누 등을 비닐 백에 넣어 가는데 어머니께서 설탕인줄 아시고 가루비누를 넣으셨던 것이다. 어머님을 그릴 때면 “이 아까운 것을….” 하시며 섭섭해 하시던 모습이 슬며시 떠올라 비식 웃음 짓게 한다.

아버님의 고향은 개성, 어머님의 고향은 함경도 안변이라고 하신다. 아버님은 고향에 가본 적이 없고 어머님 고향인 안변 외가는 돌도 안 된 나를 포대기에 싸고 4일 동안 기차를 세 번이나 갈아타며 겨우 찾아갔었다고 하신다. 또 오는 길도 그 길로 돌아왔다며 가끔 어머님은 그것이 마지막 친정 방문이셨다고 눈시울을 적시며 말씀하신다.

내가 세 살 되던 해에 해방이 되고 곧 삼팔선을 경계로 남북이 막히면서, 부모님 고향은 지금까지도 가까우면서도 가장 먼 이웃으로 찾지 못하는 곳이 되어버렸다.

아버님은 독자신데 불행히도 여섯 살, 여덟 살에 차례로 부모님을 여의시고 아버님의 외할머니 댁에서 자라셨다고 한다. 그래서 일찍 결혼을 하신 것 같은데 정확히는 모르지만 병고로 일찍 홀로되시어 혼자 몇 해를 보내시다, 집안 권유에 못 이겨 29살에 그것도 함경도 안변에 사시는 18살 어머님과 결혼하시는 행운을 얻으셨던 것 같다.

늦장가이긴 했지만, 얼마 안 되어 꿈에 그리던 첫아기를 보았는데 딸이어서 많이 섭섭하셨어도 첫아기라 귀엽고 사랑스러워 애지중지 하였지만, 6개월을 넘기지 못하고 떠나보내는 슬픔을 맞으셨다. 다행히 다음해에 또 아기를 갖게 되어 시름에서 기쁨으로 웃음을 되찾는 듯하다가 아쉽게도 또 딸을 얻게 되었다. 기쁨의 순간도 잠깐, 그 귀염둥이마저도 3개월을 함께하지 못하고 하늘나라로 떠나보내 애통함을 더 하게 되었다.

조실부모한 독자인 조카가 늦장가라도 들어 애들 낳고 잘 살기를 바라시던 집안 어른들께서 두 번씩이나 애를 잃어버리는 조카 가정을 염려해, 점도 치고 굿도 해보니 이유가 어머님께서 예수장이라 불공 들여 낳으신 아버님과 상극이라 후사를 잇지 못하고 벌 받아 그러한데 한 가지 방법은 고향을 떠나 멀리 남쪽으로 가면 아마도 대를 이어갈 희망이 있을지 모르니 떠날 것을 권유 받으셨다고 한다.

*** 사진 설명**

1943년 12월 경. 어머님께서 안고 있는 필자, 중앙 뒷면에 서계시는분이 글 속에서 38선 선정으로 고향으로 떠나셨던 외삼촌, 중앙에 두루마기 입은 큰외삼촌, 안경 끼신 분이 아버지와 제 형제분 들.

그리스도인들의 믿음의 조상인 아브라함은 하느님의 명령으로 늙은 나이에 정든 고향을 떠나 하느님께서 가라고 한 낯선 타향살이 끝에 백세가 넘어 자식을 갖게 되고 또 부유하게 되었는데, 우리 부모님도 집안 어른들의 권유로 종족보전을 희망으로 기약 없이 산 넘고 물 건너 바람 따라 구름 따라 정처 없이 남쪽을 향하여 힘든 여정을 이어가셨다. 흘러 정착한곳이 충청도 논산, 아버님 35살 어머님 24살에 꿈에도 그리던 아들을 갖게 되었다. 그런데 이렇게 어렵게 얻은 아들을 얻은 후부터 병치레가 거듭되니 겁에 질린 부모님들께서는 다시 남쪽을 향해 이동을 시작하셨다. 이런저런 사연들을 남기며 돌고 돌아서 남해안 끝자락 아기자기한 크고 작은 섬들이 그림처럼 널려있는 아름다운 바다를 낀 작은 마을 삼천포까지 오셨다. 고생하신 보람과 간절한 바람으로 시름시름 하던 아들도 잘 자라 주고 세살 터울로 내리 다섯 아들도 더 얻었으니, 고향을 잃은 아픔은 크셨지만 그에 못지않은 자식 복은 누리신 셈이다. 그러나 해방과 6.25 동란을 겪으시며 여섯 형제 길러내시느라 어려운 생활 참고 사시며 역경을 잘 견뎌내신 장한 어머니시다.

어머님! 살아생전 고생 많이 하셨습니다. 이 못난 자식 낳아주시고 길러주셔서 감사합니다. 하느님께서도 못난 자식들 위해 고생 많이 하시고 파란만장하게 어려운 여생 보내신 어머님 위로해 주시고 평안한 안식 누리시도록 자비를 베풀어 주실 것으로 믿습니다. 어머님 불효한 이 자식 거듭 용서하여 주시고 평안 하십시오! 사랑합니다.

울 엄마

김양선

울 엄마가 돌아가신 그날은 날씨가 싸늘한 10월 어느 저녁나절이었다. 엄마가 운명을 하실 때 아버지 그리고 오빠가 곁에 있었고 나는 집 앞 골목에서 동네 아이들과 놀고 있었다. 어스름한 저녁노을에 하늘은 온통 회색으로 덮여 있었다.

나는 수원에서 오신 외할아버지 손에 이끌려 남산동에 있는 큰이모네 집으로 가서 그날 밤을 보냈다. 어두컴컴한 방안에서 외할아버지께서 흐느끼시는 소리를 들으며 나는 절망감과 슬픔으로 어린 마음에 긴 밤을 새까맣게 새웠다. 그때 내 나이는 열한 살이었고 60년 전의 일이다.

나는 남매 중에 막내였다. 태어나서부터 줄곧 병치레를 하면서 죽을 고비를 몇 차례 넘겨 엄마의 마음을 여러 번 졸이게 했다. 도저히 어린 막내둥이를 놔두고 훌훌 이생을 떠나실 수 없으셨던 울 엄마는 그렇게 가족 곁을 영원히 떠나셨다.

엄마에 대한 나의 첫 기억은 다섯 살 때부터다. 전쟁이 뭔지도 모르고 부모님께서 부지런히 짐을 싸시고, 밖 어디선지 펑펑 터지는 소리가 간헐적으로 들리고, 엄마와 오빠, 바로 위의 언니 그리고 내가 트럭에 올라타 어디론가 가서 정착한 곳은 대전이었다. 차라곤 처음 타보는 트럭 안에서 우리는 엄마가 싸주신 주먹밥을 먹으며 허기를 달랬고 무사히 대전에 도착하여 짐을 풀었다. 그곳에서 엄마는 때로는 산에서 나물을 뜯어 삶아서 시장에 가서 파신 돈으로 생선 한 마리 그리고 계란을 사 오셔서는, 밥상에 올려 당신은 드시지도 않고 어린 세 자식들에게 먹이셨다. 우리네 모든 엄마들이 그러하셨듯이.

어느 날, 내 위의 언니가 다니는 초등학교가 무너졌다는 소식을 들으신 엄마는 혼비백산하여 쏜살같이 뛰어서 학교로 가시는데 어린 나도 있는 힘을 다해 울며 엄마 뒤를 따라 뛰다 개천을 지나가고 있었다. 그때 내가 본 엄마의 발걸음은 그냥 훨훨 나는 것 같았고 나는 도저히 엄마 뒤를 따라 갈수 없어 울면서 집으로 되돌아 왔었다. 사고 경위는 미군 비행기가 너무 낮게 학교 위를 비행하면서 울리는 폭음에 의해 진흙으로 지은 낡은 학교 건물이 무너지고 그 안에 있던 어린 학생들이 다 희생되었다고 했다. 그때, 엄마는 언니의 이름을 막 소리쳐 불렀는데 엄마의 목소리를 듣고 어디선가 뛰어나온 언니를 본 엄마는 이때 거의 실신 상태셨다. 다행히 언니는 노는 시간이라 밖에 나와 놀고 있어서 하나도 다치지 않았다.

엄마와 우리 3형제가 어떻게 해서 부산으로 갔는지 내 기억에는 없고 부산에서 나머지 우리가족, 아버지와 큰언니, 둘째 언니랑 함께 토성동 어느 이층집에서 살게 되었다. 밤에는 담요로 창을 다 가려 덮고 식구들이 모여 앉아 도란도란 이야기를 하면서 엄마가 쪄 주신 찐빵을 먹었던 기억이 난다. 그 시절 어떤 날, 우리가 세 들었던 집 앞 길가에 남루한 차림의 일본 여성이 서성거리는 것을 보신 엄마는 집에 있는 찐빵을 가지고 가서 건네주시며 그녀랑 이야기를 나누셨다. 엄마의 따뜻하고 인정 넘치는 마음과 그 모습은 내 기억에 지금까지 자리 잡고 있다. 엄마는 쉬지 않고 일을 하셨다. 내 기억으로는 부산에서 전쟁을 겪지 않고 살던 주부들의 한복을 주문 받아서 손수 만드셨던 기억이 난다. 그리고 남은 천을 조각조각 모아 예쁜 원피스를 만드셔서 내게 입혀주셨다.

전쟁이 끝난 후 우리는 다시 서울로 올라와 우리가 전에 살았던 집으로 오게 되었다. 엄마는 언제나처럼 부지런하셨고 빈터에 가지 고추 깻잎 등을 심어서 우리 밥상에 올리셨다. 그리고 이웃 아줌마들은 낮에 우리 집에 모여 엄마의 특유한 유머와 함께 웃으며 친교를 나누셨다. 모여 앉아 이야기를 나누시는 중에도 손에는 뜨게 질을 놓지 않으시고 손을 부지런히 놀리셨는데, 뚝딱 우리들의 속바지가 만들어졌다.

우리는 성당과 아주 가까운 곳에 살아서 엄마는 여성회 회장을 하셨다. 어느 날 신학생들이 성당에 와서 피정을 며칠간 한 적이 있었는데 여러 엄마들과 함께 엄마는 주방에서 신학생들의 밥을 지으셨다. 나는 성당 마당에서 아이들과 뛰놀다가 속이 출출하여 엄마가 있는 부엌 건물로 아이들과 우르르 가서 부엌을 기웃거렸다. 부엌에는 큰 가마솥이 보였고 나를 본 엄마는 부엌에 못 들어오게 주의를 주셔서 엄마 말을 듣고 밖에서 서성이고 있었는데, 다른 아이들은 자기네 엄마 보고 부엌으로 들어가 누룽지를 얻어먹었다. 내가 이상하다고 생각하고 있는데 그제야 엄마가 누룽지를 들고 나와 주셔서 얼마나 맛있게 먹었던지, 철들어 생각하니 엄마의 절제나 예의에 대한 가르침은 말씀보다 그 분이 실천하시는 모습으로 배울 수 있었다. 엄마는 잔소리나 나무람보다 칭찬 섞인 말씀과 웃음으로 우리를 깨우치게 하셨다.

전쟁 후 모든 사람들이 어렵게 살던 시절이었다.

엄마는 초여름부터 낮에는 언제나 현관문을 열어 놓으시고 광주리에 떡을 이고 지나가는 떡 장사를 불러 떡을 사셨다. 그리고 간단한 점심을 차려서 떡 파는 아줌마에게 허기라도 면하라고 하시며 두런두런 이야기를 나누셨다. 또 리어카에 배추 무 과일 등등 싣고 골목을 돌며 "무 사요, 배추여~~" 하며 우렁찬 소리를 내며 지나는 총각 야채상에게도 항상 야채를 사고 그때마다 간단한 식사나 물을 전하셨다. 그때의 푸근한 모습들이 내가 엄마를 생각하면 가장 많이 떠오르는 엄마의 모습이다.

우리 집에는 언제나 친척들이 들락날락하였고 그분들이 필요한 것을 도와주려는 엄마의 모습은 내게 매우 익숙했다. 그러면서도 성당 야유회 때면 엄마는 아버지 양복 윗저고리를 입고 아버지 신사복 모자를 쓰셨다. 양복 윗저고리 속에 무언가 잔뜩 넣고 등을 굽히며 코믹한 춤과 노래를 불러 야유회에 온 사람들이 배꼽을 잡고 웃던 모습도 기억에 남는다. 이렇게 재치와 위트도 있으셨던 모습은 나의 마음깊이 새겨져 있으며, 사람들을 좋아하시고 상대도 좋아하게 만들며 남들과 잘 어울리시는 모습이 엄마의 참 모습이셨다.

내 위의 언니가 엄마의 손재주, 재치, 유머감각 그리고 배우려는 의지를 그대로 닮았다. 그 외의 큰언니는 학구열, 둘째 언니는 인정과 유머감각, 사람들과의 친밀한 관계를 유지하는 성품을, 그리고 오빠는 인정과 의리심, 이렇게 우리 형제들은 골고루 엄마의 좋은 성품을 닮아서 참으로 감사한 생각뿐이다. 각 형제들 개인적인 엄마의 체험에도 엄마는 하나같이 최상의 엄마였다. 어느 자식을 편애한다든가 소홀히 대하지 않으셨다. 자녀들의 기를 꺾는 말은 한 번도 하지 않으셨고 칭찬을 많이 하셨다. 언제나 어려운 가운데서도 긍정적으로 임하시는 태도는 참으로 엄마의 고유한 성품이셨다. 또한 엄마는 아버지의 사업 의논자이셨다고 언니들로부터 들었다.

우리 집은 저녁식사가 끝나면 다 같이 가족 기도를 하고 그것이 끝나면 즐거운 오락시간을 가졌다. 그때 형제들 각자의 재주를 펼쳐보였지만, 엄마가 단 한 가지 못 하시는 것은 노래였다. 엄마의 음이 맞지 않는 노래를 들으면서 언니 오빠는 재미있어 깔깔거렸고 나는 아버지 무릎위에 앉아 구경만 하는 것도 무척 즐거웠다. 정말 행복한 세월이었다. 가족이 피난 중에 아무도 다치지 않았고 무사히 서울 집에 모여 조촐하지만 웃음이 떠나지 않는 시간을 가족과 함께 하였다는 것이 내 마음에 깊이 남아있다.

나와 엄마가 함께 한 시간은 짧았지만 내 가슴과 머릿속 기억은 온통 세상 최고의 엄마였고, 닮고 싶고, 따라 하고픈 그러한 엄마셨다. 참으로 귀한 엄마의 모습을 보고 지냈지만, 병에는 몸도 마음도 아주 약해지셨다. 그런데 고통 중에도 항상 밤중에 엎드리셔 기도하시는 모습을 나는 보았다. 그렇게도 씩씩하시던 모습은 사라지고 나약하신 몸으로 병과 싸우셨지만 결국 극복하지 못하시고 사랑하는 가족을 남기고 조용히 눈을 감으셨다. 엄마의 육신은 떠나셨지만 우리들 마음에 언제나 함께 하신다는 것을 우리 형제들은 알고 확신한다. 살면서 어려운 고비마다 하늘에 계신 엄마의 끊임없는 돌보심을 느끼며, 이제 세상에 남은 우리 3형제는 오랜만에 만나면 울 엄마 이야기로 아득하고도 행복했던 그 시절을 회상한다.

울 엄마

김용순

미처 소리를 내지 못하고 입속에서 조용히 불러보는 '엄마'라는 단어에도 가슴 한편이 뭉클해지더니 나도 모르게 눈물이 살며시 흘러내린다. 엄마와 사별한 지 45년이 흘렀건만 아직도 내 가슴속에는 생생하게 살아계셔서 지금도 가장 그립고 보고 싶은 얼굴이다.

엄마와 딸은 대부분 가까운 관계이지만 울 엄마와 나는 정말 더없이 가깝고도 가까운 사이였다. 매일 일과를 끝내고 나면 아무리 힘들고 고단해도 나를 기다리고 있는 엄마의 품을 향해 가는 발걸음이 나이에 상관없이 얼마나 가볍고 행복했는지 모른다. 엄마는 40세나 되어서 뒤늦게 태어난 자녀들에 대한 사랑이 유난히 지극하셨기에 자신의 모든 것을 아낌없이 주시며 세밀하게 돌보아 주셨다. 그러나 뒤돌아 생각해보니 부족함 없이 살던 때보다 여러 가지 사정으로 정말 가난하게 살아야 했던 시절이 먼저 떠오른다.

자나 깨나 자식이 전부였고 앉으나 서나 자식이 우선이었던 엄마는 직장을 다니면서 일정치 못한 시간에 귀가하는 딸을 위해 매일 버스 정류장까지 나오셔서 기다리셨다. 눈이 오나 비가 오나 때로는 몸이 꽁꽁 얼어붙는 심한 추위에도 날이 어두워지면 나오셔서 내가 도착할 때까지 몇 시간씩 기다리곤 하셨다. 무서움을 유난히 많이 타는 나는 버스에서 내려서 집까지의 가로등도 별로 없는 어두운 길을 두려워했고 그것을 아시는 엄마는 하루도 빠짐없이 언제 도착할지 모르는 나를 길에서 기다리셨다. 요즘 같으면 cell phone으로 도착시간을 미리 알려 드릴 수도 있겠지만 그때는 가정에 전화조차도 귀한 시절이라 미리 연락할 수도 없는 상황이었기 때문이다.

비바람이 심하게 몰아치는 날이면 우산을 들고 서 있는 엄마의 몸이 많이 젖어있기도 했고 유난히 추운 날에는 얼마 동안 기다리셨는지 꽁꽁 언 엄마의 손을 잡으며 너무 죄송한 마음에 다시는 나와서 기다리지 마시라고 화도 내보고 투정도 부려보곤 하였다.

그러나 엄마의 답답스러울 만큼의 고집스러운 사랑은 그 어떤 경우에도 변할 줄을 모르셨다. 짜증스러울 만큼 가난했던 환경임에도 밖에서 집에 들어가면 항상 웃음으로 반겨주시는 포근한 엄마가 계셨기에 가정의 따뜻함에 흠뻑 젖을 수 있었고 마음이 부유해 더 이상 부러울 것이 없는 듯 넉넉한 마음으로 지낼 수 있었다. 가진 것이 없음에도 누구에게나 베풀기를 좋아하시는 엄마의 여유로운 마음과 변함없는 올곧은 사랑은 나에게 세상을 살아가는 교훈을 무언중에 본으로 많이 보여 주셨다. 자그마한 몸에 화장기란 전혀 없는 모습의 엄마는 정말 커다란 가슴을 가지고 계셨기에 어려운 환경 속에서도, 어떤 힘든 일이 있어도 따뜻한 미소 안에 모든 것을 품으시고 묵묵히 인내하시며 최선을 다하심에는 조금의 흔들림도 없으셨다. 몸이 건강한 편이 못 되는 나는 성장 하면서 가끔 아파 누워야 했었다. 내가 아플 때면 엄마는 옆에서 꼬박 밤을 지새우시며 같이 아파하셨고 내 이마에서 손을 떼지 못하셨고 또 아파하는 부위를 계속 쓰다듬어 주시던 엄마의 따뜻한 약손의 온기가 지금도 느껴지는 듯하다.

평상시에도 밤에 잠자고 있는 딸을 찾아와 수시로 이불을 덮어 주시고 머리를 쓰다듬으며 뺨을 만져주시던 엄마의 손길과 체취를 느끼며 세상을 다 얻은 듯 한 마음으로 잠자리에 들곤 했던 기억이 지금도 어제 일만 같이 그립고 가슴이 두근거린다.

엄마와 나는 40여 년 차이가 남에도 불구하고 나의 가장 가까운 친구였다. 직장에서 일어난 일, 짓궂은 남자친구 이야기 등 아무런 비밀이 없이 함께 웃고 함께 울기도 해 주신 영원한 애인인 엄마는 항상 나를 자랑스러워하셨고 칭찬해 주셨다. 그 당시에는 대부분 연료로 가정에서 연탄을 사용했었는데 가족이 모두 곤히 잠들어있는 새벽이면 어김없이 연탄을 갈러 나가시는 엄마를 잠결에 보곤 하였다. 매서운 새벽 추위에 손을 호호 부시면서 연탄을 가시는 어머니를 보며 몹시 죄송하고 안쓰러운 마음이면서도 누워서 꼼짝 안 했던 정말 철없던 나를 오히려 자랑스러워하시던 자식 사랑에 눈이 먼 엄마이셨다. 언제나 자식만을 생각하는 엄마는 한때는 먹을 것이 부족할 정도의 가정형편에도 당신은 아랑곳하지 않고 자식이 잘 먹는 모습을 보시면서 너무 흐뭇해하셨고 특히 딸인 나의 웃음소리에는 세상 시름을 다 잊으신다고 행복해하셨다.

새벽에 일어나셔서 출근하는 딸 행여나 발 시려울까 아궁이에 신발을 데워놓으셨다가 내가 나오면 따끈따끈한 신발을 내어 주시는가 하면 저녁에 오면 아랫목에 이불로 푹 싸 놓으신 따뜻한 밥을 차려주시고 먹는 내 얼굴을 행복한 표정으로 바라보시던 엄마의 배는 많이 고프셨을 텐데…. 돌이켜 보면 엄마의 일생에는 가까운 친구도 별로 없었고 때로는 가난 속에 고독 속에서 인내로 일관하시면서 오직 가족만이 전부인 삶이셨다. 가난이 몹시 힘드신 삶이셨음에도 언제나 깔끔하시고 단아하셨으며 웃음이 많으셨던 엄마는 유머 감각도 풍부해 주위 사람들에게 항상 밝은 분위기를 선사하시는 분이셨다.

이제 내 나이가 엄마가 세상을 떠나실 때의 나이보다 더 많은 할머니가 되었음에도 그때 엄마의 깊은 정이 사무치게 그리워지는 것은 정말 나이는 숫자에 불과한 것이기 때문인가 보다. 지금도 몸이 아프거나 마음이 아플 때는 제일 먼저 생각나고 조용히 불러보는 이름은 엄마이다. 1971년에 미국 이민 길에 오른 후 그 당시에는 고국 방문이 쉬운 일이 아니었기에 5년 후 시민권을 취득하고 어머니를 미국으로 초청했다.

그때 미국에 오신 어머니는 어쩌면 그렇게 소박한 작은 것에 행복해하시는지 엄마의 표정과 언어에는 언제나 사랑과 격려가 흘러나왔고 딸을 향한 애틋함이 가득 담겨 있었다. 엄마와 지낸 몇 개월은 엄마와 함께 할 수 있다는 것만으로도 마냥 즐겁고 행복한 시간이었고 아무도 모르는 낯선 땅에 와서 문화 충격 속에 긴장하며 살아온 이민 생활의 긴장이 사르르 녹아내리는 소중한 선물을 주신 시간이었다. 엄마가 한국으로 돌아가신 얼마 후 위암 진단을 받으셨다는 소식을 접하게 되었다. 엄마가 안 계신 세상은 생각할 수도 없기에 세상이 무너지는 듯 한 충격을 안고 한국으로 나가보니 엄마는 이미 너무 쇠약해지신 모습이었고 그 당시 의학적으로 아무것도 할 수 없는 상황이라 안타까움과 절망이 범벅이 되어 마음만 태우다가 힘없이 미국으로 돌아올 수밖에 없었다.

얼마 후 사랑하는 울 엄마는 그렇게 세상을 떠나셨다. 세상의 어떤 것으로도 흉내조차 낼 수 없는 엄마의 사랑! 세상에 더 이상 아름다울 수 없는 정감이 넘치는 엄마의 얼굴!

세상 그 어디에서도 맡을 수 없는 부드럽고 따뜻한 엄마만의 냄새! 그토록 사랑하는 엄마를 떠나보낸 지 45년이 흐른 지금도 나는 어머니날이 되면 부르게 되는 어머니에 대한 노래를 여전히 목이 메어 부르지 못한다. 무엇보다 내 가슴이 이처럼 아픈 것은 사람은 영적인 존재이므로 죽으면 모든 것이 끝나는 것이 아니라 죽음 이후에 영원한 생명이 있기에 이 땅에 살 때 준비가 되어야 하는데 우리 부모님은 하나님을 전혀 모르신채 세상을 떠나셨기 때문이다. 비록 이 세상에서는 더 이상 뵐 수 없어도 예수님을 믿으셨다면 언젠가는 다시 만날 수 있다는 희망이 있을 텐데 그토록 보고 싶은 엄마는 이제 어디서도 만날 길이 없음을 알기에 가슴이 찢어지도록 아픈 마음은 무엇이라 표현할 길이 없다. 어떤 대가를 치르고라도 "엄마, 언젠가 나중에 천국에서 만나요"라고 인사드릴 수만 있다면…. 사랑하는 엄마요 이처럼 보고 싶은 엄마에게 어떤 말도 할 수 없는 현실이 너무 가슴이 메어진다. 그래서 더욱 눈물이 범벅이 된 채 오늘도 불러본다.

엄마, 보고 싶어요. 그리고 사랑 합니다.

난 不孝子息!

김유상

1967년 5월 초 어느 날, 대구역 개찰구에서 어머님 모습을 회상하면 지금도 내 가슴이 메어온다. "야야, 너 이렇게 보내면 내 죽기 전에 언제 또 보겠노…." 내 손목을 놓아주시며 하염없이 눈물을 닦으시던 어머니, "어머니! 어머니!" 하고 불러보니 어릴 때 내 머릿속에 각인됐던 어머님 모습이 한눈에 떠오른다.

내가 태어난 원 고향마을은 대구에서 약 10km 떨어진 낙동강 변의 한 작은 마을로 김 씨네 일가친척 집안끼리 모여 살던 곳이다. 약 12가구 중 다른 성을 가진 가정은 두 신지기 집과 하인(下人) 집 딱 세 가정뿐이었다. 흰 머리카락이 성성한 그 하인은 아침이면 열 살도 안 되는 우리에게도 "아무게 도령님 잘 주무셨습니까?" 하며 공손히 인사한다. 그럼 우리는 어른이 가르쳐준 대로 "으응, 잠은 잘 잤는가?" 반말로 대답한다. 하지만 퍽 쑥스러웠다. 진사 급제 한 큰할아버지 덕분인지 이 김 씨 종가에는 두 곳에 ㄷ자로 된 큰 기와집 서당도 있었다. 우리도 그곳에서 천지현황(天地玄黃)에서 언재호야(焉哉乎也)까지 몇 번을 통독했지만 지금은 몽땅 잊어버렸다.

다섯 살 때 고아가 된 나의 아버지는 큰아버지인 진사 할아버지 댁에서 자라며 문동(文童)이 되었다. 약 5km 떨어진 좀 험준한 산 너머 박 씨네 동네에서 동갑이신 어머님을 맞아 가정을 이루고 우리 다섯 남매를 키우셨다. 아버지는 성인이 되어 '연화동 학자'(동네 이름)로 그 이름이 주변 먼 마을까지 퍼져나갔다. 주역(周易)에 통달한 아버지는 결혼궁합과 택일, 토정비결, 집 건축 시 좌향(坐向) 보는 것, 묘지선택, 제사 지낼 때의 각종 축문 대필, 결혼식 또는 장례절차 진행, 이사할 날짜 택일 등 풍수학자로 이름을 날렸다. 그 대가는 막걸리 한잔에 밥 한 끼면 족하셨다고 한다. 흰 두루마기에 갓을 쓰시고 긴 수염을 쓰다듬으시며 긴 담뱃대를 물고 둥그런 나침판 주머니를 차고 나가시던 아버지 모습이 눈에 선하다. 그때 집안일은 모두 어머니 몫으로 수고와 고생은 이루 말로 할 수 없었다. 밭에서 목화를 따다 실 뽑고 풀 먹이고 말려서 베틀에서 베 짜서 옷을 만들고, 개천에서 빨래하고, 샘에서 물 항아리 머리에 이고 물 길어오고, 밭에서 파, 고추, 무, 상추, 호박잎, 마늘 등 따와서 반찬 만들고, 밥 지어 온 식구 먹이고, 설거지하고, 밤이면 호롱불 앞에서 물레를 손으로 돌리며 목화 실 뽑고, 간혹 이웃사촌이나 육촌 댁에 새로 시집온 분들의 친정에 보내는 첫 편지도 대필해주시고…. 바쁘시던 어머님 모습이 어제 일처럼 떠오른다. 물론 두 누님과 형님도 많이 도왔고 나도 물지게로 물 길어오다가 돌에 걸려 넘어지며 와장창 쏟아버린 적도 있다.

내가 중학교 4학년 때 6.25가 터졌다. 모든 학교는 무기 휴학을 했고 공산군은 대구시를 둘러 흐르는 낙동강까지 침투했다. 영덕, 포항까지 쳐내려와 한때 대구시도 소개령이 내렸다가 이틀 만에 취소된 적도 있다. 당시 팔에 완장을 찬 방위군이 밤낮으로 젊은 청년을 마구 잡아다가 2, 3일 총기사용법만 가르치고 일선으로 내보냈다. 나도 새벽에 집으로 들이닥친 방위군의 눈을 간신히 피한 적이 있다. 나는 아랫목에 웅크리고 이불 덮고 누워있었고 어머님은 “저 애는 이제 열세 살인데 뭐….” 하며 간신히 두 방위군을 돌려보냈다.

일본에 가서 자동차기술을 배워온 형님은 5, 6명을 데리고 작은 자동차 수리공장을 운영하고 있었다. 전쟁이 나자 그 공장은 군용차 전용 수리공장으로 징용됐고 공장직원들은 강제징집에서 면제되었다. 나도 그곳으로 피신해 합숙하며 자동차 수리공이 되었다. 얼마 후 그 공장은 육군 제1사단 야포대 제17대대 전속으로 징발되었고 공원 모두 군복과 카빈총 한 자루로 무장하게 됐다. 총기사용법과 군 명령 절대 복종교육도 받았다. 형님은 대대본부로 나는 그 3중대로 배속됐다.

어느 날 대구를 떠나 일선으로 진군해 서울 한강을 지나고 38선 근처 ‘고랑포’란 곳을 지나 이북으로 들어갔다. 평양 대동강 동편 5, 6층짜리 아파트가 들어선 단지의 한 공지였다. 수일간 그곳에서 6문의 고사포가 계속 포격했는데 한 방 쏠 때마다 아무리 귀를 틀어막아도 움칠움칠 놀라지 않을 수 없었다. 며칠 후 우리 3중대는 연결된 고무 배 위로 철판을 깔고 탱크도 지나갈 수 있는 가교 위로 서평양으로 건너 한 학교 운동장으로 전 포대가 집결했다. 그날 밤 평양 입성 대 향연이 열렸다. 내 나이 18세, 그날 밤 나는 생전 처음으로 쓴 맥주를 맛보았다. 딱딱한 북한 건빵은 퍽 구수했다. 승리의 환호성은 온 교무실이 떠나갈 듯했다. 그때 한 장병이 벌떡 일어나 "자. 우리 중대장님 노래 한번 듣자!"고 외쳤다. 박수갈채가 터져 나왔고 중대장 황종갑 소령은 자리에서 일어나 창을 부르기 시작했다. 바로 몇 달 전 국어 시간에 배워 잘 알고 있는 남이 장군의 시 '白頭山石을 馬刀盡이요 豆滿江水를 飮馬無라 男兒二十에 未平國하니 後世誰稱 大丈夫아'를 창으로 읊었다. 그 후부터 나는 황 소령을 나의 중학교 국어 선생님보다 더 높은 위대한 분으로 기억했다.

다음날 북진은 계속되었고 꽤 쌀쌀한 추운 바람이 앞을 가렸다. 평양시를 벗어나 좀 지나오면서 깜짝 놀란 것은 우리가 쏜 포탄에 맞아 죽은 북한군의 시체 조각들, 다리, 팔, 몸뚱이, 머리는 머리대로 갈가리 흐트러진 시체들을 여러 대의 불도저가 큰 구덩이로 밀어 넣고 있는 광경이었다. 온몸에 전율을 느끼는 충격을 받았다. 나는 그때 전쟁의 참상을 처음 보았다. 영변 약산 앞마을을 지나 평양을 지나온 후 처음으로 포문을 연 곳은, 한반도에서 금이 가장 많이 생산된다는 평안북도 운산을 바로 앞에 둔 한 농촌 마을이었다. 집 마당에 포대를 세우고 북쪽을 향하여 수일간 계속 연발했다. 얼마나 쏘았는지 그 집 뒷담 벽에 탄피를 더 이상 쌓을 수가 없었다. 그 얼마 후 우리는 우리의 포문이 거의 남쪽을 향하고 있음을 깨달았다.

어느 날 새벽에 갑자기 후퇴명령이 내렸다. 자동차 헤드라이트도 바로 앞만 내리비추도록 가리고 도로 위로 들어와 서서히 후퇴했다. 도로 양쪽에는 수많은 장병들이 묵직한 배낭과 총을 메고 후퇴하고 있었다. 이유는 중공군이 처음으로 참전해 왔다는 것이었다. 비행기와 포탄으로 아무리 죽이고 또 죽여도 중공군은 개미 떼 같이 산을 넘어오며 인해전술로 내려온다는 것이었다. 청천강을 건너 잠시 쉬는 동안 그만 나는 차 사고를 당했다. 사람이 이렇게 죽는구나 하곤 까무러쳤다. 눈을 떠보니 당거에 실려 장작불 옆에 놓여 많은 장병들로 둘러싸여 있었고 인사계장 김 상사가 꼼짝 못 하는 나를 어루만지고 있었다. 다행히 출혈은 없었고 양다리가 퉁퉁 부었다. 평양으로 후송되어 걷지 못하는 다른 5명의 중환자와 합류했다. 사리원, 해주, 개성, 수원으로 후송해 수원에서 처음으로 양쪽 팔에 목발을 집고 간신히 걸을 수 있었다. 어느 날 화물차에 가마니를 깐 환자 후송열차로 대구까지 후송되었다. 대구에 도착한 날은 1950년 12월 25일이었다. 6.25 전쟁에서 꼭 6개월이 지난 후로 나에게는 여러 슬픈 기억을 남겨준 시간이었다. 18세가 되도록 대구에서 20km 이상 벗어난 적 없던 우물 안 개구리 같은 내가 넓은 세상을 바라본 잊을 수 없는 체험이었다.

어머님을 만났다. 목발을 짚고 서 있는 아들을 다시 본 어머님은 나의 두 손을 꼭 잡고 흔들면서 울랴 웃으랴 한참 동안 말문을 못 열고 어찌할 바를 모르셨다. 그러다 울먹이는 목소리로 "아이구나, 어디 다쳤나? 안 아프나? 니 형은 괜찮나? 난 마 너 둘 보내놓고 하룻밤도 잘 못 잤데이. 도대체 소식을 알아볼 데가 없드라. 궁금해서 마 죽을 뻔했다. 난 마 내 간이 새카마케 다 탄 것 같다. 니 형은 언제 돌아오나?" 우시다가 웃다가 희열이 만면하여 내 손목을 꼭 잡고 기뻐하시던 어머님 모습, 뜨거운 어머님의 그 사랑, 나는 결코 측량할 수가 없었다. 그 순간 평소에 무뚝뚝하고 인정 베푸는데 인색했던 나의 냉가슴에도 한없는 온열을 느꼈고, 나의 눈에서도 빗방울 같은 눈물이 흘러내렸다. 그런 어머님을 꽉 한번 포옹해드리지 못한 것이 심히 후회스럽다. 두 아들을 전쟁터에 보내놓고 그토록 애태우신 어머님의 심정과 사랑을 나는 6개월이 지나도록, 단 한 번도 생각해 본 적이 없었다. 그때 어머님께 "옴마 나 괜찮심다. 나 곧 나을 낍니다." 하고 안도의 말 한마디 해드리지 못 한 것이 또한 퍽 후회스럽다. 약 6개월 후부터는 목발 없이도 걸을 수는 있었지만 뛸 수는 없었다. 그 후 복교하여 교수를 목표로 법과대학 대학원을 수료했으나 형편상 취직 길로 방향을 돌렸다. 내 나이 29세가 되던 해 마침 친척의 중매로 27세인 아내(김진애)와 61년 9월에 대구에서 결혼식을 올리자고 약정하고 5월 7일 서울서 약혼식을 했다. 뜻밖에 5.16 혁명이 일어나 우린 퍽 당황했지만, 예정대로 식을 올리고 형님 댁에서 2, 3개월 부모님과 같이 대가족 살림을 했다.

어머님은 둘째 며느리를 몹시 사랑하셨다. 예의 바르고 상냥하고 부지런하고 매사를 분별하고 미리 알아서 척척 일을 잘 처리한다며 매우 좋아하셨다. 큰집에서 분가해 나올 무렵 한번은 저에게 말씀하셨다. "너 장가 잘갔데이. 새댁 지금까지 봐도 한 점도 나무랄 때가 없드라. 난 지가 대학 나왔다고 해서 우리 집안 보고 좀 도도해 하지나 않나하고 속으로 좀 걱정했데이. 지 동기간에도 참 사이가 좋드라. 잘 웃기기도 하고, 내사 마 우리 집안 어느 집 며느리보다 제일 낫다고 생각한다. 과연 안동 김 씨네가 우리 김해 김 씨네보다는 양반이다라고 생각했다. 단 한 가지 험을 잡는다면 몸이 좀 약해 보여 탈이지…."

그러나 어머님께서는 우리 부부에게 실망하는 것이 하나 있었다. 결혼한 지 6, 7년이 지나도 아기를 낳지 못한 점이다. 점쟁이에게도 물어보고 절에 가서 불공도 드리곤 하셨다. "그래 미국 가서 돈 벌어서 무슨 선물 사오는 것도 나는 싫다. 단지 그만 애나 하나 덜커덕 낳아 내 죽기 전에 한 번 안아보도록 해도오. 니 밑에 자식 하나 있는 기 내 소원이다. 그래 낯선 땅에 가그덜랑 지발 둘 다 몸조심이나 잘해라." 미국행 출발을 앞두고 부모님께 큰절을 올렸더니 어머님께서 하신 말씀이다.

서울에 두고 온 아내도 그해 9월에 미국으로 왔다. 마침 다음 해인 68년에 휴스턴에 한국총영사관이 새로 개설됐는데 친구 박수길 부영사의 소개로 집사람이 그곳 영사관 총영사 비서로 취직하게 되었다. 68년 8월에 안광수 총영사 가족과 함께 같은 비행기로 우리는 텍사스 주 휴스턴 땅을 밟았다. 휴스턴에는 당시 약 5, 60명 전후의 교민들이 있었고 그중 7, 80%가 학생 아니면 석유회사나 관련 회사에 근무하는 엔지니어 박사님들이었다. 미국 남서부 8개 주를 관장하는 영사관이 개설되자 사방에서 교민들이 몰려왔다. 그중 예수 믿는 사람도 많아 7, 8가정이 모여 성경공부 차 '사우스 매인 뱁티스트 처치'에 모이기 시작했다. 그들은 영사관을 수시로 출입하며 집사람을 알게 되었으며 그분들의 권유로 부득이 우리도 성경공부반에 나가지 않을 수 없었다. 평생 교회라곤 나가본 적이 없었기에 나는 성경공부 같은 것에는 별 관심이 없었다. 당시 텍사스 주법은 일요일에 약국 또는 식료품상 외에는 장사를 못 하게 되어 있어 나도 가발가게를 열 수 없었다. 친구도 사귈 겸 할 수 없이 아내 따라 성경공부반에 나가기 시작한 것이 내 신앙생활의 첫걸음이었다.

1년여 세월은 쏜살같이 흘렀다. 월세 $95짜리 1베드룸 아파트에 살던 우리는 휴스턴시로 둘러싸인 벨레야시 철로 바로 옆에 지은 지 1년 반 된 3베드룸의 새집도 살 수 있었다. 집값

$19,500에 $950 다운하고 30년 융자에 세금, 보험 합해 월 $146 정도가 들었다. 총영사와 영사님들 내외분과 윤 모 댈러스 무역관장까지 초청해 집들이 파티도 열었다. 매달 갚아야 하는 은행 빚, 가게 렌트, 스타일리스트 주급, 자동차 페이먼트, 외상 물건 값 갚는 것 그리고 기타 유틸리티 비용을 합하면 우리 둘 월수입으로는 늘 급급했다. 이민 변호사 비용도 6개월 페이멘트로 하는 형편이었다. 이 무렵 뜻밖에 대구에서 편지가 왔다. 어머님 병세가 안 좋으니 할 수 있으면 한번 다녀갔으면 좋겠다는 형님의 편지였다. 만 가지 빚을 내어서라도 가야지 하고 봤더니 나의 여권이 영주권을 받기 위해 이민국에 제출한 사실을 깨달았다. 변호사에게 물었더니 빨라야 두 달은 걸릴 것이라고 했다. 사정을 알리면서 "여권 나오는 대로 곧 가겠습니다."라는 답장을 보내고 한 달여쯤 지났다.

어느 날 밤 어머님이 저의 집에 오신 꿈을 꿨다. 이 꿈은 꿈이 아니라 너무나 생생하고 분명하여 한 장면의 현상(現狀) 같았다. 지금 이 순간에도 나는 그 장면을 너무나 똑똑하게 그려볼 수 있다. 젊은 시절 예쁘장했던 어머님이 흰 한복을 단정하게 입고 웃는 모습으로 우리의 새집 현관문을 열고 집안으로 들어오셔서 멈추어 서 계셨다. 안쪽에서 내가 어머님을 보고 "옴마, 어서 들어오이소. 아니 우리 집까지 와서 왜 거기 서 있어요? 어서 들어오이소." 하고 어머님을 향해 뛰어나가는 순간 어머님은 갑자기 뒷걸음을 치시며 "애야, 내가 너를 봤으니 그만 됐다." 하고 사라지셨다. 깜짝 놀라 잠을 깨니 새벽 3시경, 온몸엔 땀이 흠뻑 젖어있었다. 여전히 그날도 와이프를 다운타운 영사관 건물 앞에 내려주고 나는 가게 문을 열었다. 그럭저럭 그날부터 꼭 3일이 지났다. 전화국 교환실에서 전화가 왔다. 나에게 본인 여부를 확인하더니 "말씀드리기 퍽 죄송합니다. 한국에서 슬픈 소식이 왔습니다. 어머님께서 어제 별세했습니다."라는 전보 내용을 전해주었다. 그 순간 가슴이 철석 내려앉고 하늘이 무너지는 것 같아 어찌할 바를 몰랐다. 아이고 하고 터져 나오는 울음소리로 아내에게 그 소식을 알렸다.

다음날 성경공부반에서 만난 친구의 소개로 '사우스 매인 뱁티스트 처치'의 '비키' 부목사님 방으로 들어갔다. 1시간이 넘도록 위로의 말씀과 기도를 받았다.(당시 휴스턴에는 한인 교회나 목사님이 없었다). 계속 터져 나오는 눈물을 닦으며 나도 생전 처음으로 큰 소리로 하나님을 향한 원망의 기도를 했다. "하나님은 왜 그렇게 불공평하십니까? 하나님, 예수님! 진짜로 계신다면 왜 나 같은 사람에겐 결혼한 지 10년이 다 되어 가는데 애기 하나 주지 않습니까? 하나님은 왜 그렇게 불공평하십니까? 우리 어머니가 얼마나 손자녀들 보기 원하셨는데…. 어떤 사람들은 애가 너무 자주 들어선다고 낙태까지 시킨다던데 왜 나에게는 하나도 안 줍니까? 그런 불공평한 하나님을 누가 믿겠습니까? 우리도 자식 하나 낳게 해 주세요."라고 되풀이하며 기도했다. 아내는 며칠 일도 못 가고 가게 문도 며칠 닫았다. 그 당시에는 한국에 전화 한 번 하려면 AT&T 전화국에 신청해놓고 5, 6시간 내지 하루쯤 기다려야 했던 시대였다.

어머님 임종도 못 한 나 같은 '불효자식'이 세상에 또 있을까? 결혼한 지 8년이나 지났는데도 어머님이 그토록 원하셨던 손자녀 한번 못 안겨드리고. 인생이 허물어지는 것 같았다. 난 진실로 '불효자식'이구나 그런 상념에서 헤어날 수 없어 하염없는 울음은 근 한 달이 지속됐다. 한 달쯤 후 어떤 모임에서 '브라운 루트' 회사에 다니던 육사 출신 Dr. 림이 나의 울먹이는 사연을 듣고 "아니 도대체 이 세상에서 부모와 함께 평생 같이 산다는 사람 어디서 봤느냐?"고 화를 벌컥 내면서 식탁을 탁 내리쳤다. 나는 눈이 번쩍 뜨이며 깜짝 놀랐다. 퍽 냉정하게 들렸던 그 말 한 마디에 나는 현실 세계로 정신이 확 되돌아옴을 깨달았다. 그 후부터 나는 눈물을 멈출 수 있었다. 림 박사님에게 감사함을 느꼈다. 꿈에 만난 어머님 현상을 말했더니 텔레파시가 통했다고 누군가가 말했다. 어머님을 꿈에 본 이후부터 나는 "아, 정말로 '영적 세계'가 있구나!" 하는 것을 깨달았다.

얼마 후 휴스턴에 한인교회가 생기고 김진홍 목사님이 부임했다. "그래 뭐 아기 없으면 어때. 이 세상에 아기 없는 가정이 우리뿐이겠나. 우리 둘이 재미있게 살자." 하고 우리도 교회에 다니기 시작했다. 정신을 좀 차린 후 우리의 분주한 생활은 계속됐다. 만 2년이란 세월은 후딱 지나갔다. 어느 날 퇴근길에 아내가 말했다. "여보, 오늘 저녁은 저테내코 빌딩 지하에 있는 카페테리아에 가서 저녁 사 먹고 갈까?" 했다. 저녁을 먹으면서 아내는 낮은 목소리로 말했다. "여보 내 몸이 좀 이상해." "아니 몸이 어때서 어디가 아픈가?" "그것이 아니고 지금 3개월이 지났는데도 아직 소식이 없어." "그래? 아니 우리 전에도 언제 한번 속았지. 그렇다면 조심하면서 좀 더 기다려 봅시다." 약 3주가 더 지난 다음 의사 검진을 받았다. 아기가 들어섰다는 소식이다. 당장 아내를 영사관 그만두고 집에 들여앉힌 후 나는 열심히 아내를 섬겼다.(?) 1972년 6월 28일 오후 8시경, 8파운드 8온스의 아들 찰스를 얻었다. 당시 영사관의 지연태 총영사는 휴스턴에 경사가 났다며 무척 좋아하셨다. 지 총영사님의 사모님은 마침 소아과 의사 출신이시라 우리 부부에게 많은 도움을 주셨다. 그 두 분의 은덕을 우린 잊을 수 없다. 1990년도 아들을 대학에 입학시킬 때까지 집사람은 전적으로 아들 양육에만 전념했다. 아들을 얻은 그 다음 해부터는 내가 하던 사업도 잘되었다. 샤프타운 쪽에 새로 형성되는 새집으로 이사해서 아들 첫 돌 잔치를 했다. 지 총영사님의 '휴스턴의 경사' 란 소문 때문에 100여명의 축하객이 좁은 집 안팎을 가뜩

메웠다. 꿈에 본 어머님 때문에 나는 내 나름대로 '영적세계의 존재'를 깨닫게 되었고 창조주 하나님의 임재하심과 살아계시는 예수님을 나의 구세주로 영접하게 되었다.

김유상 장로(1932년 6월 생)

나, 할머니 닮았다는 말 싫어요.

김음영

우리는 흔히 대가족이 함께한 자리에서 누구는 할머니를 닮았고, 누구는 할아버지를 닮았다는 등, 특히 타계하신 분들을 닮았다고 하기를 좋아한다. 그런 말이 시작되면 옳거니 대화거리가 생겼다는 듯, 그분을 추모하는 주로 좋은 이야기를 나누며 한동안 아련한 그리움에 잠기곤 한다.

2004년도 여름방학 때였다. 나는 한국에 살고 있는 초등학생인 두 친정 질녀를 미국에 초청한 적이 있다. 그것도 자그마치 한 달간이었다. 내겐 그럴만한 충분한 이유가 있다. 내 유년의 뜰 한구석에는 내 고모의 호탕하며 쾌활한 웃음소리가 있기 때문이다. 나의 감성을 풍요롭게 해 준 고모와의 추억은 그리움 중에 하나이다. 세월은 눈 깜짝할 사이에 나를 고모가 되게 해주었다. 나도 질녀들에게 그런 추억들을 만들어 주고 싶어 최적의 기회를 꿈꾸어 왔던 것이다.

좋은 시간들을 함께 하면서 나는 가끔 초등학교 6학년인 질녀 희나에게 "희나야~~! 넌 할머니를 그대로 닮아서 참 좋겠다. 특히 그 반듯한 콧등과 얼굴모습, 성품도 어쩜 그리 흡사하니." 다른 가족들도 이구동성으로 어쩜 그러냐고 감탄을 했다. 그러나 희나는 전혀 관심이 없는 듯 함구무언이었다. 오히려 못 들은 척하곤 했다. 그 당시 나의 친정어머님은 이미 타계하신 후였다. 나는 종종 희나를 물끄러미 바라보면서, 아마 내 어머님의 소녀시절 모습이 저랬으리라, 생각하며 어머님을 향한 그리움을 삭히곤 하였다.

그 후 매해 한국을 방문할 때마다, 희나는 점점 더 할머니 닮아간다고 느꼈다. 자손들 중 오직 희나만 할머니를 제일 많이 닮았다고 모두들 부러워하는 듯 이야기를 하지만, 역시 희나는 전혀 반응이 없었다. 주로 사람들은 자기가 존경하는 사람, 특히 잘 생기고 똑똑하고 성품 좋은 사람을 닮았다고 하면 기분이 좋기 마련이다. 그러나 희나는 왜 그 어떤 감정의 표현이 없을까 난 좀 의아하게 생각해 왔다. 그러던 중 드디어….

아마 희나가 여중 3학년 때 인 듯하다. 둘이 함께 하던 중, 나는 희나에게 너를 보면 할머니 소녀 시절을 대하는 듯해서 참 좋다고 했더니 놀랍게도 희나는 "고모~~! 저 할머니 닮았다고 하는 것 싫어요. 앞으로는 그러지 말아 주셨으면 좋겠어요." 부드럽지만 단호한 그녀의 반응이었다. 아차! 얘가 그래서 지금까지 무반응이었구나. 희나의 기억 속에 할머니는 영 그게 아니었지.

"아, 희나야~~! 고모가 미안하다. 난 미처 그 생각을 못 했구나. 우리 희나는 할머니가 편찮으셨던 모습만 보아서 그렇구나. 앞으로 다시는 안 그럴게. 희나가 할머니의 건강하셨던 모습을 별로 본 적이 없으니 그럴만해. 그러나 할머니는 모든 분들이 부러워 하셨던 분이라는 것, 너 잘 알지? 그래서 할머니를 많이 닮은 너를 보면 할머니 생각이 나서 그랬지 뭐야."

"네, 사람들이 다 할머니가 좋으신 분이였다고들 하지만 저는 닮았다는 것은 싫어요."

희나는 자기 아버지, 즉 내 막내동생이 미국에서 학위공부를 하는 동안에 태어나 미국에서 살다가 7살 때에 한국으로 돌아가, 비로소 조부모님들과 가까이서 살게 되었다. 그때 이미 나의 어머님은 혈관성치매 초기증상이었다. 내 어머님의 마지막 1년은 희나네 집에서 희나 엄마로부터 병간호를 받으며 보내셨다. 그러니 사려 깊은 희나는 자기 엄마의 도움으로 연명하시며, 나중에는 휠체어로 화장실 출입하시던 힘든 할머니의 모습을 얼마나 안쓰럽게 생각했을까. 그런 아픈 추억만 있으니 닮았다고 하면 행여 자기도 그런 말년을 맞을까 두려움도 있었을 테고. 할머니의 임종 시 희나는 뒤에 숨어서 엄청 서럽게 울었다. 울다 울다가 나중에는 "고모~! 저 너무 슬퍼서 많이 울었더니 골이 다 아파요." 그런다. 그런 아픈 경험의 기억이 있는 희나에게 우리가 할머니를 많이 닮았다고 하면 얼마나 싫었으랴, 어린 마음에.

희나야~! 할머니의 그 고운 화사한 미소로 가득한 온화하신 얼굴과 인자하신 성품 그뿐이랴, 치매로 바보인 듯하여 답답하였을 때도 많았을 테지만, 할머니는 그 옛날 원산 루씨고녀를 졸업하신 신여성으로서 결혼 전까지는 초등학교 교사도 하셨단다. 그리고 장한 어머니상을 받으신 적도 있지. 늘 성실 강직하신 성품으로 어려운 환경에서도 우리 5남매를 반듯하게 양육시키셨지. 너의 아버지가 박사로서 대학교수 하는 것도 다 할머니의 힘이 크다는 것을 이제 사회인이 된 너는 잘 알고 있으리라.

아무튼 그 후 희나에겐 나는 한 번도 할머니 닮았다는 그 말을 언급해 본 적이 없다. 대학 졸업 후 사회의 건강한 일원으로 멋지게 살아가는 희나를 일 년에 한 번씩 어머님의 기일에 기하여 볼 때마다, 내 어머님 20대 시절을 그려보는 애잔한 그리움에 눈시울을 적시기도 한다.

벚꽃이 흐드러지게 눈꽃으로 휘날리던 2002년 4월, 희나와 희나의 엄마 그리고 나는 거동을 못 하시던 어머님을 휠체어에 태워 우이동 산 중턱에 위치한 도선사 앞에 올라 어머님 생의 마지막 봄을 벚눈꽃 춤사위 속에 맞게 하셨다.

"아, 좋구나, 좋아~~!!"

그 감탄사만 연발하시던 한 없이 평화로운 모습의 어머님, 그리고 6개월 후 10월 8일, 구름 한 점 없는 한국의 전형적인 코발트색 가을하늘 아래 열린 이른 아침에, 어머님이 가장 사랑하시던 막내아들네 집에서, 서서히 소진해 오던 육신의 장막을 사르르 벗어 버리시고 영육의 분리를 한순간에 마치셨다.

그 순간부터 어머님은 늘 내 마음속에서 함께 하신다. 언제나 나를 밀어주고 믿어 주셨던 어머님이 계셨기에 지금 내가 있으니 얼마나 감사한지요.

어머니와 할머니

김호경

아침 일찍 아들 Erick한테서 전화가 왔다.

"엄마, 나 Nik하고 할머니 산소에 갔다 왔다."

아들하고 손자가 할머니가 잠자고 있는 곳에 다녀왔다는 전화다.

할머니가 잠자고 있는 곳은 푸른 파도가 일렁이는 바닷가, 캘리포니아 태평양 앞 바다이다.

원래 할머니의 묘지는 Ross-Hills에 마련해 놓았지만 할머니는 굳이 땅에 묻히기를 거부 하셨다.

"내 죽으면 바다에 뿌려다오." 할머니 소원이었다. 그럴 만한 이유가 있다.

어머니는 아들 둘에 딸 넷 이렇게 6남매를 낳으셨다. 딸들은 어머니 곁에 살고 서울의 큰 언니는 미국으로 가끔 와서 어머니를 보고 가신다. 그런데 이제 죽으면 아들들은 볼 수가 없다. 어머니는 아들들이 보고 싶었다. 아들들과 같이 살고 싶었다. 그런데 아들들의 사정은 그렇지가 못했다. 죽어서라도 서울의 아들들을 보기위해선 고국으로 통하는 태평양 바다가 좋으리라 생각하신 것 같다. 죽어서도 자식을 생각하는 부모의 마음이리라.

어머니는 꼭 100세 나이로 돌아가셨다. 100세 생일잔치를 잘 해드렸다. 온 식구가 모여 생일 축가를 불러드렸다. 그리고 얼마나 많은 식사를 하시는지 그리고 며칠 후 한 많은 세상을 오로지 자식과 손자, 손녀를 위해 사시다 돌아가셨다. 어머니는 우리를 낳아준 것 뿐, 나의 어머니가 아니다. 어머니는 아이들(손자. 손녀)을 키운 할머니요, 아이들의 어머니나 다름이 없다.

옛날 이야기다.

미국으로 이민 와서 누구나 다 그렇듯이 아이들을 키울 여유가 없었다. 그러다 보니 서울의 혼자 된 어머니를 미국으로 모셔다 아이들을 키우시도록 한 것이다. 아이들은 할머니 손에서 자랐고 아이들의 모든 정은 할머니에게로 쏠려 할머니가 아니면 모든 것이 이루질 수 없었다. 우리가 자랄 때 언제 어머니를 생각한 적이 있었는가. 우리 딸들은 각자 나름대로 이기적으로 살았고 어머니는 항상 뒷전이었다. 어머니의 의견은 없었다. 그리고 어머니 속은 얼마나 썩여드렸는가. 미국에 와서도 딸들은 어머니가 필요해 미국으로 불러들인 것도 딸들의 이기적인 생각이었다. 어머니가 미국 오실 때 나이는 60세였다. 아버지가 돌아가신지 얼마 되지 않아서였다. LA 공항에 내리실 때 어머니 모습은 안방마님 같았다. 한복을 곱게 차려 입고 오셨다. 지금 생각해보면 그때 어머니는 청춘이셨다. 왜 딸들은 젊은 어머니를 시집보내지 않고 손자, 손녀의 아이보기로 불러들였는가. 지금 생각해보니 우리들은 불효를 한 것이다. 어머니가 결혼해서 좋은 남자를 만났으면 아마도 행복한 여생을 보내셨으리라. 그런데 어머니는 미국으로 온 그 날부터 고행 길로 들어서셨다. 손주들 키우고 자식들 뒷바라지를 한 것뿐 자기 자신은 없었다. 지금 생각하면 원통한 일이다. 이제 와서 뉘우친들 어쩌랴, 불효막심했던 마음으로 가슴만 아플 뿐이다.

어디 그뿐인가, 할머니가 키운 아이들이 다 커서 시집장가를 갔다. 그리고 아이들을 낳고 살고 있다. 할머니의 할일이 없어 졌다. 할머니는 뒷전이셨다. 그때부터 어머니는 노쇠하기 시작해서 몸을 잘 가누지 못했다. 97세부터 몸이 말을 잘 듣지 않아 자주 넘어지셨다. 귀가 안 들렸다. 눈이 잘 보이지 않으셨다. 그래도 정신은 맑아 식구들의 이름은 다 외우고 계셨다. 항상 걱정이 태산 같았다. 하지만 손자 손녀들의 아이들 그러니까 증손자 증손녀의 이름까지 기억하고 있었다. 건강 악화의 시초는 몸을 잘 가누지 못해 넘어지셔서 골반을 다치신 후 부터 어머니는 꼼짝 못하고 요양원 신세를 지게 되셨다. 그때부터 고통의 길이었다.

어머니는 이 세상에서 가장 아름다운 이름이다. 어머니 없는 자식은 없다. 어머니는 날 낳으시고 나는 어머니의 젖가슴에서 자랐다. 나 또한 딸을 낳아 젖가슴으로 키웠다. 그 딸이 시집을 가서 또 딸을 낳았다. 이렇게 우리 집은 3대가 딸, 딸로 이어졌다.

지금 나는 어머니가 되어 보고, 할머니가 되어보니 이제야 돌아가신 어머니의 뒤를 따라가고 있다는 사실을 알게 되었고, 어머니 마음을 헤아릴 수 있다. 나는 생각해 본다 내가 돌아가신 어머니처럼 손자, 손녀들에게 지극한 사랑을 베풀 수 있을까. 어렵다고 생각한다. 어머니의 그 위대한 사랑에 나는 미치지 못할 것이다.

어머니는 나의 삶의 근원이다. 어린 시절이었다. 우리 집은 생계를 위해 구멍가게를 한 적이 있다. 그때는 왜 그렇게 걸인이 많고 정신이상자가 많았는지 어머니는 가게에 걸인이 오면 밥을 꼭 먹여 보냈다. 정신 이상자들에게도 밥을 먹이고 맨발이면 신발까지 신겨서 보냈다. 그때 나는 어린 나이에 어머니의 행위가 창피하고 부끄러워 어머니를 힐난하곤 했다. 지금 생각하면 나의 철없는 행동에 눈물이 앞을 가린다.

어머니는 중풍의 아버지, 몸을 가누지 못하는 아버지를 어린아이 키우듯 보살폈다. 6남매의 생계를 위해 구멍가게 하랴. 불편한 아버지 돌보랴, 그래서 어머니는 구청에서 주는 '효부상'을 받았다. 지금 생각하니 '효부상'은 아무나 받는 것이 아니다.

아! 어머니의 삶, 돌아가신 뒤에 생각하면 뭐하노, 자식이 많으면 뭐하노, 다 소용없다. 그래서 어머니는 외롭다. 요양원에 홀로 누워있는 어머니를 그리 자주 찾아가지 못하면서 가끔 들려 어머니를 보면 답답할 뿐이었다. 귀가 안 들려 의사소통이 되지 않아 나는 답답해서 큰 소리로 고함을 지른다. 어머니는 그저 웃으신다. 듣지 못해 미안해하신다. 그리고 내가 너무 오래 산다고 한탄 하신다. 자식들에게 항상 미소를 지으며 오래 살아 미안하다고 하신다.

2017년 10월 4일 마지막 가시는 날, 우리가족은 어머니가 누워계시는 병원에 다 모였다. 호흡이 곤란해서 삶을 지탱하시기가 힘들었다. 운명의 시간이 다가왔다. 모든 식구들이 어머니 침대 주위에 둘러섰다. 어머니가 작은 언니를 부르신다. 언니가 어머니 곁에 가신다. 어머니는 언니의 손을 잡으시고 또 나를 부르신다. 나도 어머니 옆으로 가서 어머니의 왼손을 잡았다. 어머니는 내 손과 언니의 손을 마주 잡게 하시며 거친 숨소리를 내며 입을 움직이신다. "홍이를 사랑해라." 하시며 거친 숨을 들이마신다. 홍이는 내 어렸을 때 이름이다. 나는 미국에 와서 언니와 사이가 좋지 않았다. 어머니는 나와 언니가 좋지 않던 시절의 가슴 아픈 사연을 돌아가시기까지 간직하고 계셨나보다. "서로 사랑하라," 하시면서 눈을 감으셨다.

이것이 어머니의 마지막 유언이었다. 나는 눈물이 울컥 쏟아졌다.

나도 언젠가는 어머니처럼 늙어 천덕꾸러기가 되어 아이들 앞에서 미소를 지우며 너무 오래 살아서 미안하다는 말을 할 시간이 다가오는 것을 느낀다. 어머니를 생각하다보니 이제 내 차례구나, 내가 무서워진다. "어머니 사랑해요." 딸 홍이가.

우리 어머니

김홍식

나는 우리 어머니의 학력을 알지 못합니다. 옛날 시골이었기에 아마도 초등학교도 다니지 않으셨으리라 짐작합니다. 그런데 이처럼 학별 없는 어머니가 학식 많은 어느 누구보다도 세상살이 처리의 지혜에서는 훨씬 뛰어난 모습을 보면서 지혜와 지식과는 완전히 별개라는 것을 확실히 실감하고 있습니다. 어머니께서는 언제나 물질적인 것보다 인간관계 같은 정신적인 것을 더 우선으로 두셨던 것 같았습니다. 아마도 교훈을 확실하게 남겨주고 싶으셨던지 돌아가시기 얼마 전 양로원을 방문한 우리에게 또다시 옛날얘기를 들려주셨습니다. 그것은 옛날 아버지께서 병원을 하시며 한참 돈을 잘 벌고 계실 때 땅을 사두라고 주변 사람들이 권하는 데도 유산 남기는 것은 형제간 우의를 이간시키는 것이라는 굳은 신념을 가지시고는 물질적인 유산은 한 푼도 남기지 않으시기로 작정하셨다고 하십니다. 물려줄 유산은 교육뿐이니 다른 기대하지 말라고 선포하시며 일곱 자녀를 끝까지 교육시키셨습니다. 나는 지금까지도 형제간의 화목을 유지할 수 있는 가장 큰 이유 중 하나는 부모로부터 한 푼이라도 물질적 유산을 물려받은 사람이 하나도 없었기 때문이라고 확신하며 그 지혜를 가지셨던 어머니께 감사합니다.

어머니께서 철저하게 경계하신 것 중 한 가지는 가족끼리의 금전거래였는데 돈이 개입되면 언젠가는 반드시 형제간 우의에 문제가 생기게 된다는 철학을 가지고 계셨습니다. 돌아가시기 얼마 전에 저희 부부를 앉혀 놓고 자기 장례식 마친 후 단돈 $1이라도 남거든 전액 멕시코 선교에 헌금하라는 유언 비슷한 말씀을 하셨는데 물론 선교 자체에도 관심이 많으셨겠지만 남겨둔 돈으로 인해 형제간에 생기게 될지도 모를 문제를 염두에 두신 것 같았습니다. 자신의 돈 관리를 제 아내에게 맡기셨는데 돈이 얼마나 남아있는 지를 거의 방문할 때마다 묻곤 하시고는 남아있다고 하면 손자녀들 선물 사주라고 하셨습니다. 처음엔 기억력이 약해지셔서 같은 질문 반복하시는 줄로 생각했었는데 가시기 전 남아 있는 돈 다 없애려는 의도였던 것을 뒤에야 눈치챈 것입니다.

어머니는 딸보다 며느리를 아들보다 사위들을 항상 먼저 배려하셨는데 가정의 화합을 생각하시며 겉으로나마 그렇게 하시는 지혜를 가지셨던 것 같습니다. 며느리들을 부르실 때는 항상 처녀 때 이름을 그대로 부르시는 친근감을 보이셨고 고령이신데도 수십 명 손자녀들의 이름과 생일을 거의 기억하시고 때가 되면 꼭 배려하시기 때문에 대단한 인기 있는 할머니셨습니다. 양로원에서 98세로 돌아가실 때까지 환자 회장을 하시며 휠체어 타고 다른 환자들 심방을 하시는 환자들과 간호사들로부터 가장 인기 많은 환자였습니다.

뭐니 뭐니 해도 어머니의 가장 큰 특기는 역시 손 대접입니다. 그것이 원래 타고나신 성품이기도 하겠지만 "주는 것이 받는 것 보다 복이 있다" "과도히 아껴도 가난하게 될 뿐이니라… 구제를 좋아 하는 자는 풍족하여질 것이요" 같은 성경 말씀을 늘 하셨습니다. 친척이나 이웃에 필요한 것 없는지 스스로 찾아다니시고 누구에게나 베풀고 거저 주시려는 것이 일평생 몸에 밴 생활이어서 우리 집엔 언제나 손님들이 끊이질 않았는데 특히 식사시간에는 우리 가족 수는 9명이었지만 항상 30명 정도는 먹었던 것 같습니다. 우리 집 부엌엔 누구든 아무 때나 스스럼없이 들어가 식은 밥이라도 퍼서 먹기가 일수여서 우리 집엔 형님들 친구, 내 친구, 동생들 친구들로 항상 들끓었습니다.

6.25 때는 집 아래로 멀리 내려다보이는 신작로에 끝도 없이 밀려오는 하얀 옷 피난민 행렬에게 큰 가마솥에 밥을 지어 마당 돗자리에서 온종일 먹이시던 모습 지금도 선합니다. 유난히도 거지들이 많았던 시절인데 병원 집에 가면 얻어먹을 수 있다는 소문에 우리 집에는 늘 거지 떼도 들끓었습니다.

나는 더 나이 들기 전 해외여행 한번 해볼까 생각하다가도 그 돈이면 탈북자 몇 명 더 구출할 수 있는데 하는 경비 계산과 겹쳐 엄두를 내지 못합니다. 밖에 나갈 때면 주머니에 $5짜리 이상의 지폐를 항상 넣고 다니며 구걸하는 노숙자를 일부러 찾는 습관이 있습니다. 그것은 내가 마음이 좋아서나 신앙심이 깊어서가 아니라 어머니로부터 물려받은 몸에 밴 습관 때문인 것 같습니다. 복 받는 비결 무언의 교육을 유산으로 남겨주신 어머니께 감사하며 내 자식들도 그 유산 물려받도록 본보이려 노력합니다.

한국전 때는 지방 반공청년단장 가족이라 하여 친정 식구 8명이 하루아침에 자식들이 보는 앞에서 공산당에 의해 대창으로 찔려 학살당했습니다. 살려둔 어린 세 조카를 데려와 우리와 같이 살았는데 지금 생각하면 친정식구 데려온 것은 시집 눈치가 보이는 어려움도 있었을 것 같습니다. 제집 사람은 딸만 다섯인 집의 큰딸이었는데 19세 이전에 양친이 거의 동시에 돌아가셔서 졸지에 젖먹이부터 시작하여 네 동생을 먹여 살려야 되는 소녀 가장이 되었습니다. 저와 가까이 지내던 그녀를 어머니도 좋아하셨지만 결혼문제엔 난색을 표하셨던 것 같습니다. 표면적 이유는 그녀의 어머니가 그 당시만 해도 유전적 요소가 있는 것으로 인식되어 있던 폐결핵으로 돌아가셨기 때문이라고 하셨지만 아마도 네 명의 어린 동생들을 먹여 살려야 되는 책임을 내가 떠맡아야 하지 않을까 하는 염려 때문이었을 것입니다. 그렇지만 일단 결혼을 하고 난 후에는 네 명의 동생들을 몽땅 우리 집으로 데려 와 살게 하셨는데 그 당시에는 당연한 것으로 생각 했었습니다. 하지만 지금 와서 만약 내가 그런 입장이었다면 도저히 허락할 수 없는 일이요 그렇게 배려해 주는 시어머니 흔치 않을 것 같습니다. 집사람이나 모든 처제들도 평생을 어머니를 '엄마'라고 불렀습니다.

우리가 양로원 방문을 할 때면 아들인 내가 시샘할 정도로 며느리에게 다정스럽게 옛날얘기를 해주시면서 그때 결혼을 반대했던 것 미안하다는 말씀을 아마도 열 번 이상은 하신 것 같고 돌아가시기 며칠 전에도 또 그 말씀을 하셨습니다. 집사람이 나에 대한 불만을 얘기할 때면 "얘야, 그래도 네 남편은 내 남편보다 낫다."고 농담하시고 돌아가시기 직전의 고통 중에서도 입에서 나오는 모든 대화가 농담조여서 모든 사람을 웃기시는 위트를 가지셨습니다. 며느리를 친 딸처럼, 아니 며느리에게 딸들의 흉허물을 털어놓으실 정도로 친딸보다 더 가까이 대해주시고 사랑해주셨던 어머님, 그리고 시부모를 솔직히 친아들인 나보다 더 걱정하며 진심으로부터 우러난 마음을 써주었던 집사람에게 진심으로 감사하다는 말을 드리며 소위 고부간 사이는 피차 하기 나름 같습니다.

마음에 걸리는 것은 이곳에 6남매의 자식들이 있었지만 자식들에게 신세지는 것을 거절하시고 독립생활을 원하셨기에 mobile home에서 손수 살림을 하시다가 뇌졸증으로 양로원으로 옮겨지신 8년 후 98세를 일기로 아무 고통 없이 주무시는 상태로 편안히 주님의 품으로 가셨습니다. "주는 것이 받는 것보다 복이 있다"는 무언의 교훈을 우리들의 가슴속에 확실히 심어 주시고.

자녀가 잘 되도록 가르치고 싶은 것 모든 부모의 소원일 것인데 참 교육은 말로 하는 것 아닌 이처럼 무언의 실행 같습니다. 돌아가시기 직전까지도 유언처럼 늘 하신 말씀은 "부자 되는 것보다 형제간에 우애하고, 돈 많이 버는 것보다 예수 잘 믿으라." 하셨습니다.

어머니의 빈자리

98세의 어머니를 떠나 보내드린 후 어머니가 없는 첫 번째 어머니날을 맞으면서 또 다른 형태의 감회에 젖습니다. 흔히 말하는 은혜니 고마움이니 하는 것들이 아닌 엄습해 오는 후회 때문입니다. 살아계셨을 때, 가시기 전, 왜 그것을 못해드렸을까? 그것은 어떤 거창한 배려를 얘기하는 것이 아니요 '엄마, 사랑해요, 고마웠어요, 고생하셨어요.'와 같은 간단한 한마디입니다. 마음이야 있었지만 어색해하고 숫기 없는 나의 성격 때문에 때를 놓쳐 버린 것이 한이 되는 것입니다. 물론 어머니께서도 나의 속마음을 알고는 계셨겠지만 그래도 가시기 전 말로 표현해 드렸더라면 얼마나 기뻐하셨을까….

세상을 통틀어서 가장 소중한 존재 하나를 들라면 두말할 것 없이 '어머니'일 것입니다. 그런데 참으로 이상하게도 그렇게 중요한 위치의 그에게는 어디를 가도 고정 책상도 전용 의자도 없습니다. 어머니는 고생을 해도 그것은 당연한 것이요 희생을 해도 고맙다는 말을 하지 않는 것이 오히려 자연스런 존재입니다. 모든 가족들의 쏟아 붓는 퉁명스런 불평들을 당연히 다 흡수해 주어야 되는 이상한 존재입니다. 이미 없어져 빈자리가 되어버린 지금에야 비로소 엄청났던 그 자리를 인식하며 왜 그것을 진즉 알지 못했을까, 고마움을 표현해 드리지 못했을까 뒤늦은 후회를 합니다. 마음이 중요한 것이지 그런 걸 꼭 말로 표현해야 되느냐고 평소 늘 얘기해 왔던 나의 말이 덫이 되어 나 자신이 걸려 넘어진 것입니다. 나를 낳아 주신 분도 어머니지만 또한 나의 자식을 낳아준 여인도 똑같이 '어머니'입니다. 남아있는 어머니에게는 같은 후회를 되풀이하지 말아야지 다짐해 봅니다.

무릎 수술을 받고는….

얼마 전에 별로 크지 않은 무릎 수술을 받게 되었습니다. 옆에서 간호하며 마사지 해주는 집사람의 따스한 손길을 느끼며 어머니 생각이 떠오릅니다. 어머니께서는 평생을 무릎이 아프다고 하셨습니다. "내가 먹은 아스피린 다 합치면 몇 트럭은 될 거야."라는 말씀을 가끔씩 하셨습니다. 많은 한국의 어머니들이 그랬듯이 일제와 한국전의 어려웠던 시절을 거치면서 대 가족의 끼니 해결을 위해 갯벌에서 밭에서 산에서 쪼그리고 앉아 끊임없이 해야 했던 노동의 결과였을 것입니다. 급기야는 지금의 내 나이보다 일곱 살이나 많으셨던 연세에 인공 무릎관절로 바꾸는 큰 수술을 받으셨습니다. 수술 후 누워 계시는 동안 집사람과 도우미 아줌마가 몇 달에 걸쳐 계속 물리치료와 마사지를 하고 있었던 기억이 살아납니다. 어머니께서는 "집에 의사들 있어봤자 아무 소용없어."라고 농담조로 늘 말씀하셨지만 진담이었음을 이제는 알 것 같습니다. 남편과 두 아들이 의사였지만 지금 생각하니 평소에도 그랬지만 수술 받으신 후에도 어머니의 무릎 한번 만져드린 기억 전혀 없습니다. 만져드리는 것 고사하고 빈말이나마 얼마나 아프시냐는 말 한마디 해드린 기억도 없습니다. 늙으면 으레 그러려니 생각했던 것 같은데 얼마나 섭섭해 하셨을까 내가 아파보니 이제야 알 것 같습니다. 어머니날을 맞이하여 선물 드린다. 밥 사드린다 법석들입니다. 지금 내가 그 위치에 서보니 그런 것 하나도 반갑지 않음을 알게 됩니다. 아무리 성격이 그렇더라도 살아계셨을 때 비록 빈 말이었을지라도 어머니 얼마나 아파요? 고생하셨어요, 고마워요, 사랑합니다, 이런 말 한 마디라도 해 드리지 못하고 보내 드렸는지…. 아들로는 못했더라도 의사로라도 수술자국 한번 만이라도 만져드리지 못했던 것이 이렇게도 후회가 됩니다.

나의 껌딱지 울어무이

박귀옥

어머님과 나는 한 지붕 아래 40년 넘게 붙어 지내는 사이이다. 어쩌다가 어머님과 떨어져 있을 일이 생기면 어디서 무얼 하고 있는지 안절부절 서로를 찾고 있다고 딸들이 놀려 댔던 적이 있다. 한번 붙으면 좀처럼 떨어지지 않는 껌딱지처럼 '죽음이 우리를 갈라놓기 전까지'라는 유행가 가사처럼, 어머님과 나는 끝까지 함께할 것이다.

어머님의 외아들을 만난 건 22살에 간호학교를 졸업하고 경상남도 마산의 '가포'라는 바다가 내려다보이는 산 중턱에 있던 나의 첫 직장, 영국인 의료선교사의 진료실에서였다. 남편은 시울서 선교사님을 알게 되어 마산으로 내려와 진료실 사무일과 선교일을 돕고 있었다. 무뚝뚝한 경상도 토박이였던 나는 서울서 태어나 표준말을 나긋나긋하고 정감 있게 하던 남편의 목소리에 끌렸고 남편은 병원 뒤뜰 옹달샘에서 세숫대야에 샴푸를 풀어서 머리를 감던 나의 순박함에 끌렸다고 했었다.

이북이 고향인 어머님은 서울로 시집을 와 1남 2녀를 낳고 6.25를 겪었다. 27살의 나이에 생사를 알 수 없는 남편과 2살, 4살, 6살의 아이들을 데리고 부산까지 피난을 오셨었다고 하니 그 고생을 어떻게 다 말할 수 있을 것인가. 어머님과 살아오며 백번도 더 들었던 전쟁의 비참함이었다.

2년 전 결혼한 아들이 작년 가을, 어머님이 고대하던 증손주의 임신을 알려왔다. 며느리의 배가 불러올수록 어머님의 기대와 염려는 더해가고, 쌍둥이들이 허리께까지 자라 오르자 허리가 아파 걷기도 힘들어진 며느리는 휴직을 하고 하루하루를 누워 지내다시피하면서 출산날짜를 기다린다고 했다. 건강한 증손주들을 할머니께 제일 먼저 안겨드리고 싶은 아들의 소망이 이루어져 며느리는 산달을 1주일 앞두고 수술 날짜를 잡았다. 5월 29일 쌍둥이 증손자의 예정일을 이틀 앞두고 어머님과 나는 이민 가방 두 개를 들고 공항으로 내달았다. 막상 비행장에 도착하자 내가 나이가 너무 많아 혹시 비행기를 태워 주지 않는 건 아닐까 걱정하시던 어머님…. 내가 실수로 새로 갱신한 여권과 옛날 여권을 바꾸어 들고 와 보여 주었는데도 다행히 별일도 아닌 듯 통과시켜 주었다. 94세 나의 껌 딱지 울 어무이가 6시간이 넘게 비행기를 잘 타고 가실 수 있을

지. 연신 어머님 기분 살피느라 전전긍긍한 건 순전히 나의 기우였다. 어머님은 목 칼라 두 개를 사라고 하시고는 하나는 내게 주시면서 편안한 자세로 비행기를 잘 타고 아들네에 도착하셨다.

아들의 아파트서 병원까지는 차로 40분 거리였다. 확 트인 켈리의 고속도로와는 영 딴판으로 뉴저지의 도로는 어찌나 좁고 구불구불하고 복잡하게 얽혀있던지, 아차 하는 순간 어머님과 나는 뉴욕의 맨하탄까지 가버렸다. 시어미가 되어 새벽에 일어나 정성을 다해 끓인 며느리의 첫 미역국은 점심때에야 겨우 먹일 수 있었다. 당황하고 속상해하는 내게 "네 덕분에 뉴욕 구경 한번 잘했다"시며 짜증 한번 내시지 않으시던 울 어무이. 어머님은 2.7kg, 2.5kg의 증손주들을 양팔로 안고 눈물마저 글썽이셨다. 내가 오래 살아 이 아이들까지 안아볼 수 있어 여한이 없으시다며. 만 2개월 동안 어머님과 나는 젖 먹던 힘을 다해 건강하게 태어난 쌍둥이들을 한 명씩 나누어 돌봤다. 젖이 넉넉하지 않아 우유를 타 먹이며 며느리의 산후조리를 돕는 일에 전력을 다했다. 64세의 시어머니와 94세의 시할머니에게 갓난쟁이들을 빼앗기다시피 맡기고 며느린 안심되기도 하고 잘 쉬기도 했을 것이다.

습도가 높고 구름 낀 날이 많았던, 더운 바람도 많이 불던 뉴저지의 여름 날씨. 나무들은 잎만 무성했지 꽃들을 구경하기 힘들었다. 가끔씩은 오후 늦게 천둥이 무섭게 치고 장대비도 쏟아졌다. 아파트 맞은편에는 빨간 벽돌로 아담하게 지어진 기차역이 있어 새벽이면 기적소리가 향수를 불러일으키고는 했다.

시계보다 더 정확하게 3시간마다 눈을 뜨고 새끼제비처럼 입을 방긋거리며 우유를 찾는 쌍둥이 녀석들, 한 명이 울면 자고 있던 한 명이 같이 깨어 울고, 아침저녁 목욕시간에는 울다가도 따뜻한 물속에만 집어넣으면 금새 순한 양처럼 눈을 게슴츠레 뜨고 울음을 그치던 녀석들, 낮에는 안아달라고 떼를 쓰다가도 밤만 되면 누워 자야 한다는 것을 어떻게 아는지 잠속으로 빠져들던 아이들, 매미처럼 증조할머니의 가슴팍에 붙어, 떨어질세라 옷자락을 잔뜩 움켜쥐고 잠든 손자 녀석. 어머님도 나도 밤잠을 설치고 낮에는 아이를 안은 채 꾸벅꾸벅 졸기도 했다. 어머님은 그렇게 시누이의 남매와 우리 삼 남매를 키워주셨다. 아이가 아파 먹지 않으면 당신도 먹지 않으셨다.

내가 이민 온 지 3개월 후에 우리를 뒤따라 들어오신 어머님은 나와 껌딱지가 되어 운전석 옆자리를 지키며 내가 가는 어느 곳도 동행해 주셨다. 2개월간 손주들을 키우며 6십하고도 4살이 된 지금에야 단 한 번도 "너희 애들 키우느라 고단하고 힘들었다."라고 말씀하지 않으셨던 어머님의 마음을 느꼈다. '열 아들은 한 부모를 모실 수 없어도 한 부모는 열 아들을 기른다.'는 말이 진리인 것을 .....

일주일 전 켈리로 돌아와 어머님은 지금 몸살을 심하게 앓으시는 중이다. 어머님께 보약은 손주들의 안부 전화와 증손주들의 재잘거림이 담긴 동영상들이다.

나의 껌딱지 울어무이의 사랑에 감사드린다.

어머니와 아내

박승원

나에게는 두 여자가 있다. 좀 더 구체적으로 말하자면 두 여자와 함께 살고 있다. 한 여자는 함께 산 지 68년이 되었고, 한 여자는 41년이 되었다.

70년을 함께 산 여자는 올해로 나이가 94세다. 그녀는 6.25 사변을 겪으며 남편을 잃어버렸다. 당시 그녀의 나이는 27세. 그녀는 무일푼에 핏덩이인 외아들과 두 딸이 전부였다. 가진 것 하나 없이 전쟁을 겪으며 홀로 삼남매를 키워온 그녀는 바로 내 어머니시다.

6.25 사변을 겪던 시절에는 많은 피난민들이 모여 살던 판자촌이 곳곳에 많았다. 우리 또한 다닥다닥 붙어있는 판자촌 피난민들 틈에서 살았다. 어머니는 시집오기 전 행복하고 부유하게 살았던 시절과 북에 두고 온 친정 식구를 늘 그리워하며 살았다. 그러면서도 아들 하나 잘 키워 행복하게 살겠다는 다짐으로 악착같이 열심히 살아내셨다. 어느 겨울 먹을 것이 없을 때는 빈 냄비에 물을 끓이면서 수저로 달그락 소리를 내어 옆집에는 우리가 굶지 않고 밥을 먹는 것처럼 자존심을 지킬 만큼 억척스러움도 보이셨다.

그런 어머니의 삶을 바라보며 철없던 시절의 나는 왜 아빠가 없고 어머니는 남편이 없을까를 한탄하기도 했었다. 그리고 성장통을 겪어내는 동안 나는 고생하는 어머니를 보며 내가 남편이자 아들이 되어 어머니의 든든한 힘이 되어드리자는 생각을 했다.

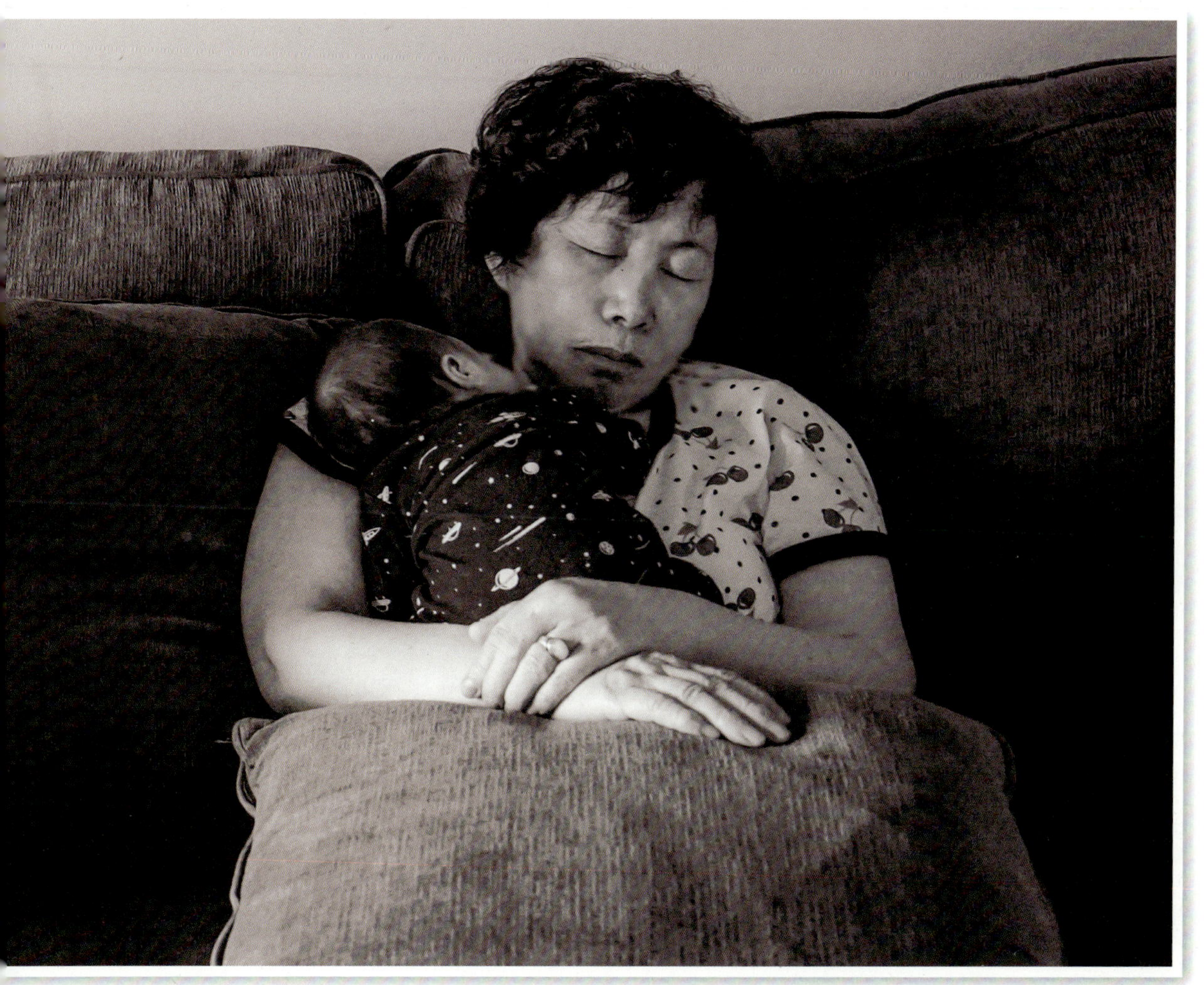

힘들고 어려웠던 세월을 따라 어머니의 얼굴에는 주름이 늘어갔고 내가 철이 들었을 때 즈음 나는 어머니에게 재혼을 청하는 말씀을 드렸다. 그때 내 얘기를 듣던 어머니의 얼굴에는 한평생을 아들만 바라보며 아들에게 희생했던 세월의 서운함과 재혼의 청이 아들과의 결별을 의미하는 것은 아닐까 하는 분노 등으로 복잡한 심정이 묻어나왔던 기억이 난다.

주마등처럼 아득한 세월을 지나 보내며 어머니는 여전히 아들만 바라보는 아들바라기가 되어 갔고 나는 결혼 적령기의 청년이 되어 간호대학을 갓 나온 21세의 여성을 사랑하게 되었다. 하지만 교육자 집안인 처가에 홀어머니를 모시는 외아들은 탐탁한 결혼자리가 아니었다. 우여곡절 속에서도 우리는 사랑을 키워갔고 가을 햇살이 따스하던 날 나는 지금의 아내를 처음 어머니에게 소개했다. 그날 하늘은 높고 푸르렀으며 마산 가포 바닷가 위의 우리 집 뒤켠은 아름다운 단풍이 가득했다. 집에 들어서니 아들이 며느리 될 아가씨를 데리고 온다는 말에 집안을 단정하게 정리해 놓은 어머니의 흔적을 금방 알아차릴 수 있었다.

그렇게 두 여자가 처음 마주하던 순간을 나는 잊을 수가 없다. 어머니는 아내를 보자마자 손을 덥석 잡고 바다가 내려다보이던 소박한 우리 집 툇마루로 데려가 함께 앉으며 다정한 표정과 고마운 마음을 보이셨다. 그날 어머니가 아내에게 처음으로 한 말씀은 "나는 너를 친딸처럼 생각하련다. 너도 꼭 친정엄마처럼 나를 대해야 한다."는 약속이었다.

그날 이후 나는 더 이상 어머니의 아들이 아니었다. 30년이 넘는 어머니의 아들바라기는 온데 간 데 없어졌고 나는 순식간에 데릴사위로 시어머니와 며느리는 엄마와 딸이 되었다.

미국으로 이민 온 후에도 그 둘의 사이는 유별났다. 뭐든 궁합이 잘 맞는 통에 나는 늘 뒷전이었고 나는 언제나처럼 어머니와 아내의 사랑에 늘 목말라 지내는 신세가 되었다.

20년 전쯤 아내가 큰 교통사고를 당해 40여일을 혼수상태에 빠진 적이 있었다. 시간이 지나도 깨어나지 않는 아내를 보며 나는 망연자실해 아무것도 하지 못했고, 한국에서는 처형이 장례준비를 위해 미국에 와 있었다. 모두 슬픔 속에서 희망을 찾지 못하고 있을 때도 어머니는 혼자 굉장히 굳건하셨다. 어머니는 며느리 아니 딸이 꼭 일어날 것이라는 믿음을 버리지 않았고 단 한순간도 쉬지 않고 간절히 기도하며 흐트러지지 않는 모습을 보이셨다. 남편을 잃고 북에 친정식구들을 모두 두고 험한 세월 아들을 홀로 키워내던 어머니의 강한 의지와 며느리를 향한 사랑과 강한 믿음은 영적 기적을 가져왔고 어머니의 무릎을 딛고 아내는 다시 일어나 건강을 되찾을 수 있었다.

이곳 라구나우즈에 오기 전 우리가 살던 터전을 떠나오던 날의 에피소드도 잊을 수 없는 기억으로 자리한다. 우리 부부는 어머니를 모시고 긴 여행을 하고 있었다. 프리웨이를 달리던 중 화장실을 가기 위해 맥도날드에 차를 세웠고 화장실에 간 어머니를 우리는 기다리고 있었다. 아무리 기다려도 나오지 않는 것이 이상해 어머니를 모시러 간 아내의 눈앞에는 믿을 수 없는 광경이 펼쳐지고 있었다. 어머니가 신발을 고이 벗어놓고 머리를 감고 있었기 때문이다. 정든 터전을 떠나온 탓일까, 낯선 곳으로 간다는 두려움 때문일까, 어머니는 정신 줄을 놓았다. 우리 부부는 어머니를 차에 태우고 달리며 앞으로의 일을 생각하기 시작했다. 멀리 있는 아이들에게 할머니가 이상하다며 모두 불러 모았고 온 가족이 모여 걱정을 앞세우고 있을 때 아내는 아내가 혼수상태일 때 어머니의 모습과 꼭 같이 어머니를 모실 생각, 어머니를 낫게 할 생각만 하고 있었다. 새로운 집도 좋은 환경도 돈도 다 필요 없다고 말하던 아내에게는 역시나 어머니만을 위한 강한 의지만 남아 있었다. 다행이도 그날 밤을 보내고 어머니는 다시 원래의 어머니 모습으로 돌아왔다. 어머니의 손을 놓지 않던 딸 같은 며느리의 기도의 힘이라고 밖에는 설명할 수 없는 일이었다.

가끔 주변에서는 나의 두 여자를 좋은 시선으로 바라보며 칭찬을 해준다. 고부간의 갈등으로 골치를 썩는 남자들과 비교할 때 나는 정말 운이 좋은 것은 틀림없다. 시어머니와 며느리가 소중한 사람들이 되어 진정한 가족으로 살아가는 모습을 오래도록 지켜봐 온 나에게 그녀들은 큰 교훈을 주었다. 그것은 이해하고 받아들이는 일이 선행되면 '사랑'과 '사람'을 얻을 수 있다는 것이었다. 서로에 대한 이해와 희생의 마음이 없이는 아무리 잘하려고 해도 간격이 생기기 마련이기 때문이다.

지금 두 여자는 동부의 아들 집에 가있다. 손주 며느리가 지난달 아들 쌍둥이를 낳았기 때문이다. 증손자를 보신 것이다. 아내보다 어머니가 쌍둥이에 더 애착을 느끼신다. 내가 외아들이다 보니 더 그런 것 같다. '어머니의 꿈'은 옛날 나에 대한 꿈보다 두 쌍둥이에 거는 꿈이 더 크고 대단하다고 생각된다. 건강하게 자라서 큰 재목이 되기를 기도하신다.

어머니 소설가 張德祚

박우형

어머님은 1914년 10월 13일에 태어나셔서 2003년에 돌아가셨습니다. 어머님이 돌아가신 후 늘 후회하는 것은 생존하셨을 때 왜 좀 더 잘 해드리고, 더 많은 대화를 나누지 않았나 하는 것입니다. 누구나 마찬가지지만 어머님이 돌아가신 후 더욱 그 분이 얼마나 훌륭한 분이었는지 늘 느끼고 있습니다.

어머니 장덕조(張德祚)는 경상북도 경산에서 태어나 서울 배화여고와 이화여자전문학교 영문과에서 교육을 받으셨습니다. 어려서부터 머리가 영특하였다고 하며, 어느 여류작가가 쓴 글에 어머니가 처음 대구 경북여고에 다녔을 때 광주학생 독립운동 선언서를 그 나이에 썼다고 기술되어 있습니다. 경북여고 때 일본선생 배척운동으로 퇴학을 당해 서울의 배화여고로 오셨는데, 이것이 어머니께서 필운동, 사직동에서 젊은 시절의 대부분을 보내게 된 계기가 되었습니다.

1932년 당시 흔하지 않은 〈개벽〉 여류기자로 있으면서 창작활동을 시작했으며, 〈평화신문〉 기자, 6.25 당시 대구피난 시 〈대구매일신문〉 문화부장 및 논설위원 등을 역임했습니다. 한국전쟁 시에는 대한민국 육군종군작가와 종군기자로 참전하여 휴전회담을 여성으로서는 유일하게 취재한 공로를 인정받아 '문화훈장보관장'을 서훈 받았습니다. 김은주가 쓴『한국의 여기자, 1920~1980』라는 책에는 '당대의 여기자는 당시 첨단을 걷는 여성이었으며, 기자이며 선각자였고 지사였다. 독립운동가이었으며, 여성운동가, 사회운동가였고 뛰어난 문학가였다.'라고 표현하고 있습니다. 그 책에는 '한국의 여기자'로서는 1920년부터 1980년까지 활동한 분 가운데 이각경, 최은희, 허정숙, 노천명, 장덕조, 정충량, 정광모, 이영희, 권영자를 선택했습니다.

어머니는 장편 90여 편, 수필 등 단편 120여 편 등 200편이 넘는 저서를 발표하여 조선시기의 정약용 이후 한국문단사의 최대 작가로 알려져 있으며, 남성, 여성작가 중 역사소설을 가장 많이 발표한 것으로 알려져 있습니다. 1930년 단편소설『저회(低徊)』로 등단한 이래『多情도 病이련가』, 역사소설로 연산군의 왕비인 신 씨의 슬픔을 그린『정청궁한야월 貞淸宮閒野月』과 김시습을 주인공으로 세조 때의 역사적 비극을 다룬『광풍 狂風』,『낙화암 落花岩』, 양반과 소작인의 비극적 사랑을 그린『벽오동 심은 뜻은』,『훈풍 薰風』,『이조의 여인들』등이 있으며, TV 드라마『대원군』과『이조여인열전』은 방송 후에 책으로 출간 되었으며, 장편소설『다정도 병이련가』,『장미는 슬프다』,『광풍』,『낙화암』,『벽오동 심은 뜻은』등이 영화화 되었습니다.

특히 1989년에는 75세의 나이로 2백자 원고지 2만 6천장 분량의 대하역사소설『고려왕조 5백년』14권을 출간 한국문단을 놀라게 하였습니다. 어머니는『고려왕조 5백년』집필 당시 주변은 물론 자식들과의 연락도 끊은 채 창작에 몰두했던 것으로 알려져 있습니다. 샘솟는 창작열로 칠순을 넘긴 나이에 하루 50장에서 1백 50장까지 써내려갔다고 합니다.

어머니는 '작가의 나이는 통계수치에 불과하다.'는 것이 지론이었고, '작가는 명함 대신 작품으로 알려지면 된다.'며 문단의 수많은 협회, 서클을 외면하고 창작활동에만 정열을 쏟으셨습니다.

張德祚를 세상에 알린 건, 역시 50~60년대를 풍미했던 신문연재 소설입니다. 57년 한 해에만 그 당시 한국의 3대 신문인 동아일보, 조선일보, 경향신문 등 일간신문에 동시에 소설을 연재하셨는데, 보통 작가는 한 개의 일간신문에 쓰기도 힘들고, 또 그 당시 작가들이 원하는 소설방식은 일간신문에 게재 하는 것이므로 아주 인기 있는 작가가 아니면 일간신문에 소설을 매일 발표한다는 것이 아주 힘들 때인데도, 어떻게 3대 일간신문에, 그것도 동시에 매일 연재를 하셨나 하는 것이 저에게는 너무나 경이로운 일입니다.

우리는 아들 넷, 딸 셋 모두 7형제로 우리 식구를 어머님께서 전적으로 양육하셨다고 할 수 있습니다. 우리 아버님은 순수 서울 분으로 체면, 행동, 신념에 철저하시어 반일, 반공에 확고하셨고, 일정 때에는 기미년(己未年) 뒤 후에 대법원장이 되신 김병로(金炳魯)씨 등과 항일투쟁, 공산분자들의 분열음모를 꺾느라고 투쟁했고, 그 후에는 상해 등지에서 김구, 신익희 등등 분들과 반일활동을 하셨으며, 귀국 후에는 민족운동으로 세월 보내시느라 집안생계를 보살피시는 것에는 전혀 신경을 쓰시지 않으셨습니다. 어머니는 우리 7남매를 양육하시는 동시에, 아버님의 정치활동 경비도 부담하신 것으로 짐작하고 있습니다. 하지만 어머니께서는 남편을 평생동안 적극적으로 돌보시고, 한 번도 자식들에게 무슨 불평 같은 것을 하신 적이 없었습니다. 아버님 산초(山樵) 박명환(朴明煥)은 훌륭하셨던 분으로 많은 사람들이 생각하여, 1970년에 돌아가시자, 비록 생존 시에 아무 감투도 쓰신 것이 없었는데도, 그 당시 동아일보 주필이던 '나절로'라는 분이 동아일보 일면 표지에 훌륭하고도 애절한 추도사를 올렸는데 이 글을 쓰면서 다시 읽어보니 감개가 많이 생깁니다.

어머님은 우리 7남매를 지극히 사랑하셨던 분으로 내 기억에 평생 한 번도 자식들을 심하게 나무라신 적이 없었습니다. 1981년에 쓰신 반자서전 성격의 책인 『일곱 장의 편지』의 서론에 '현재의 실상이나 미래에 대한 전망은 과거의 추적(推積)의 일부에 그 뿌리를 내리고 있다. 어머니와 아들, 딸, 그 맹목의 애정, 견딜 수 없는 그리움, 가슴에 멍이 들게 하는 통한(痛恨), 혹은 홀연히 엄습해 오는 충만감, 행복감, 모성애(母性愛)는 일종의 도취다. 어느 한때 나는 이 같은 도취에 저항(抵抗)해서 그것은 환상(幻想)과 과장(誇張)이란 의문을 던진 적이 있었다. 그러나 그것은 결코 환상은 아니었다. 추상(抽想)이 아니라 너무도 명확한 감정이며 움직일 수 없는 실감(實感)이었다.'

그러면, 내가 어머니가 생존해 계셨을 때 어머니의 이런 감정을 이해하고, 그것에 조금이라도 보답을 했을까 하고 생각하면 그 답은 '전혀 아니다'라는 슬픈 사실이고, 지금은 아무리 후회해 보았자 이미 늦은 상태입니다. 아마도 이런 감정은 자식들 누구나 다 느끼는 것일 것입니다. 이제 제가 80이 가까워지는 나이에도 어머니의 인생…. 그 극심한 6.25 피난살이, 오로지 자신의 힘으로 7남매 자식 양육, 집안생계에는 전혀 관심이 없는 남편봉양, 낮이나 밤이나 쓰셨던 그 엄청난 양의 소설, 글 등을 생각하면 혈육관계를 떠나서, '세상에 이런 여인이 다 있었구나….' 하는 생각을 하고, 왜 내가 젊었을 때 어머니를 좀 더 이해하지 못했을까 하고 뉘우치고 있습니다.

어머니가 쓰신 이『일곱장의 편지』를 오래간만에 읽어보니, 재미있는 구절이 많이 나오는데, 그 중 여기에 소개하자면, 피난 시 어머니가 계시던, '…대구 영남일보 때 내가 일자리를 얻게 되자 그 당시 갈 곳 없는 피난 문인들이 날마다 영남일보사로 모여들었다가 신문사 바로 옆 골목의 식당으로 가곤 하였는데, 한번은 늘 오는 고급군인이 마른안주를 주섬주섬 종이에 싸서는, "애기들 갖다 주세요." 하고 과묵한 그가 간단하게 말했다. 그는 10년 후에 혁명을 일으켜 한국의 대통령이 되었다.…'

나는 6.25 당시 대구피난국민학교 재학 중, 대한민국 공군에서 당시 처음 실시한 수필대회에서 우승을 한 적도 있고, 자신도 어느 정도 글에 소질이 있다고 생각하며, 생전 어머님에 관한 책을 한권 쓰고 싶었지만, 능력과 열정 부족으로 생각만 하고 있고 아직 시작도 못하고 있는 것이 돌아가신 어머님께 너무나 창피한 심정입니다.

내가 1959년 서울공대 원자력과 1회로 시작하여 평생 관련했던 원자력 일을 1999년에 종료하고 Hawaii에서 은퇴생활을 시작 하자마자 한국에 있는 가족들 말이, '어머니가 조금 편찮으신 것 같으니 와서 어머니와 당분간 같이 지내는 것이 어떠냐?' 하는 권고가 있어서, 내 평생 동안 어머니를 모실 기회가 없었는데 좋은 기회이고 한 6개월 같이 지내다가 돌아오자 하고 한국에 갔는데, 이것이 어머니께서 아프시기 시작하는 것으로, 2003년 2월에 돌아가실 때까지 3년 넘게 어머니를 마지막으로 모실 수 있게 된 기회가 되었습니다. 어머니가 돌아가시기 전 얼마 동안은 항상 sofa에 앉으셔서 몇 시간동안 아무 말씀도 안하시고 공간을 바라보고 계셨는데, 그 후 지금까지도 어머

니께서 그 때 무었을 그렇게 생각하고 계셨을까? 하는 의문을 자주합니다. 아마도, 그 분이 본인의 일생을 반추하시고 계셨을 것이라고 짐작합니다.

다시『일곱장의 편지』서론에, '…가지 많은 나무- 폭풍우 속에서도 존재(存在)를 확인(確認)케하는 강한 사상(思想)을 내게 심어 준 것은 많은 가지들, 내 아들 딸이었다. 우리는 살아있다는 사실, 존재(存在)한다는 사실을 〈생(生)〉의 원리(原理)로 삼고 있다는 점에서 공통(共通)한다.'

그러면, 어머니는 이제 바야흐로 '존재(存在)'의 불꽃이 사라지려는 즈음에, '생의 원리(生의 原理)'에 대하여 골똘히 생각하시고 계셨던 것이 아닐까? 본인의 생전 그 엄청난 고난, 상상을 초월하는 노력, 자식과 남편에 대한 의무, 사회에 대한 의무 등으로 쉬지 않고 보내신 본인 인생의 '세속적인 차원'을 넘어서, 이제는 '더 큰 차원'- 즉, 우리 모두가 마찬가지인 '한 생명이 우주에서 왔다가 다시 우주로 사라진다.'는 그 엄숙한 의미를 차라리 생각하시고 계셨으리라고 제 나름대로 추측합니다.

어머님께서는 2003년 2월 17일 돌아가시어 서울 근교에 위치한 '영복묘지'라는 천주교묘지에 아버님과 같이 계십니다.

나의 어머니

박홍열

나는 우리 민족의 수난기를 다 거쳐 살아왔다. 그것은 내 나이의 사람들이 다 겪은 과정이다. 일본의 점령기, 8.15 해방, 해방 후의 공산주의와 민주정부의 사상적 대립, 대한민국 정부수립, 6.25 전쟁, 4.19 학생혁명, 5.16 군사정권, 신군부, 5.18 광주의거, 촛불집회 같은 많은 수난기를 겪었다. 그 어려운 고난의 시기에도 우리 집은 더 어려움이 많았다고 회고된다. 나는 1936년 한 시골마을에서 태어났다. 나의 어머님은 아들 4형제를 낳으셨는데 제일 먼저 난 아들과 막내는 어려서 유명을 달리하고 중간으로 두 아들이 살아남았다. 나는 그 중에 맏이다. 나의 어머님은 그야말로 고통과 인내의 삶을 사신 어머님이시다.

어머님에 대해 글을 쓰면서 나는 눈물과 콧물을 주체할 수 없이 흘린다. 그래도 어머님의 삶에 대해 짧게나마 글로 남기는 것이 한 많은 한 아들이 독립운동에 참여한 아버님을 잃고 고아가 되어 가난과 역경을 헤쳐나가신 어머님을 기리는 일로 여겨진다.

어머님의 이름은 윤성녀로 호적에 기재되어 있지만 본명은 윤지병이라고 한다. 충남 공주군 탄천면 안녕리에서 1916년에 태어나셨다. 나의 어머님은 위로 두 오빠가 계신 3남매 중 막내로 어려서 어머님(내게로 외할머님)을 여의셨다고 한다. 어머님의 아버님 그러니까 나의 외할아버님은 상처하신 다음 3남매를 동생에게 맡기고 일본으로 가셨다고 한다. 그러나 어머님은 당신의 아버님이 일본에 가셔서 바로 세상을 떠났다는 통보를 받았다고 한다. 당시에는 외할아버지의 사인이 알려지지 않았다는데, 10여 년 전에 사망원인이 밝혀졌다. 일본에 가셔서 독립운동의 재정 책임을 맡으셨다가 옥중에서 세상을 떠나셨다고 한다. 고아가 되신 어머님은 어머님 외갓집을 자주 가셨다고 한다. 결국 비교적 어린 나이에 나의 아버지와 결혼 하셨고 내가 태어났다.

나는 나의 아주 어린 시절은 기억하지 못한다. 가끔 들려주시던 어머님 말씀에 의하면 어머님께서는 산에 가서 산뽕나무에서 뽕을 따서 누에를 길렀단다. 일본이 농부들한테 부과한 누에고치 공출량을 충당하기위해 산에 가서 산뽕을 따셨다고 한다. 어머님은 나를 등에 업고 뽕을 따셨는데 어머님께서 제대로 먹지 못해 젖이 안 나와서 나를 잘 먹일 수 없었다는 말씀을 종종 들려주셨다. 그 때문인지 나는 아직도 음식을 좋아한다. 나의 부모님은 소작농이셨다. 농사지어 일본정부에 공출 바치고 땅 주인에게 도지 주고 나면 별로 남는 것이 없었다고 한다. 세월이 좀 지나 부모님은 소작논과 밭을 더 얻으실 수 있었다. 나의 아버님은 소작농이었지만 농사일 열심히 하시고 집에 소도 한 마리 있어 비교적 괜찮게 사는 편이었다. 어릴 적 기억으로 아버님은 아침 일찍 일어나셔서 아궁이에 불 지피시고 물을 데우시는 등 어머님을 많이 위해 주신 것으로 기억된다. 저녁에는 소여물 끓여 주시고 해서 방도 따뜻하고 시골에서 살만 했다.

나는 봄, 여름, 가을, 들에서 소 풀 뜯어 먹이는 임무를 맡기도 했다. 그 일을 하기 싫어 꾀를 피우다 꾸중을 듣기가 일수였다. 1945년 2차 대전이 끝나던 1월에 우리 집 가족들은 호열자 전염병에 감염되어 온 가족이 차례로 병을 앓았는데 아버님이 마지막으로 병상에 눕게 되었고 아버님은 그 병으로 다시 일어나지 못하셨다. 그때 아버님 연세는 39세셨고 내 나이는 9살, 미국식으로 하면 8살이었고 두 살 아래 동생은 7살이었다. 어머님은 29살의 젊은 나이에 홀로 되셨다. 그해 8월 15일 우리나라는 일제로부터 해방이 되었다. 졸지에 가장을 잃은 우리 집에는 말로 다 할 수 없는 어려움이 닥쳐왔다. 그런데 아버님이 살아계실 때 아버님과 어머님은 나에 대한 희망을 종종 말씀하셨다. 나의 부모님의 바람은 아들인 내가 4각 모자를 쓰는 것이라고 말씀하시던 기억이 난다. 일제 강점기 때 대학생들은 4각 모자를 썼으며 그 4각 모자는 모든 사람의 선망의 대상이었다. 우리가 살던 시골에서는 사각 모자 쓴 사람은 구경도 할 수 없었다. 그러나 공부를 전혀 못하신 부모님이 자식이 대학생이 되는 꿈을 가지신 것이 오늘의 내가 있게 된 것으로 부모님께 무한한 감사를 드린다. 어머님은 혼자되신 후에도 그 꿈을 버리시지 않으셨다.

1945년 연합군의 승리로 우리는 일본 통치에서 해방되었다. 어린 나이에도 그때의 기쁨을 말로 표현하기 힘들다. 나는 어머님과 방에 있다가 밖으로 나갔다. 정말 기쁨과 환희에 넘쳤고 서로를 껴안고 만세를 불렀다. 일제 강점기 젊은 한국 청년은 군대나 광산으로 징용 당해갔고 젊은 처녀들은 공장이나 또는 다른 어디인가로 징발당해 갔다. 흰 저고리와 검은 치마를 입고 울고 가는 젊은 처녀들을 두 줄로 양쪽에 서서 만세 부르며 보내주던 기억이 어렴풋이 난다. 나는 일제 강점기에는 나이가 어렸다. 지금 생각하면 참 다행한 일이었다. 군대 갈 나이가 되었더라면 어머님에게 얼마나 슬픔이 되었을까?

아버님이 돌아가시던 때 우리 총 재산은 논 4마지기(800평), 밭 400평 그리고 소 한 마리였다. 어머님은 논 밭일을 쉬지 않고 하셨고 우리 형제는 어머님을 도왔다. 우리 형제는 나이가 어렸기 때문에 농사일이 힘에 겨웠다. 지게가 내 키보다 크기 때문에 산에 가서 나무를 해서 지게에 지고 내려오다 몇 번을 구르면 산 밑에 내려 왔을 때 별로 남는 게 없었다. 그때 어머님은 우리를 붙들고 많이 우셨다. 어머님은 교육열이 높으셔서 나에게 공부를 열심히 할 것을 독려하셨다. 국민학교 때부터 나는 참 열심히 공부했다. 그 덕에 반에서 일등을 맡아 놓고 했다. 우리는 내가 10살 때 외갓집 사랑채로 이사했다. 국민학교까지 걸어서 한 시간이 더 걸렸으며 나는 오고 가는 길에도 공부를 한 기억이 난다. 또 외증조할아버지께 한문을 배우기도 했다. 그 할아버지는 우리 어머님한테 내 칭찬을 많이 하셨다. "얘 너의 집 중시조 났다"라고 말씀하시어 어려움이 많으신 어머님께 기쁨과 희망을 안겨주셨다. 나는 탄천국민학교 6학년 때 6.25를 당했다. 전쟁은 우리에게 더 많은 어려움을 주었다. 어머님은 혼자 곡식을 땅에 묻고 숨기느라고 고생하셨고 농사에도 품팔이 일꾼을 구하지 못해 안타까워하시던 어머님의 모습이 눈에 생생하다. 그뿐인가? 그 당시에는 시골에서 소가 큰 재산이었는데 도지로 소를 치던 분이 소를 우리 집으로 가져왔다. '엎친 데 덮친다.'는 우리 표현이 이런 상황을 두고 하는 말일 것이다. 우리는 농사일을 어머님과 함께 해냈다. 파종하고 김매고 또 수확하는 일을 다 해냈다.

내가 2~3 세 나이가 더 많았으면 국군으로 뽑혀 갔거나 인민군으로 징발당해 갔을 것이나. 6.25가 끝나고 정전이 되었다. 이런 어려움을 혼자 감당해 가신 어머님, 그 외로움과 가난 중에도 굴하지 않으신 내 어머님은 참으로 장하고 위대하셨다. 나는 탄천국민학교를 마치고 공주중학교에 진학했다. 공주는 우리 집에서 한국 리수로 쳐서 40리 길이다. 내 동생은 2년 뒤에 공주 사범 부속 중학교에 입학했다. 우리 집 재산으로는 감당하기 어려웠다. 어머님은 끼니를 거르시거나 채소로 배를 채우시는 경우가 많았지만 우리를 다 중학교에 보내셨다. 농사철이면 나와 동생은 주중에 공부하고 토요일 오후에는 집에 갔다. 걸어서 집에 가기가 일수였고 어떤 때는 산 고개 중턱에서 짐차를 기다려서 차에 올라타고 집에 가는 경우도 있었다. 지금 생각하면 정신이 아찔하다. 그러나 그런 날은 집에 좀 일찍 도착 할 수 있었다. 운전기사는 우리가 위에서 두들기면 우리를 내려주었다. 참 다행한 일이었다. 대개는 면소재지에서 내리는데 면소재지에서 집까지는 십리 길이다. 이제는 제법 청년이 되어서 농사일이나 지게로 져 나르는 일이 수월해졌다. 어머님은 우리가 장성해 가는 것을 보시고 참 흡족해 하시고 대견해 하셨다. 토요일 집에 가서 일요일 하루 일하고 월요일 아침 4시나 5시에 공주로 걸어서 학교를 갔다. 일주일 먹을 양식과 반찬을 어머님께서 싸 주셨다. 우리는 방 하나에 4사람이 살았다. 또 다른 형제와 넷이 한방에 사는 자취 생활이었다. 아무리 열심히 공부해도 반에서 2-3 등을 겨우 해냈다. 나는 공부에 요령이 없다. 처음부터 끝까지 다 공부하는 편이다. 지금도 그 미련함은 계속된다. 이제 시험을 안보니 참 다행이다. 새 이론을 창출해서 인간의 삶의 질을 높일 수 있도록 노력 중이며 삶을 다 할 때까지 이 노력을 지속하는 게 나의 바램이다.

내가 중 고등학교 다닐 때 어머님은 천을 베틀로 짜고 손수 교복을 지어 주셨다. 그야 말로 Hand-made다. 나는 사지로 된 교복이나 맞춤 교복을 입고 다니는 반 친구들이 엄청 부러웠다. 그래서 어머님이 지어주신 교복을 고맙게 여기지 못한 게 지금도 눈물 나게 후회된다. "어머님 내 교복 참 좋아요. 고마워요."라고 했더라면 어머님께서 기뻐하셨을 텐데. 나는 중 고등학교를 공주에서 마치고 서울에 있는 대학교에 진학했고 동생은 2년 뒤 공주 사범학교를 마치고 국민학교 교사가 됐다. 어머님은 내 뒷바라지를 위해 서울로 오셨다. 물건 떼어다가 시장에 좌판을 깔고 파시곤 하셨다. 대학은 일차 대학인 서울대 시험에 낙방하고 이차 대학으로 경희 대학교에 입학했다. 그 때 경희대학교 장학 제도가 잘되어 있었기 때문이었다. 그러나 입학과 함께 되는 장학생이 되지못했다. 입학금을 마련하신 나의 어머님은 먹지 못하시고 추워도 따뜻한 내복이나 스웨터 한번 입어 보지 못하셨다. 나의 어머님은 그런 어려움 중에도 내가 대학에 진학하는 것을 당연하게 여기시고 어려우신 것을 내색하지 않으셨다. 원망 같은 건 안 하셨다. 참 어머님이시고 훌륭하셨다. 나는 어머님 위해 공부했다. 입학하던 해 겨울방학 때쯤 해서 서울의대에 다니는 외사촌 형이 공부를 위해 고모인 우리 어머님과 내가 있는 셋방으로 들어왔다. 나는 아침에 가정교사를 마치고 외사촌 형과 함께 서울대 도서관에 가서 밤 12시 도서관 문을 닫을 때까지 공부했다. 그 결과 다음 학기에 나는 장학생이 되어 수업료를 면제받아 어머님의 근심걱정을 좀 덜어 드린 것은 정말 다행이고 기적 같은 일이었다.

지금은 유명을 달리하신 경희 대학교 창립자이시고 총장님이셨던 조영식 박사님께 아주 많이 감사한다. 나는 열등의식에 주눅이 들어 기를 펴지 못했다. 대학에서 장학생이 된 것은 나의 열등의식에서 좀 벗어 날 기회가 됐다. 이 기회가 오늘 내가 대학에서 교수를 하게 된 계기였다고 말 할 수 있다. 참고로 장학생이 된 후 주임교수이시던 이석륜 교수님의 인정을 받게 되고 교수님은 또 서울대학교 대학원에 진학할 것을 나에게 권고해 주셨다. 또 다른 계기는 나의 신앙 스승이셨던 노평구 선생님이시다. 노평구 선생님은 자기가 이끄시던 기독교 고전 독해 모임에 나를 끼워주셨다. 그 모임은 대학교 교수님들이 주로 참가하셨다. 나는 그 교수님들이 참 부러웠다. 영어로 된 기독교 고전을 잘 읽고 평가 하는 것이 나의 선망의 대상이 됐다. 나는 대학 교수가 되는 꿈을 가지게 되었다. 노 선생님은 일본 경제학자들이 경제학 고전에 일생을 바치는 이야기를 들려주시고 나에게 Adam Smith의 국부론(Wealth of Nation)을 백번 읽으라고 권하셨다. 나는 학부에서 경제학 고전을 여러 권 읽고 Samuelson의 경제원론을 10번 읽었다. 이 책은 900 페이지가 넘는 책이다. 나중에 미국 유학은 경희대 조영식 총장님의 추천으로 자매 대학교로 부터 장학금을 받은 덕분이다. 경희 대학에 간 것은 내가 교수 되는 데 전화위복이 된 셈이다. 그러나 교수가 되는 길은 멀고 험난해서 어머님 살아 계실 생전에 아무 것도 해 드리지 못했다. 나의 우둔함과 우매한 결정으로 나에게 젊음을 바치시고 인간으로서의 원하시든 모든 것 다 접으시고 못난 내게만 지극 정성 다하신 어머님. 잘 모셔드리지 못한 것 정말로 죄송하고 한스럽다.

어머님은 내가 대학마치고 서울대 대학원 입학하고 군에 가 있을 때 신장염으로 세상을 떠나셨다. 향년 49세의 젊은 나이에 세상을 떠나셨다. 너무나 억울해서 눈감으시기도 어려우셨을 것이다. 그 날은 비가 억수로 내렸다. 하나님도 어머님의 억울하심을 알아주기라도 하듯 말이다. 경제학에 기회비용이라는 말이 있다. 자원이 제한되고 희소해서 어느 한곳에 쓰면 다른 곳에 쓸 수 없음을 이르는 말이다. 이 원리는 경제학의 존재 이유이다. 내가 대학교수가 되는 길을 택했기에 나는 많은 것을 접어야했다. 나는 생각해 본다. 내가 대학을 마치고 바로 취직해서 어머님을 모셨다면 어땠을까? 아예 대학에 가지 않고 고등학교 졸업 후 시골 처녀와 결혼해서 아들 딸 낳아서, 귀여운 손자 손녀 어머님께 안겨 드리고, 또 며느리가 해준 밥 드시게 해드리고, 깔끔하게 빨아드린 옷 입게 해드리고, 잠자리 보아드리게 해드렸더라면 어머님께서 얼마나 행복하고 흐뭇해 하셨을까? 그리했으면 젊은 나이에 혼자 되셔서 아들 둘 키우신 보람 느끼셨을 텐데. 또 동네 사람들한테도 부러움을 듬뿍 받으시고 어머님과 같은 처지에 놓이게 될 분들에게도 희망과 꿈을 주었을 것이 분명하다. 그리 해드리지 못한 것 정말 아쉽고 한스럽다. 어머님의 무한한 사랑 그립고 아주 많이 보고 싶습니다. 어머님 생전 잘 해드리지 못한 것 죄송해요. 용서해 주세요.

어머님(갈물 李喆卿)을 기리며

서경선(徐京善)

평생을 중등교육에 바치신 아버님(徐廷權 전 서울고등학교 교장)과 어머님(李喆卿 전 금란여자고등학교 교장) 슬하에서 우리 5남매는 상당한 자부심과 긍지를 갖고 성장하여 온 것으로 기억된다. 나의 기억과 판단으로는 아버님께서는 매사를 철저히 확인하고 진행시키시는, 그리고도 유머가 풍부하신 생활인이셨다. 반면 어머님께서는 다재다능하시고, 박식하신 예술인이셨다. 문장이 뛰어나셨고, 한학을 바탕으로 한 고전적 학식을 가지셨고, 보학(譜學)에도 일가견이 있어 어떤 가문의 내력이나, 그 가문이 노론, 소론, 남인, 북인 어느 곳에 속하는지도 환하게 알고 계신 분이었다. 그리고 중요한 것은 전문학교 신교육, 특히 기독교 교육의 영향을 받은 뛰어난 창의력을 지닌 당시의 신여성으로, 후에 한국 여성계의 지도자로 사셨다.

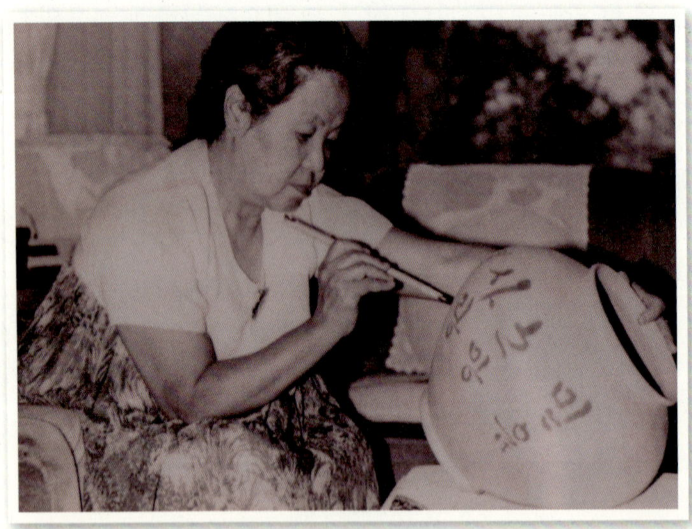

어머님은 경기도 개성에서 이만규(李萬珪)와 박현숙(朴賢淑)의 셋째 따님으로 태어나셨는데, 네 따님 중, 둘째이신 각경(珏卿) 이모님과는 이란성 쌍둥이시다. 어머님께서는 외할아버님의 특별한 여성 교육관, 그리고 그분에게서 받은 많은 영향들을 늘 말씀하셨고, 초등학교 1학년까지 뵙던 외할아버님과 외할머님의 모습을 항상 기억하며 자랐다. 의학을 전공하셨으나 교육자의 길을 택하시어, 개성 송도고보와 서울의 배화여고 등에서 교편생활을 하신 외할아버님은 유교와 기독교의 윤리관을 겸비하신 교육자였다. 어머님 글을 인용하면, 외할아버님은 '청초하고 빳빳하신 선비'셨다. 또한 '어떻게 해서든지 새 시대에 대비할 인재양성을 해야 한다고 부심하시고 전력을 기울이신' 분이셨다. 네 따님의 교육에 각별한 관심을 가지셨는데, 두 돌이 좀 지난 어머님과 쌍둥이 이모님에게 천자문을 가르쳐 주셨다. 천자문을 뗀 다음에는 곧 한글을 가르치셨는데 1주일 동안에 한글을 깨치신 어머님과 이모님은 한글 성경읽기 훈련을 계속 받으셨다고 한다.

어머님께서는 솜씨가 대단한 분이셨는데 바느질은 물론, 종이접기, 공작, 그리고 음식솜씨도 특별하셨다. 모두 외할아버님의 특별한 교육 때문이라고 말씀하신 것을 기억한다. 이화여중의 서명학 교장 선생님께서는 한 동안 어머님이 지으신 깨끼저고리만을 즐겨 입으셨던 기억이 생생하다. 어머님께서는 어린 우리들을 두레 밥상에 앉혀 놓으시고, 당시 종이가 귀했던 때인지라, 헌 영어사전(페이지가 분실된)을 오려서 종이접기를 가르치셨다. 이때 배운 여러 가지 종이접기 중, 화로 접기는 그 후 어느 곳에서도 배울 수 없는 나만의 기술이 되었다. 그리고 이 종이접기는 나의 아들, 영홍이의 어린 시절, 중요한 교육 과제였다. 6.25 사변 전, 어머님께서는 초등학교도 입학하기 전인 나에게 버선 깁는 일과, 회장저고리 짓는 일을 가르치셨고, 또한 초등학교 시절 손님을 치를 때에는 신선로 고이는 것을 따라하게 하셨다. 어머님의 수란을 만드시던 모습은 신기하고 아름다웠다.

외할아버님의 교육 중에는 고시조에 대한 것과 한글서예를 빼놓을 수 없는 것으로, 어머님께서는 한글 궁체를 보존하고 보급하는 서예가로서의 일생을 보내셨을 뿐 아니라, 시조 짓기에도 뛰어나셨다. 어머님의 선생님들과 친한 친구들의 회갑, 혹은 특별한 날에는 손수 시조를 지어서 쓰신 글씨를 선물하셨고, 세 아들의 결혼 때에는 아들 내외에 대한 소감을 시조로 지으시어 쓰신 가리개를 선물하셨으며, 손 자녀들이 태어나면, 이들에게도 시조를 지으시어 쓰신 현판을 내려주셨다. 시조 뿐 아니라, 문장이 특출하셨고, 말씀 또한 매우 조리있고 유창하셨다. 지난해 어머님의 10주기를 기리며 기념 문집, 『희망과 정성으로 엮은 세월』(출판: 호미)을 출판하였는데, 여기에 실린 글은 어머님이 남기신 많은 글 중에 일부분이다.

제자들, 그리고 친지들에게 참으로 많은 것을 베푸신 분이셨다. 저녁상에 식구 외에 늘 누군가가 함께 있었고, 함께 기거하며, 대학을 마친 친지들의 자녀가 수로 세기 힘들 정도이고, 방학에는 글씨 제자들이 숙식을 함께 하며 어머님께 배웠다. 추석 명절에는 의례 귀향하지 못한 친척 혹은 친구 분들의 자녀 대학생들이 한방 가득 모여 점심을 하곤 했다. 그 중 한 분은 회고하기를, 언제든지 배고플 때면 우리 집을 찾았다고 한다.

나의 전공이 음악인 것은, 피아노를 전공하신 어머님의 직접적인 영향이었다고 할 수 있다. 어머님께서 베토벤의 〈비창〉 소나타를 연습하시던 모습, 피아노를 치시면서 가곡을 부르시던 모습을 심취하여 바라보던 기억이 아직도 생생하다. 지금도, 어머님이 이화전문 시절 사용하시던 악보들을 가지고 있다. 일제 강점기에 수입된 Peter Edition 피아노 악보들, 일본에서 출판된 오페라 아리아 집 등등. 중 고등학교 시절에는 이 악보들이 신기하여 심심하면 피아노에서 읽기도 했지만, 지금은 종이가 삭아서 만지면 부스러지기도 하고, 제본이 망가져서 낱장으로 떨어져서 가만히 모셔두었다. 또한 어머님의 작곡 악보를 발견하고 신기해하던 기억이 새롭다. 전문학교 시절 작곡하신 왈츠였던 것으로 기억하는데, 사보 솜씨가 역시 특별하셨다. 전쟁 전에 유성기로 들을 수 있었던 베토벤의 교향곡 음반들, 물론 여러 장으로 된 SP인데, 전쟁 중에 파손되고 잃게 된 것이 지금도 몹시 아쉽다. 이화여중 3학년 때, 예고에 진학하여 작곡을 전공하기로 결심한 둘째 딸을 얼마나 대견해 하셨는지! 작곡가가 되어 작품을 발표할 때마다, 어머님은 가족 가운데서 가장 열렬한 후원자였다. 외국에서 개최되는 현대음악제에 참가할 때마다 한 번도 빠짐없이 공항에서 배웅해 주시고, 격려하여 주셨다.

어머님께서는 보통 주부로서는 상상할 수 없을 많은 사회적 일을 하셨다. 특히 여성단체협의회 회의 장으로서 지도적 역할을 하셨는데, 세계 대회에 참석하시는 일을 열심히 하셨고, 즐기셨던 것으로 기억된다. 연세가 들어가면서도 끊임없이 자신의 활동 영역을 넓히시고, 선구적인 사고를 개발하신 분이시다. 특히 기억되는 것은 가족계획 캠페인을 벌리신 일인데, 어머님의 다섯 자녀들에게서 모두 10명의 손 자녀를 두셨고, 특히 두 딸은 각각 한 명씩의 자녀를 두었을 뿐이다.

끝으로 어머님, 그리고 우리 가족 모두가 겪었던 어려움을 언급하지 않을 수 없다. 외할아버님께서는 해방 후에 두 아드님과 두 따님의 가족을 데리고 북으로 가셨다. 쌍둥이 자매도 남북으로 갈리게 된 것이다. 어렸을 때의 일이어서, 자세한 경위는 알 수 없었지만, 당시에 복잡한 사회적 정치적 상황의 결과로 생각한다. 어머님께서는 그토록 존경하고 사랑하던 부모 형제를 못 만나는 슬픔을 느끼실 사이도 없이, 많은 어려움을 겪으셨다. 그리고는 이 일 때문에 더욱 활발하게 사회활동을 하셨다고 회고하셨다. 그러나 어머님의 할아버님에 대한 그리움과, 사랑과, 존경의 마음은 순간순간 여러 경로로 표현되어 우리 다섯 남매에게 전해져 있다. 남북 관계가 개선되면서, 할아버지가 남기신 귀중한 저서들이 해금되어 다시 출판되었고, 쌍둥이 자매의 서예전이 열릴 가능성을 전해 들으셨을 때에는 이미 어머님의 건강이 쇠퇴하신 후였다. 남북 가족이 서로 서신을 교환하고 상봉하게 될 날이 머지않은 듯 느껴지는 요즈음, 부모 형제에 대한 그리움과 사랑을 가슴깊이 묻고 가신 어머님을 생각하면서, 어머님의 고통이 나의 가슴속에 절여 들어온다.

내년이면 어머님이 이 세상을 떠나신 지 30년이 된다. 어머님의 마지막 장례에서, 사회 각계 각층으로부터 받은 어머님에 대한 존경과 사랑의 표현은 우리 다섯 남매로 하여금 비로소 어머님의 삶 전체를 깨닫게 하였고, 이토록 훌륭한 분의 자녀인 것을 감사하며 새삼스럽게 자랑스러워서 어머님과의 사별이 지금도 사실이 아닌 것으로 착각되기도 한다. 특히 마지막 두 주일을 모실 수 있었던 혜택을 감사하지 않을 수 없다. 어머님의 마지막 모습은, 깨끗하고, 온전한 모습으로 하나님을 만날 준비를 다 갖추신 모습이었다. 어머님(감리교회의 장로였음)의 마지막 모습은 나의 기독교 신앙생활의 표상이 되었다.

은퇴 후 우리 부부는 남편의 건강 문제로 고국을 떠나 이곳으로 이주했다. 이곳에 살면서 늘 바램이 있다. 어머님께서 우리를 늘 지켜봐 주실 것을.

어머니께서는 작은 이모님(꽃뜰: 서예가)과 미국과 캐나다에 순회 전시회를 하신 적이 있다. 그 후에도 몇 번 더 방문하신 적이 있고 New Jersey에 살고 있는 막내 아드님 내외, 회사에서 파견 근무로 California에 거주하던 큰 아드님, 그리고 Virginia에 거주하던 큰 따님 내외, 그리고 많은 제자들과 친척들의 환영과 대접을 받으셨다. 미국의 생활을 매우 긍정적으로 보시고 즐기신 것으로 기억된다. 우리 내외의 이곳에서의 편안한 은퇴 생활을 보신다면 참으로 대견해 하셨을 것으로 상상된다.

항상 뵙고 싶은 그리운 어머니, 그리고 내 마음 속에 늘 크게 자리하고 계신 어머니!!

*이 글은 2000년 6월 7일 한국일보에 실렸던 글을 바탕으로 수정, 보완된 것임

붙임: 어머님의 대표적인 포상 경력

문화공로상 수상(이화여대) 1960

제1회 신사임당 수상(사단법인 주부클럽 연합회) 1969

외솔상 수상(외솔 최현배 기념사업회) 1979

나의 어머니

손기용

어머님은 1906년에 태어나셔서 인천, 황해도의 백천, 서울 그리고 미국에 사시다가 1984년(78세)에 돌아가셨다. 그러니 세계 제1차, 2차 대전과 6.25를 겪으셨다. 애를 여덟이나 낳으셨는데 소위 반타작을 해서 4남매는 1살 되기 전에 죽고, 남은 4남매를 키우셨다. 아버님이 1944년에 44세에 폐렴으로 백천에서 돌아가셨다. 그 당시 Sulfa외에 항생제는 없었다. 나보다 12세 연상이신 형님은 2차 세계 대전 시 일본군에 징용당해 만주에 가 계셨고, 6.25 전쟁 시에도 군에 가 있으셨다

아버님이 돌아가신 후 어버님은 어린 나와 그리고 두 어린 여동생들을 거느리게 되셨다. 백천에 사는 동안 어머님은 기차를 타고 여기저기 다니시며 보따리 장사를 하셨다. 인천에서는 배다리 노점 장마당에서 장사를 하셨다. 6.25 전쟁이 끝나며 형님이 은행에서 일하시게 되었기에 전처럼 더 많은 고생은 하지 않으셨다. 후에 형님이 회사에서 일하시면서 경제적으로 약간 더 호전되고, 나는 대학에 그리고 두 여동생은 학교에 열심히 다녔다. 이때 어머님이 52세가 되던 해 중풍에 걸리셨다. 미국 우리 집에 오셨을 때 걷지도 못하셨을 뿐 아니라 정신적으로도 많이 나빠지셨다.

5월에 어버이날이 있으니 노래 '어머님 은혜'(어머니의 마음)를 생각하며 1절만 적어 본다.

나실 제 괴로움 다 잊으시고
기를 제 밤낮으로 애쓰는 마음
진자리 마른자리 갈아 뉘시며
손발이 다 닳도록 고생 하시네
하늘아래 그 무엇이 넓다 하리요
어머님의 희생은 가이 없어라.

우리는 조그만 집에서 살았다. 한 칸 방에서 4~5 식구가 같이 한 이불 밑에서 자기도 했다. 인천에서 황해도 백천으로 소개 갔을 때 나는 남자 애였기에 늙으신 할머님 그리고 고모님과 같은 방에서 자며 그들의 사랑을 받았다. 남들이 쌀밥을 먹는 것을 보며 많이 부러워했다. 우리에게 밥을 주실 때는 잡곡은 적게 주시고 본인은 잡곡밥만 드셨다. 어머님은 먹지 않아도 배부르신 것 같았다. 다 잡수시지 않으시고 우리에게 덜어주곤 하셨다. 반찬도 별로 없었고, 반찬이 좀 있으면 맛있는 것들은 우리에게 주셨다. 후식이라는 것은 생각도 못했다. 어머님이 만드신 음식은 우리들 모두 다 잘 먹었다. 맛있었고, 그 당시엔 음식은 남기지 않는 것이 관습이었다. 언제나 기억에 남는 반찬은 '굴 비빔밥'이었다. 그렇게 맛있는 비빔밥을 다시 먹어볼 수 있을까!?

초등학교 4학년 때부터 도시락을 싸가지고 학교에 다녔다. 보리밥에 반찬도 시원치 않았다. 옆에 앉은 친구의 도시락에 있는 흰 쌀밥에다 멸치조림 그리고 찐 달걀을 보면 부럽기도 했다. 백천에서 살 때는 먹는 데는 불만은 별로 없었다. 왜냐하면 밖에 나가 친구들과 개울에서 물고기를 잡아 구어 먹기도 했고, 산에 가서 밤도 따 먹고 칡뿌리도 캐 먹었다.

빨래를 하실 때 어머님은 개천에 가서 하셨다. 우리가 어릴 때 신던 양말은 왜 그런지 쉽게 구멍이 났다. 닳아 찢어지면 등잔 밑에서 바늘로 기우시고, 속옷이나 심지어 양복도 집에서 다 고치셨다. 물론 세탁기나 재봉틀은 없었다.

백천에서 나는 여름에 개울에 나가 놀기도 하고 몸도 닦았다. 겨울에는 어머님과 함께 널찍한 여자 공중목욕탕에도 드물게 갔는데, 어떤 때는 여자들이 나를 쳐다보곤 하였다. 몸에 때가 많았기에 어머님이 닦아주셨고, 발바닥은 하도 때가 끼어 더운 물에 담갔다가 어머님이 박박 때를 밀어가며 닦아 주시기도 했다. 목욕탕이 크니 사람들이 적으면 그 안에서 수영을 하는 것이 더 재미있었다. 더러 등이 가려우면 어머님이 긁어 주셨다. 얼마나 시원했었는지 모른다. 1.4 후퇴까지도 한국에는 이가 있었기에 인천에서 제주도로 향하는 미군 L.S.T.라는 커다란 배를 탈 때 등에 DDT를 뿌려주기도 했다.

우리들이 잘못된 길로 갈 때 회초리를 드셨으나 회초리로 맞아 본적은 없다. 어머니 가슴엔 오직 자식 사랑뿐이었다. 잔소리도 별로 하지 않으셨다. 형님한테 한두 번 뺨을 맞은 기억이 난다. 형님은 일본인 고등학교에서 공부도 잘 하셨고, 중대장도 하셨으니 그 당시 뺨을 때리는 것은 보통(?)이었다.

어머님은 고운 얼굴로 자비롭게 보이셨다. 인자하신 어머님은 언제나 겸손하셨다. 자식들 넷이 학교에서 공부도 잘 하고 말썽도 부리지 않으니 행복하셨다. 하지만 남들에게 우리들이 똑똑하다고 이야기도 자랑도 하지 않으셨다.

여기서 내가 좋아하는 그리스 신화 이야기를 하나 해야겠다. 테바이(Thebes)의 왕비 니오베(Niobe)는 행복한 삶을 살며 자랑거리가 많았는데 겸손함이 없고 오만했다. 니오베는 모든 것을 뽐내고 다녔다. 니오베가 정말 자랑거리로 여겼던 것은 아들딸들이었다. 여신(女神) 레토(Leto)는 훌륭한 자식을 2명(아폴론과 아르테미스)밖에 낳지 못했지만, 자신은 훌륭한 자식을 14명(아들 7명, 딸 7명)이나 낳았다고 뽐내고 다녔다. 이에 진노한 레토 여신은 아폴론(Apollo)과 아르테미스(Artemis)를 불러 오만방자한 니오베에게 벌을 내리라고 말했다. 아폴론과 아르테미스는 각각 그녀의 아들 7명과 딸 7명을 모두 활로 쏘아 죽였다. 슬픔을 이기지 못한 남편 암피온(Amphion)은 자살하였고, 니오베는 계속 한 곳에서 흐느끼다 바위로 변해 버렸다. 우리는 신을 모욕하지 말아야겠다.

돌아가시기 전 미국에 오신 후 4년 동안 우리들과 같이 오하이오 주에서 사셨다. 거동도 불편하셔서 앉아서 움직이셨고 말씀도 잘 하지 못하셨다. 정신도 멀쩡하지 않으셨다. 우리 부부가 일을 하고 있었기에 마음이 착하신 미국 할머니가 집에 와서 어머님을 도와주시고 같이 동무(?)처럼 시간을 보내셨다. 두 노인은 언어가 통하지 않았지만 서로 이야기를(?) 하곤 했다. 내가 일을 하고 늦게 오면 어머님은 걱정이 태산 같아서 왜 "아범이 오지 않느냐?"고 아내에게 물으시곤 했다. 같이 식사를 할 때도 좋은(?) 음식을 나에게 떠밀곤 하셨다.

어머님께 효도할 시간이 별로 없었다. 6.25가 끝나고, 형님이 회사에서 일하시며 경제적으로 약간 호전되고, 어느 정도 나 그리고 여동생들도 학교에 다니며 마음의 여유가 있게 되었을 때, 어머님이 중풍에 걸리셨다.

어려운 시절에 태어나 그렇게 고생만 하다 가신 어머님, 그리고 중풍에 걸린 어머님에게 더 정성껏 해드릴 수도 그리고 효도도 할 수 있었을 텐데, 그렇게 하질 못했다. 주자의 십회훈(朱子十悔訓) 중 '불효부모, 사후회(不孝父母, 死後悔)'에 '부모님이 살아계실 때 효도를 다하지 못하면, 부모님이 돌아가시고 난 뒤에 뉘우치게 된다.'고 한다. '모든 부모에게 그들의 자식이 우선이다(Every parent knows that their child comes first)'라고 한다. 낳아주시고 키워주시고, 언제나 사랑해주신 어머님을 생각하면 언제나 눈물이 난다. 그리고 진심으로 감사드린다.

어머니의 미소

양정애

나의 고향은 경북 매원(梅院)이다. 산천이 수려해 아름다운 고장이다. 강물이 산허리를 휘돌아 아름다운 벌판을 만들고 그 벌판에 목초가 깔려있어 게으른 소들이 노닐고 있다. 나는 어린 시절 또래 아이들과 벌판과 모래사장에서 뛰놀며 자랐다. 나는 양반가의 대지주 집안의 막내딸로 태어났다, 우리 아버님은 양조장, 정미소를 운영했다. 좀 떨어진 곳에 큰 과수원이 있었다. 그러다 보니 우리 집은 대가족으로 북적댔다. 할아버지 할머니가 계셨고, 첫째, 둘째 오빠 가족, 셋째 오빠, 양조장을 돌보는 작은 아버지 식구 그리고 과수원이며, 양조장, 정미소를 관리라는 사람들의 식구와 살았다. 거의 30여 명은 족히 되는 대가족이다 보니 매일 잔칫집 같았다.

어머니는 우뚝 솟은 집안의 중심이었다. 감히 어머니의 말은 거역할 수 없는 카리스마를 지니셨다. 지금도 가만히 어머니를 생각하면 옷차림이나 단정한 모습, 절대로 흐트러진 모습을 본 일이 없다. 어머니라면 단단하고 무섭게만 생각되었다. 어머니의 성품이 강직하고 엄한 편이라서 나는 사랑을 받지 못했다. 그 이유는 내가 막내다 보니 나이 많은 오빠 아들, 작은 오빠 딸, 그 외에 친척 아이들이 올망졸망 나이가 같은 또래인지라 어머니가 유독 나만을 사랑할 수가 없었다. 그러나 알게 모르게 집안일을 하는 사람들은 나에게 관심을 두고 떠받들었다. 내가 가끔 열이라도 나고 아프면 올케나 아줌마들이 총 비상이 걸렸다. 어머니 자신은 직접 나서지는 않았지만 온 집안이 야단법석이었다, 어머니는 품위와 위엄을 지키시느라 겉으론 표현하지 않으셨지만, 속으론 지극한 사랑이 있는 분이셨다. 올케들은 어린 나이에 우리 집으로 시집와서 어머니의 사랑을 받았다고 고맙게 생각한다고 말한다. 내가 어머니를 많이 닮았다고 한다.

지금 생각해보면 어머니는 진취적이고 열정적인 분이다. 특히 자녀 교육열이 대단하셨다. 일찌감치 대구에다 큰 집을 마련해 우리들이 도시로 나가서 학교에 다닐 수 있게 했다. 오빠들은 어머니를 닮지 않으신 것 같다. 두 오빠는 일본으로 유학 가서 공부를 하고 돌아왔지만, 어머니의 뜻에 미치지 못했다. 큰 오빠는 사업을 이어받을 능력이 없었고, 작은 오빠는 빨간 사상에 물들어 있었다. 막내 오빠는 아들이 없는 큰집의 양자로 들어갔다. 이런 상황들이 나중에 우리 집의 불행을 초래할 줄 몰랐다. 그래도 우리 집은 여자가 똑똑해 언니와 내가 남자로 태어났으면 얼마나 좋으랴 했다고 한다. 별나게 영특했다는 나를 두고 오빠와 비교를 했다. 그나마 큰언니가 오빠들이 못 이룬 의과대학에 들어가 어머니를 기쁘게 해드렸다. 집안의 어른들은 언니의 의과대학 입학에 절대 반대를 했다. 어머니는 끝내 흔들리지 않고 언니를 의대에 보냈다. 나도 어린 마음에 좋은 대학을 가서 어머니를 행복하게 해드려야지 하고 마음먹었다. 언니가 경북의대 공부 중에 중매가 들어왔다. 언니와 같은 의대 선배인 대구의 이름 있는 개인 병원을 운영하는 병원원장의 아들이었다. 어머니는 매사 쉽게 결정하시는 분이 아닌데 의사 사위를 보고 싶었던 것이다. 곧 허락하셨다. 결혼을 하고 형부가 세브란스병원에서 레지던트 과정을 받게 되어 서울에 집을 얻어 서울로 올라갔다.

언니 부부가 서울 올라간 지 6개월 후 6.25 사변이 났다. 어찌 된 일인지 식구들의 소식이 다 끊겼다. 나중에 안 일이지만 식구들이 북한에 있었다. 당시 언니 시아버지는 대구에서 좌익계 의사회 회장이어서 도망치다시피 서울로 올라갔고 6.25 때 월북했다. 이 같은 사실을 알게 된 것은 이산가족 상봉이란 기적 같은 기회가 우리에게 주어졌기 때문이다. Red Cross에서 마련한 TV 영상으로 남북 이산가족이 서로 이야기를 할 수 있는 만남이었다. 북에 있는 언니의 신청으로 이루어졌다. 언니네 식구, 작은 오빠 식구도 북에 있었다. 이미 어머니는 타계하셔서 영상으로 만날 수 없었다. 언니는 우리와 너무나 다른 세계 공산주의 치하에서 살다 보니 딱딱하고 편치가 않았다. 가슴에는 김일성 훈장이 가득하고 말끝마다 수령님, 장군님 덕으로 잘 산다고 입에 달고 있었다. 사상의 벽으로 우리 가족은 서로 경계하며 가족 안부를 물었다. 사변 후 5년 뒤 어머니가 돌아가셨다는 이야기가 나오자 사상을 떠나 언니와 나와 올케들은 통곡을 했다. 결국 사상으로 우리를 갈라놓았지만, 육친의 어머니가 사상을 앞섰다. 결국 어머니는 우리들의 어머니인 것이다.

6.25 사변의 악몽은 이루 말할 수 없다. 할머니를 소등에 태우고 목적지가 없는 피난길을 떠

났다. 대포소리, 총소리를 들으며 우리는 전쟁터를 헤매었다. 잠잠하면 떠나고, 이 일을 어머니가 통솔하며 이끌었다. 어머니의 위대함을 느낄 수 있었다. 피난길에서 집으로 돌아가도 된다는 허락이 나와 집으로 돌아오니 그 큰 집이 불타고 있었다. 우리 집은 낙동강 전투 때 인민군의 Head Quater로 쓰다가 후퇴 시 불태우고 떠났다는 것이다. 원래 집이 커서 그나마 잠잘 방은 있었다. 식구가 모이다 보니 큰 오빠만 살아 집으로 왔고 아버지 형제와 언니 식구, 작은 오빠 소식은 없었다. 어머니는 큰 오빠를 기대했지만 집을 일으킬만한 위인은 되지 못했다. 어머니가 병이 나고 병세가 심해져 가세는 기울어지고 어머니는 속수무책이었다. 내가 아무리 똑똑하고 뭐니 해도 겨우 중학교 일학년이었다. 그래도 어머니는 나를 의지하고 믿는 것 같았다. 하기야 집에는 어머니와 나뿐, 옆에 말 상대가 없었기 때문이다. 누굴 믿으랴. 이 같은 삶에 나는 이를 악물고 나를 포기하지 않았다. 어머니만 살아 계시면 나는 백배의 힘이 솟을 거라고 생각을 했다. 내가 좀 더 성숙했더라면 어머니를 조금이라도 도와드릴 수 있었는데. 집안이 되어가는 꼴을 보며 나를 붙들고 기막힌 상황을 이야기하고 싶었던 것이다. 그때 처음 엄마의 사랑을 느꼈다. 어찌 엄마의 사랑이 없었을까. 내가 철없이 엄마의 깊은 사랑을 기억 못했으리라.

내가 중학교를 졸업하고 고등학교 진학문제로 어머니와 진지하게 의논했다. 어머니는 형편이 어려우니 사범학교에 가라고 하셨다. 그때 어린 나였지만, 나는 꿈이 있었다. 어머니의 권유를 받아들이지 못했다. 그래도 어머니를 위해 사범학교를 응시하고 결정하리라 생각했다. 그래서 사범학교, 경북여고 두 곳에 원서 신청을 했다. 사범학교는 특차라 70명을 뽑는데 천여 명이 응시했다. 나는 우수한 성적으로 사범학교 시험에 합격했다. 어머니가 얼마나 흐뭇했을까. 결국 나는 어머니의 뜻을 따르지 않고 경북여고를 택했다. 어머니는 나의 뜻에 따라 "너를 믿는다." 라고 말씀하셨다. 그 말씀이 나에게 큰 힘이 되었지만 한편 부담스러운 느낌도 없지 않았다. 내가 올바른 생각을 하고 있는지 갑자기 나는 혼란스러웠다. 고등학교 2학년 말 어머니가 위독하셔서 대구로 모셔왔다. 큰 오빠 집에 계시면서 치료를 받게 되었지만 이미 절망상태였다. 시골에 두고 모셔오지 않은 큰 오빠가 원망스러웠다. 끝내 오빠는 엄마를 실망시켰고 식구들은 가슴을 치며 안타까워했다. 어머니는 병색이 짙어 보이는데도 나를 대하는 미소에는 모든 것을 뛰어넘는 사랑이 묻어있었다. 어머니로부터 주위 사람들이 하나하나 사라져 갔다. 행방불명이 된 아버지와 작은 오빠, 우유부단한 큰 오빠의 처사, 언니의 월북, 없어져 간 그 많은 재산 이 모든 불행이 어머니의 생명을 앗아간 것이다. 이제 어머니의 삶의 끝자락에서 딸인 나와 어머니는 이야기를 했다.

"너는 어릴 때부터 남달랐는데, 다 알면서도 너의 감정을 한 번도 읽어주지 못했지. 미안하다." 하셨다. "엄마 나는 그 덕분에 객관적인 눈을 갖게 됐어."라고 나는 대답했다. "대견한 우리 딸, 저 불쌍한 거, 에미까지 없으면 어쩔고." 한숨을 길게 내쉬며 눈물을 흘리시는 그 때의 엄마의 모습. 너무나 아픈 기억이다.

"내가 죽고 없더라도 네 오래비를 믿지 마라."며 "어떤 어려움이 있더라도 네 자신을 굳게 믿고 헤쳐 나가야 한다."고 당부하면서 시골집 어디에 숨겨 놓은 돈이 조금 있다며 급할 때 요긴하게 쓰라고 일러 주셨다. 그리고 얼마 후 어머니는 세상을 뜨셨다. 나는 정말 눈앞이 캄캄했다. 엄마 없는 세상은 너무 달랐다. 그때부터 나는 고아다. 대학진학은 뒤로하고 교사자격 검정고시를 치고 합격했다. 사범학교를 졸업하고 받은 교사면허와 동등한 것이다. 돈을 벌어 대학을 가기로 했다. 운 좋게 내가 원했던 학교를 발령받았다. 결국 엄마가 간곡하게 바라던 교직에 몸담게 되었다. 나는 정말로 피나는 노력으로 대학을 마쳤다.

1962년 나는 결혼했다. 셋째 오빠의 고등학교 동기인 경북의대를 나온 그 당시 공군 군의관으로 근무하면서 세브란스 안과 레지던트 과정을 거의 마친 사람이었다. 진실 된 한 인간을 만나 나는 축복을 받는 신부가 되었다. 결혼할 때 그렇게 어머니가 사무치게 그리웠다. 제일 먼저 기뻐하고 축하해줄 어머니가 아닌가. 결혼 2년 후 첫아들이 태어났다. 남편은 나의 걸어온 길을 안다. 어려운 환경에서 굳건히 자신을 지키고 스스로 해낸 나의 의지력을 높이 사주었다. 그러나 나의 길은 하늘에 계시는 어머니의 가르침이시다. 신기하게도 어머니가 돌아가시기 직전 대세를 받으시는 축복을 받았다. 세례명은 '장 마리아' 그 당시 우리 집은 불교를 믿었는데 어떤 연유로 하느님의 축복이 시작되었는지 모른다. 그 후 우리 집은 착실한 가톨릭 신자가 되었다. 그리고 나의 오랜 염원이었던 꿈이 남편으로 인해 이루어진 셈이다. 그러다 보니 아들한테 기대했던 어머니는 의사 사위를 봤으니 저세상에서도 흐뭇하셨을 것이다.

지난날, 그 어려웠던 세월 천국과 지옥으로 오갔던 그 시절, 어머니가 내게 해준 숱한 이야기들을 다 기억할 수는 없다. 그러나 나에게 절실한 것은 삶 속에서 선택의 순간마다 어머니가 살아 계셨으면 지금 어떻게 했을까 어머니의 판단을 떠올려본다. 어머니란 글을 쓰면서 어머니와의 삶이 있었기에 오늘 내가 여기에 서 있다고 믿는다. 어머니를 생각하면 가슴으로 밀려오는 감동스러운 어머니의 모습이 멀리서 잔잔한 미소를 보내고 있다. 어머니 난 지금 행복해요. 사랑합니다.

2018년 7월 7일 엄마의 막내딸이

나의 영원한 스승이신 어머니

오경자

나의 어머니 이름은 이근식(1921년생)으로 남자 이름 같은 느낌을 준다. 지금 어머니는 97세이시다. 그렇게 건강하시지는 않지만 평안하게 RENO의 동생 집에 거주하신다. 어머니의 성격이 너무 적극적이시고 무엇이든지 해내는 성격이시다 보니 하나밖에 없는 딸인 나에게 너무나 무리한 요구를 많이 하셨다. 어머니는 능력이 있으시고 모든 일을 잘하셔도 나는 어머니 같지 않았다. 어머니와 딸인 나와의 차이점이 이렇게 사뭇 달랐다. 아무리 딸이라도 능력의 한계가 있다는 것을 어머니는 모르셨나 보다. 무조건 자기처럼 하면 된다는 어머니의 생각이시었다. 나는 어머니의 요구에 미치지 못했다. 그런 어머니 밑에서 나는 자랐다.

나는 평안북도 신의주에서 태어났다. 3살 때 해방 이듬해 우리 식구는 서울로 월남했다. 그리고 3년 뒤 6.25 전쟁으로 우리 가족은 부산으로 피난을 가게 되었는데 피난 생활을 하면서 어머니의 극성 근성이 여섯 살인 나에게 노래와 피아노를 동네 교회에서 개인지도를 받게 하셨다. 일곱 살 때에는 부산 해군 어린이 합창단원으로 노래와 연주를 했다. 이 모든 것이 어머니의 욕심으로 이루어진 것이었다. 그러다 너무 과로하여서인지 나는 기관지가 안 좋아 계속 기침을 해서 결국 노래를 그만두게 되었고, 피아노 치는 것도 너무 싫어서 개인지도 받으러 간다고 악보 책 들고 나가서는 동네 아이들과 공치기 놀이를 하다가 집에 들어가곤 했다. 서울에 환도해서도 어머니는 여전하셨다. 외국의 유명한 피아니스트가 내한 공연을 하면 어머니는 내 손을 잡고 당시 시공관 극장에 강제로 끌고 가다시피 했다. 지금 생각하면 어머니의 극성이 내가 음악을 알게 되었고 그나마 지금 노래도 하고 피아노도 칠 수 있지 않나 생각된다.

우리 집의 아버지와 어머니 두 분 다 평안북도 신의주가 고향이다. 나의 친할아버지는 장로님으로 교회에 열심히 시무하셨다. 서울의대 3회 졸업생으로 신의주 광혜의원을 운영하시면서 피현에서 은행장, 학교 교장, 교회 장로님으로 덕망이 높으셨다. 아들인 아버님은 서울 보성 고등학교를 졸업하고 동경 일본 대학 상과를 졸업하셨다. 운동에 소질이 있어 일본 전국 테니스, 스케이트 선수권을 갖고 계셨다고 한다. 아버지와 어머니의 만남은 친할아버지의 중매로 이루어졌다. 신의주 교회에 할아버지와 어머니가 같이 다녔는데 어머니가 성가대 피아노 반주를 했다고 한다. 할아버지는 맨 앞줄에서 예배를 드리면서 어머니의 인품과 피아노 반주하는 것을 보고 반해서 동경 일본 대학에 다니시던 아버지를 소개 결혼시켰다고 한다. 어머니는 미스코리아에 나올 만큼 미인이시었다. 키도 훌쩍 크셨다. 교회 봉사는 도맡아 하셨다. 부산 피난 시절 어머니는 미군 교회에서 피아노를 반주하셨는데, 그때 영어를 습득했다. 어머니에게 미국 유학의 기회가 온 것은 미국 교회 목사님이 어머니를 예쁘게 봐서 미국 가서 공부하지 않겠냐고 권유를 하면서 목사님이 스폰서도 되어 주시고 추천서를 써주셔서 용기를 내어 문교부 유학 시험과 미국 대사관 시험에 응시 합격하여 1957년 유학의 길로 들어섰다. 그 당시 어머니의 꿈은 이화여사내학 총장 김활란 박사와 같이 훌륭한 교육자가 되겠다는 바람이었다.

1957년 어머니는 미국 유학의 길을 떠났다. 'Dean Hensen Taxas Christian University'에서 사회학을 전공하셨다. 석사학위를 받으시고 곧 San Jose Los Gatos Public School에서 고등학교 학생들을 가르쳤다. 그리고 자리를 옮겨 San Jose Alum Rock School District에 속해 있는 Mecollen Elementary School에서 25년을 미국 아이들을 가르치고 정년퇴직을 하셨다. 60여 년의 미국 생활을 한 어머니는 미국인이었다. 항상 겸손하고 아끼고 절약했다. 그리고 받은 만큼 다시 돌려드리자는 정신이 투철하셨다. 유학 시절 어렵게 공부할 때 Taxas 학교에서 장학금을 받아가며 공부했는데 그 은혜를 잊지 못하여 아끼고 저축한 돈을 학교에 가서 기부금을 내셨다. 어머니는 미국 교회에 나가셨는데 대형 미국교회가 신도가 줄고 재정난으로 인해 교회를 팔기로 했다는 소문을 듣고 한인교회 목사님이 그 교회를 사기를 권유했다. 하지만 목사님이 교회사기를 원했지만, 돈이 너무 부족하다는 말을 듣고 어머니는 기꺼이 목사님을 찾아가서 나도 기부금을 낼 테니 놓치지 말고 꼭 사라고해서 목사님이 그 교회를 사게 되었다고 한다. 한마디로 어머니는 그런 분이다. 정말 통이 크신 분이다.

나의 미국 생활은 하나에서 열까지 어머니의 지도로 살았다고 해도 과언이 아니다. 어머니의 의지대로 살았다. 그러나 나는 어머니의 의지에 따라가지 못하고 반발과 역으로 나가는 경우가 많았다. 지금 생각하니 얼마나 어리석은 짓이었나. 어머니는 내가 미국에서 살려면 반듯한 직장을 갖고 살기를 원했다. 그런데 나는 어머니와 달리 삶에 무관심이었다. 어머니는 나에게 RN 아니면 Beauty College 둘 중의 하나를 택하라고 하셨다. 나는 RN이 적성에 맞지 않아 San Jose Beauty College 미용 쪽을 택했다. 그러나 그게 아니었다. 1,600 시간의 공부를 해야 했고 그 공부 중에 힘든 화학, 생물학, 인체학 등 의과 대학에서 공부하는 과목이었다. 그러려면 아예 의과대학에 갈 것 그랬다. 나는 학교를 그만두겠다고 했다. 그러면 어머니는 나를 설득하고 달래고 학교도 직접 데려다주셨다. 필기와 실기시험은 하루에 다 보아야 하는데 모델은 어머니가 되어주셨다. 시험을 보려고 샌프란시스코에 가서 호텔에서 1박 하는데 나는 잠만 잤다. 어머니는 마음이 조마조마해서 나를 깨워 책을 다시 한 번 보라고 하고 기도를 하고 그러셨다. 결국 첫 번째 시험에 합격하여 라이선스를 취득했다. 이 같은 과정이 어머니의 덕인 걸 나는 별로 어머니께 감사를 하지 않았다. 얼마나 불효인가. 지금 생각하면 얼굴이 뜨거워진다. 그리고 나는 Beauty Salon을 Stanford University 근처 부자 동네에다 크게 차렸다. 8명의 미국 종업원을 데리고 운영했는데, 부자 동네, 콧대가 높을 대로 높은 사람들을 상대로 Shop을 운영하는 것이 쉬운 일이 아니었지만, 나중에는 백인들이 나를 인정해줘 잘 운영해 나갔다. 이 또한 누구의 덕인가. 어머니는 나를 인도하시고도 공치사를 하신 적이 한 번도 없다. 내가 잘해서 성공했다고 하신다. 지금 생각하면 쥐구멍에라도 들어가고 싶은 심정이다. 어머니는 아직도 절약하는 정신에 젖어있으시다. 어머니는 항상 공부하는 자세이시다. 화장실에 가실 때는 꼭 책을 들고 들어가 한 가지라도 배우고 나오신다. 그리고 남을 돕는 정신이 대단하셔서 가능한 모든 분들에게 베푸셨다. 94세까지 운전을 하셨다. 2년 전까지도 악보를 보지 않고 피아노를 치셨다. 그러다 몇 달 전 쓰러지셔서 지금은 Day Care 하는 곳에 가셔서 요양하고 계신다.

나는 어머니 생각을 하면 눈물이 흐른다. 지나간 세월, 어머니와 함께한 세월, 나는 후회를 많이 한다. 어머니의 뜻에 따라 배우고 행동을 했더라면 보다 나의 삶이 나에게 빛이 나고 사회에 공헌했을 텐데 어머니의 뜻을 따라주지 못했다. 그건 앞서도 말했듯이 나는 어머니에 미치지 못했음을 자인한다. 어머니의 평생 "우리는 Korean American으로서 미국 사회에 부끄럽지 않도록 살아야 한다."고 늘 주장하고 강조하셨다. 어머니의 뜻을 지금 나는 지키고 있다. 나는 어렸을 때부터 어머니로부터 음악을 접했고 기독교 가정에서 태어나 하나님과 동행하는 삶을 살아온 것을 감사하게 생각한다.

이 모든 것 어머니의 은덕으로 생각한다. 사랑해요 어머니!

고생만 하시다 떠나신 우리 어머니

윤억섭

지금도 우리 어머니를 생각하면 고생만 하시다 돌아가신 생각에 눈물이 앞선다.

우리 어머니는 40세 때 나를 낳으시고 3년 후에 남편과 사별함으로써 졸지에 홀몸이 되셨으며 그때부터 우리 어머니는 내 위로 있었던 2남 2녀 모두 5남매를 혼자의 힘으로 키우셨다. 성격이 순하신 우리 어머니는 장사 같은 것은 할 수 없었고 또 그만한 자금도 없었으므로 유일한 방법인 노동으로 어렵게 다섯 자녀를 키우셨다. 나의 기억이 닿는 최초의 우리 집은 함흥의 변두리 논 옆의 작은 마을 속에 있었다. 그리고 우리 집에서 얼마 멀지 않은 곳에 높게 쌓은 둑 위로 철도가 지나갔고 그 너머로 일본인이 경영하던 당시 수준으로는 제법 큰 목재공장이 있었다. 우리 어머니가 생계를 위하여 다니신 공장이다. 그 공장은 원목을 가져다가 켜는 곳인데 거기서 나오는 자투리 나무가 한 곳에 많이 쌓이면 한국 아주머니들이 그것을 단으로 묶는 일을 하였다. 이렇게 묶어진 나무는 당시 우리나라를 강점하고 있었던 일본사람들이 겨울 가정용 난방 화목으로 사용하였다고 한다. 어머니는 우리가 나중에 흥남(興南)의 본궁(本宮)이라는 곳으로 이사 올 때까지 10년 이상 이 공장에 다니셨다. 생활이 어렵고 물자가 귀한 때라 다 헤어진 실장갑을 바늘로 꿰매어 끼고 북한의 추운 겨울 날씨에 변변한 목도리며 지금은 흔한 털 옷 하나도 못 입으시고 공장으로 나가시던 어머님의 모습이 지금도 기억에 남는다.

1945년 일본의 패망으로 우리나라가 해방되었으나 한반도는 남북으로 나누어지고 내가 살던 북한에는 김일성의 공산정권이 들어섰다. 우리 가족은 다시 서호(西湖)라는 곳으로 이사하였고 아버지가 돌아가신 후 가장의 책임을 맡은 큰 형님은 본인이 그간 습득한 기술로 조그마한 철공장(대장간)을 마련하였고 그곳에서 낫이며 호미도 만들고 망가진 손수레의 쇠로 된 부분을 용접도 하였다. 어머니는 공산 치하에서 자영업을 하는 형님을 기특하게 생각하시면서 철공장에 오시면 항상 기뻐하셨다. 그런 가운데 생활의 여유도 생겨 항상 셋집으로 다니던 우리 가족이 처음으로 자기 집도 장만할 수 있었으니 이때가 우리 어머니에게 모처럼의 마음 편한 시기였다는 생각이 든다. 그러나 이런 편안함이 오래 가지 못했다. 그것은 우리 큰 형의 건강이(신장계통)이 나빠지기 시작한 것이다. 우리 집에 어려움이 닥쳐온 것이다. 형님은 당시 변변한 약이 없었던 탓으로 좋은 물을 찾아 약수터를 찾아다니시는 것이 고작이었고 마침내는 집에서 멀리 떨어진 장진이란 곳까지 가게 되었고 어머님도 그곳에서 형님을 돌보고 계셨다. 쌀도 생산되지 않고 감자가 주식인 장진은 좋은 약수는 있었을지 몰라도 여러 가지로 생활환경은 좋지 않은 산골 오지였음이 분명했다.

1950년 한반도에는 전쟁이 일어났고 그때 나는 모종의 사건으로 다니던 학교를 그만두었고 서호 인민(초등)학교 선생을 하고 있었다. 어머님은 주로 큰형과 같이 장진에 계시면서 그간 몇 번 집에 다녀가셨다. 어머니는 형님의 병간호로 산골에서 고생이 많았으리라고 생각되었다. 일찍이 홀몸으로 다섯 자녀를 양육하기 위해 고생하시던 어머니는 그간 큰형님의 공장이 어느 정도 자리를 잡으면서 집도 사고, 생활도 전보나 많이 좋아졌는데 형님의 병환으로 어머니는 다시 심신의 어려움을 겪게 된 것이다. 나는 학교 선생을 하면서도 멀리 계시는 어머니가 항상 보고 싶었다. 그래서 어머니가 집에 오셨을 때 어머니 계시는 곳으로 가는 방법도 자세히 물어보았다. 그곳에 가려면 이곳 서호 역에서 기차(기동차)를 타고 '오로리(五老里)'라는 곳까지 가서 다시 다른 교통수단을 이용하여 간다고 말씀하셨다. 그때 내가 나가는 학교는 8시에 시작되었고 매일 아침 7시 45분에 서호 역에서 오로리로 가는 기차가 출발하였는데 정확히 7시 30분이면 출발 15분 전을 알리는 기적을 울렸다. 나는 7시 30분이면 식사도 마치고 학교로 출근할 준비가 되어 있었는데 '내가 지금 기차역으로 뛰어가면 10분이면 도착하니 저 기차를 타고 어머니에게로 갈까?' 하고 망설이던 일이 한두 번이 아니었다.

그때 어머니 계시던 곳이 그 후 미 해병대와 중공군이 대혈전을 벌인 유명한 동토의 땅 장진(장진 호수와 장진 발전소가 있는 곳)인데 만일 그때 내가 장진으로 갔다면 어머니를 만났을지는 몰라도 그 후의 일은 어떻게 되었을지 모른다. 아마 전쟁터에서 나오지 못했거나 나오더라도 많은 고생을 하였을 것이 분명하였다. 그런데 하나님은 역시 나를 가지 못하게 막으신 것 같다는 생각이 든다. 40세가 넘은 나이에 막둥이로 낳은 나를 끔찍이 사랑하신 어머니는 앞서 말 한대로 장진에서 서호집으로 몇 번 다녀가셨다. 그리고 어느 날 그날도 전과 같이 다녀가신 후 그것을 마지막으로 다시 오시지 않았다. 아니 못 오신 것이다. 이렇게 나는 허망하게 꿈에도 못 잊을 어머니와 헤어지게 되었으며 그 후 어머니의 소식은 더 이상 알 길이 없었다.

1950년 말 중공군의 개입으로 한국전에 새로운 장이 열렸다. 인천 상륙 후 파죽지세로 북진하던 UN군이 중공군의 기습을 받아 총 후퇴를 시작하였고 동해안의 흥남항에선 유명한 1,4 후퇴가 시작되었으며 이때 공산당을 등진 많은 북한인이 남하하였다. 나도 서호에서 민간 어선을 타고 남하하여 울산 옆의 장생포란 곳에 도착하여 그곳의 미군 부대에서 일자리를 구함으로써 나의 남한에서의 피난 생활이 시작되었다.

몹시도 춥던 그해 겨울이 지나고 장생포에도 봄이 오면서 밭에는 푸른 보리가 자라고 있었다. 나로선 처음 보는 넓고 푸른 보리밭이 마음에 들고 매우 인상적으로 느껴졌다. 아마도 이때쯤이라고 생각한다. 하루는 밤에 꿈을 꾸었는데 내가 살던 서호 집이었다. 대문을 열고 들어서니 어머니가 흰옷을 입고 마루에서 나를 반기고 있었다. 나는 그렇게 보고 싶던 어머니를 보는 순간 어머니를 부르면서 달려가다 잠에서 깼다. 나는 울면서 잠을 깬 것 같았다. 그 순간 나의 머리에 직감적으로 들어오는 느낌이 있었다. 아! 우리 어머니가 돌아가셨구나 하는 생각이었다. 어머니가 막둥이인 나를 못 잊어 돌아가셔서 꿈에서 나타나셨구나 하는 생각에 너무 슬퍼서 많이 울었던 생각이 난다. 앞서 말 한대로 장진에서 요양 중인 형님을 돌보던 어머니가 몇 번 틈을 내서 서호에 오셨는데 어느 날 평소같이 다녀가신 후 그것을 마지막으로 소식이 끊겼다. 나는 이것이 어머니와의 마지막 만남이 되리라고는 생각을 못 했고 아마 우리 어머니도 그랬을 것이다. 나는 막둥이인 탓으로 어머니의 사랑을 많이 받았고 나도 어머니를 몹시 따랐다. 나이 40에 남편을 여의고 노동으로 5남매를 키워 오신 어머니, 참으로 순하고 마음씨 착한 우리 어머니는 고생만 하시다 돌아가셨다는 불쌍한 생각과 자식으로 효도 한번 제대로 못 했다는 자책감을 지울 수가 없었다.

어릴 때 나는 자주 배가 아팠다. 그러면 어머니는 “내 소이 약 소이요(내 손이 약 손이요), 내 소이 가시 소 이요(내 손이 가시 손이요)”라고 하시면서 나의 배를 쓰다듬어주었다. 그런데 약 손이라는 말의 뜻을 알만하지만, 가시 손이란 뜻은 지금도 잘 알 수 없다. 아마도 배가 아픈 것이 어떤 악령의 탓으로 보고 그것을 가시가 달린 손으로 쫓아낸다는 뜻이 아닌가 생각된다. 여하튼 이렇게 주문(?)과 함께 배를 만져주면 배가 신기하게 나아지곤 하였다. 그러나 한 번은 몹시 아파서 어머니가 나를 한의원에 데리고 갔다. 당시 우리 집은 생활이 어려워서 어디가 아파도 그대로 자연치유를 기다리든가 아니면 효과가 의문시되는 민간요법에 의지하는 것이 전부였고 의사에게 간다는 것은 어려운 일이었다.

그러나 내가 자주 배가 아프고, 쓰리고 하니까, 어느 날 어머니는 없는 돈을 내서 나를 한의원(지금의 한의사)에게로 데리고 간 것이다. 한의사는 나이 많고 길고 흰 수염이 달린 할아버지였는데 그때의 일반적인 치료법은 침이었음으로 나는 지레 겁먹고 울상이 되어 한의사 할아버지의 눈치만 살폈다. 나의 손목을 잡고 진맥을 한 할아버지는 아니나 다를까 나더러 누우라고 하더니 지갑 같은 데서 대못만한 침을 꺼냈다. 겁에 질린 나는 울어댔지만, 소용이 없었다. 나의 배의 어딘가를 찌른 그 침이 무지하게 아팠다. 침을 꼽고 할아버지가 침의 까칠까칠한 부분을 손끝으로 긁을 때는 더욱 아팠다. 침을 놓은 한의사 할아버지는 한 대 더 맞아야 한다고 하였으나 나는 울면서 결사 항거하였다. 그러자 할아버지는 우리 어머니보고 아이가 아침을 먹고 왔느냐고 물었다. 어머니가 식전이라고 하자 한의원은 한 대만 딱 더 놓았으면 좋겠는데 식전이니 힘이 달릴 것 같다고 하시면서 아쉬워했다. 그래서 침 한 대로 끝났는데 그 후 거짓말같이 나의 배 아픈 것이 사라졌다. 나는 그 후 어른이 된 후에도 그때 일을 생각하면 그 할아버지의 놀라운 침 기술에 감탄 했고 그때 한 대 더 맞지 않았던 것이 몹시 후회되었으며 어려운 살림살이에도 나를 의원에게 데리고 간 어머니의 생각을 잊을 수 없다.

어머니의 고향은 강원도 양양이라고 들었다. 어머니의 형제간은 몇이나 되는지 모르지만, 어머니의 세 자매 즉 나의 이모 둘도 모두 함흥 부근으로 시집와 살고 있었다. 그리고 큰이모가 한두 번 우리 집에 오신 기억이 나는 데 그럴 때면 무슨 이야기가 그렇게 많으신지 두 분은 주무시지 않고 밤늦게까지 누워서 말씀을 나누시곤 하였다. 함흥과 서호의 거리는 약 12km로 지금으로 치면 지척이지만 교통이 어려웠던 당시는 아마도 자매간이 만나기엔 먼 거리였었는지 모른다. 그래서 한번 만나면 주무시지 않고 그렇게 많은 이야기를 나누신 모양이다.

한 번은 우리 어머니가(아마도 이모들과 같이) 10일 정도의 일정으로 친정인 강원도 양양에 다녀오신 적이 있었는데 그 짧은 시간 동안도 나는 어머니의 오실 날을 손꼽아 기다렸다. 그때 친정에 다녀오신 어머니가 우리에게 말씀하셨다. 함흥에서 원산까지만 기차를 타고 거기서부터 양양까지는 대중교통편이 없어 걸어서 가셨다고 한다. 가는 도중에 유명한 금강산을 지났다고 하시면서 높은 봉우리 위에 큰 바위가 놓여 있는 금강산의 신기하고 아름다운 광경을 나에게 말씀하셨다. 이렇게 길에서 많은 시간을 보내다 보니 실제 친정에서 부모님과 같이 보낸 시간은 아마 많지 않았으리라 생각된다. 어머니는 또 말씀하셨다. 친정집을 떠나는 날 연로한 부모님과 헤어지면서 이분들을 다시 못 뵐지 모른다는 생각에 눈물이 나고 가슴이 아팠지만 집을 향해 오면서 자식들을 만날 생각을 하니 이런 슬픔도 다 이겨낼 수 있더라고 말씀하셨다. 사랑은 내리사랑이라고 말했든가. 자식이 무엇인지 효도도 한번 제대로 못 하고 곁을 떠난 불효자식을 어머니는 그렇게 사랑하신 것이다.

어머님의 고향이 양양이라서 나는 양양에 대해 일종의 애정 같은 감정을 느낀 것이 사실이다. 그래서 내가 한국에 있을 때 한번은 양양에 갔던 길에 그곳 사람들과 이야기하면서 나의 어머니의 고향이 이곳 양양이고 성이 이 씨라고 하였더니 그분은 양양은 원래 이 씨가 많이 살던 고장이라고 하였다. 다분히 어머니 계통의 후손들이 지금도 그곳에 살고 있을 것으로 생각되었다. 그러나 어머니의 막둥이인 내가 그때 벌써 팔순이 넘었으니 어머니 계통의 후손을 찾은들 무슨 핏줄의 감정을 느끼겠느냐는 생각이 들면서 한 노인의 어머니 고향에 대한 씁쓸한 향수에 불과하다는 들었다.

나는 이북에서 나오면서 어머니 사진을 한 장 가지고 왔고 70년 가까이 지난 지금도 보관하고 있는데 그간 피난살이 등의 세월을 거치면서 사진이 많이 상했지만, 그것이 나에게 그리운 어머니의 모습을 보는 유일한 길이 되고 있다.

병상 회고

이황

나는 간염으로 인해 생사의 기로에 섰다가 2002년 10월에 타인의 간을 이식받고 지금 회복 중에 있다. 하나님의 크신 은혜를 받은 것이다. 벌써 근 30년 전 이곳 미국에 이주하여 살게 하신 것이 이곳의 좋은 의료 혜택을 받도록 계획하신 것으로 생각하며 감사한다.

간이 나쁘다하여 그대로 방치 할 수는 없었고 치료를 하며 1년을 보냈다. 말이 치료이지 암모니아 수치가 오르면 집 사람과 아이들은 나를 끌고 정신없이 응급실로 달려갔고, 입원을 했다 싶으면 퇴원을 했으며, 집에 왔구나 싶으면 다시 응급실로 다시 달려가곤 하기를 1년을 했다. 여간 부지런하지 않으면 나를 문병하기조차 힘이 들었다고들 했다.

당시 의사의 말로는 간 이식이 아니면 살 수 있는 방법은 없고, 그때가 오늘이 될지 다음 주가 될지 가늠할 수가 없다는 말을 했다. 형편이 그러하니 8월에 결혼을 하기로 되어 있던 딸아이가 아빠 없는 결혼은 생각도 할 수 없는 일이라며, 식장에 아빠를 업고서라도 입장하여 아빠와 함께한 결혼식을 하겠다며 결혼의 모든 일정을 앞당기어 함박눈이 내려 무릎을 가리는 날에 결혼식을 치르기도 했다. 나는 병원의 배려로 몇 시간 특별외출을 허락받고 결혼식에 참석할 수 있었다. 신부 입장 때 딸아이가 나를 끌어안다시피 부축하며 입장하여 결혼식 분위기를 숙연하게 한 것이 지금까지 미안하고 또한 고맙다.

나는 이식수술을 받았다. 하나님의 은혜로 아주 늦지 않은 시간에 나에게 맞는 간을 만날 수 있었다. 수술은 성공적이었고 회복실과 일반병실을 거처 퇴원을 하고 집으로 돌아왔다. 집으로 오고 이틀 후 갑자기 피를 토하기 시작했다. 간에 이상이 있는 환자에게 체내의 출혈은 상당히 심각한 문제라는 것을 알고 있던 터라 급하게 응급실로 달려갔다. 식도와 위에 출혈이 있다고 했다. 의사들의 수고로 지혈은 되었다. 그간 과다히 복용한 여러 가지 약 때문에 식도와 위에 손상을 준 것으로 여겨진다는 것이었다. 응급으로 지혈은 되였으나 이때부터 문제는 시작되었다. 수술의 회복을 위해서, 또 어느 날 갑자기 나타날 남의 장기를 받아드려야 하는 면역 체계의 혼란을 잠재우기 위해서 나는 많은 양의 여러 가지 약을 복용해야 만하는 처지인데 식도와 위에 탈이 생긴 것이다. 설상가상으로 상처부위는 무슨 바이러스에 감염이 되어 통증을 불러 왔다. 그 아픔은 어떻게 설명할 수가 없을 정도로 심했다. 약을 먹어야 하는데 물을 넘길 수가 없었다. 모르핀 주사를 손가락에 붙여주고 필요할 때마다 주입이 되도록 해놓았는데도 그것도 도움이 되질 않았다. 통증으로 너무 괴로워하는 날 보고 병원 social worker가 삶을 포기하는 게 어떠냐고 나에게 의견을 묻는 일까지 있었다.

이식되어 내 몸 속에 들어와 있는 간은 점차 기능을 발휘하고 있는데 엉뚱하게 위와 식도의 상처부터 치료해야 하는 문제가 시급하게 되었다. 그 고통스럽고 기나긴 겨울밤을 침대시트를 꾸겨 어금니로 물고, 또 뒤집어쓰고, 울며 흐느끼며, 세상 떠난 지 벌써 20년이 넘은 엄마를 찾으며 애절하게 반복하여 절규하며 밤을 지새우곤 했다.

엄~마아, 엄마~아. 엄마, 지금 어디 있어….

나 지금 많이 아픈데 내 옆에 있지 않고 어디 있는 거야? 응 엄~마.

이렇게 어금니에 이불자락을 꾸겨 넣고 앙다물어도 어떻게 참을 수가 없네. 엄마.

엄마만 옆에 있어 주어도 참고 위로가 되겠는데, 엄마는 어디에 있는 거야. 응, 엄마.

엄마 생전에 평생을 예수님만 예뻐하며 사셨는데, 엄마야,

예수님께 부탁 좀 드려주지 않고 뭘 하고 있지?

불쌍한 우리 황이 지금 많이 아프니 같이 가서 한번 안아주고 오자고 조르지 않고 뭘 하고 있는 거야, 엄마.

예수님 오시어 한번만 안아 주시면 이 고통에서 헤어나겠는데…. 엄마.

그래야 나 좀 살 것 같은데.

엄마 세상 계실 때 예수님 다음으로 나 예뻐했잖아?

엄마. 내말 한번 들어줘 응. 엄마가 말씀드리면 금방 엄마 말 들어 주실 거야.

엄마, 엄~마. 나 지금 많이 아픈데 내 옆에 있지 않고 어디 있는 거야, 응 엄마야.

은혜 가운데 날은 밝고 찾아온 딸에게 어제도 하였던 같은 이야기를 또 했다.

"세라야, 아빠는 지난밤에도 또 엄마를 찾으며 울었단다." 하고 이야기를 하면, "아빠, 할머니는 아빠가 할머니 찾기 전에 벌써 아빠 아픈 것 알고 예수님께 아빠 부탁한 것 알아야해." 하며 또 위로한다. 성공적인 수술이 하나님의 은혜라는 것이다. 할머니가 벌써 예수님께 간청을 드렸던 것이고, 아빠 지금 아픈 것도 예수님이 벌써 알고 계시니 곧 좋아질 줄 알고 있으란 이야기다. 늘 아기로만 여겨왔던 딸아이가 갑자기 어른이 되어 나를 안아주는 것 같아 위로가 된다.

피조물 사람이 창조주 하나님의 뜻을 헤아리는 것은 불가능 하다. 하나님은 언제나 진행 중이시다. 어느 한 사건이 시작되어 발전하고, 만개하고, 시들고, 사멸되어 그 사건이 종료되었다 하여도 그 시종이란 사람들의 이야기이고 판단일 뿐이다. 하나님으로서는 그 사건 전부가 어느 다른 사건의 준비를 위한 것일 수 있기 때문이다. 내가 또 한 가지 깨달은 것은 하나님은 항상 진행 중이시기 때문에 조건 없이 있는 처지에서 감사하며, 순종하며 살아야 한다는 것이다. 성경의 요셉의 성장과정은 한 순간 순간들이 시작과 끝이 있는 사건의 연속이야기로 보여 진다. 하지만 그것은 먼 훗날 이스라엘 민족의 출애굽사건을 예비하신 것이고, 또 그 출애굽사건은 진 인류에게 '나 여호와 하나님만 오로지 섬겨야 살고 그렇지 않으면 반드시 죽는다.'는 교훈을 주시려 한 사건으로 생각 된다.

하나님께서 일찍이 나를 이곳 미국에 이주해 살게 해 주신 것이 늦지 않은 시각에 적당한 간을 만나고 좋은 의사를 만나게 하시려는 계획된 일로 생각되어 감사한다. 엄마는 생전에 항상 우리 황이를 통하여 하나님 영광 받으시는 아이 되게 해달라고 기도하셨다. 그러니 우리 딸아이가 하는 말 예수님이 벌써 할머니의 기도를 들어주셨다는 말이 맞는 말이다. 어째서 나에게 병든 간을 주셨냐고 창조주 하나님께 따져드는 것은 신앙인의 태도가 아니다. 의사가 얼마(1주일이나 한 달?) 못 살 것이란 말을 했을 때 아이 엄마의 손을 잡고 하나님께 감사한다고 했던 말이 생각난다. "많은 사람이 자신의 죽을 때를 모르고 죽는데, 나는 죽을 때를 알고 죽음을 준비하며 죽게 되었으니 얼마나 복 받은 사람이냐."고 바보 같은(?) 말을 했었다.

지금은 큰 수술 받은 사람으로서의 불편함 말고는 별 문제가 없이 회복 중이다. 어떤 일을 준비하시려 나에게 이런 일을 겪게 하셨는지 마음으로 준비하며 감사하며 살고 있다.

힘들 때 소리 높여 부를 수 있는 엄마를 주시고 나를 지켜주시는 하나님은 참 고마우신 분이시다.

2006. 9. 7.

긴 옷고름 푼 어머님의 사랑

이강민

어머니! 하고 불러보면 마음속 깊이 솟아오르는 뜨거운 어머니의 사랑을 느낍니다. 늦게 얻은 귀한 아들 하나 잘 키워보시겠다고 모든 정성을 다하신 어머님을 생각할 때마다 늘 나의 눈시울이 뜨거워집니다. 빨리 키워서 열일곱 살 되면 장가보내겠다고, 나의 어린 자식을 서당(書堂)에 보내니 그것을 잘 감당하지 못해 울고 오는 아들을 보고 결국 '담배 봉초' 두 봉지 들고 서당 선생님께 양해를 구하고 유치원에 들여보냈습니다.

유치원에서 뛰고 놀기만 했던 자식을 일곱 살 때 국민학교에 보내니 그 자식 또 학교 공부 잘 감당치 못해 3학년이 될 때까지 중요한 과목인 국어와 산술(수학)에 가(可)만 받아 오니 하루는 어머니가 골방에 데려가 어머니의 길고 긴 옷고름을 풀면서 "너하고 같이 목매 죽자, 나 너 하나 믿고 사는데 공부를 이토록 못하니 창피해서 못 살겠다. 죽기 싫으면 내일 장터에 나가 지게를 하나 사줄 터이니 지게지고 산에서 나무나 해 가지고 오너라." 나는 어머니의 그 위협 바람에 국민학교를 졸업할 때 우등생으로 졸업했고, 중학교에 들어가서는 같은 학급에서 일등을 했다. 그 때 기뻐하시고 자랑스럽게 여기시던 어머니의 모습이 지금도 생생하게 떠오르신다.

아버님을 일찍 잃고 어머님 혼자 이 못난 자식 교육 시키느라 고생을 많이 하셨습니다. 어머니께서는 열 마지기 벼농사로 겨우 먹고살고 있던 땅을 팔아 나를 형이 있는 광주로 보냈습니다. 정성 어린 어머님의 사랑과 기도로 이 자식은 대학을 졸업하고 스물다섯에 결혼을 했습니다. 그동안 어머니는 중풍으로 한쪽이 약해지셔서 지팡이를 짚고 겨우 혼자 다니시면서 외롭게 사셨습니다. 결혼 후 신혼여행으로 고향에 계신 어머니를 뵈러 갔습니다. 시집온 며느리가 생굴을 좋아한다는 것을 아시고, 지팡이 짚고 어려운 발걸음으로 장터에까지 가셔서 굴을 사가지고 며느리에게 주시면서 "새색시에게 큰 상 차려 주지 못해 미안하다."라고 하셨습니다.

열일곱 살 때 장가보내면 아들 며느리에게 주려고 일찍이 장만했던 자개농들, 손님 대접할 때 쓰는 '차이나' 그릇 등 모두 6 · 25 동란 때 없어지고 아무것도 주지 못하는 어머니의 심정을 실토하였습니다. 결혼 후 혼자 계시는 어머님을 모시려고 했는데 강원도에서 군의관으로 복무하고 있었기에 겨울을 지나 해동(解凍)하면 어머님을 모시려고 했습니다. 그러나 어머님은 그 겨울을 넘기지 못하고 심한 뇌출혈로 깊은 혼수상태에 빠지셨습니다. 뜻밖에 소식을 듣고 일선에서 달려와 "어머니! 어머니! 어머니!" 하고 불러보고 몸부림쳤지만 어머니는 아무런 반응이 없었습니다. 의사가 된 자식이지만 어머니를 위해 아무것도 하지 못하고 사흘 만에 돌아가셨습니다.

나는 '어머니 날'이 올 때마다 교우들에게 그리고 젊은 자녀들에게 "부모님이 살아 계실 때 효도하라"고 합니다. 해동한 후에, 돈을 번 다음에, 집 장만한 뒤에, 성공한 후에 등등의 이유로 효도하는 것을 뒤로 미루면 이미 늦어 버린다고 말하고 싶습니다.

子欲養而親不待 (자욕양이친부대)
자식은 봉양하고자 하나 부모님은 기다려 주시 않네.
去而不見者親也(거이불견자친야)
나가시면 다시 볼 수 없는 것도 어버이이시라.

사랑하는 어머니! 보고 싶어요.
나를 키워주신 어머니 하늘에 가서 모실게요.
어머님의 사랑을 통해 하나님의 사랑 알게 되었네.
어머님의 사랑을 통해 제 자식도 사랑할 수 있네.
어머님의 그 넓고 깊은 사랑.
하나님 사랑과 비교할 수 있을까.
오! 하나님 감사합니다.
이 불효자식에게 좋으신 어머님을 주시고.
그 어머님을 통해 하나님의 사랑을 알게 해 주셔서
감사합니다.

어머니날에 자식 이강민 드림

닮고 싶은 우리 어머니의 최후

이경성

울 엄마, 어머니라는 말만 들어도 눈시울이 뜨거워지는 것은 비단 나만이 그런 것은 아니리라. 그것은 어머니께 못 다한 사랑과 후회하는 마음이 엉켰기 때문이 아닐까.

어떤 인연의 소치인지는 모르겠으나 나는 4남매의 막내딸로 태어났다. 내가 태어난 지 3개월 만에 아버지가 돌아가셨다니 이 무슨 운명의 장난이란 말인가! 운명치고는 참으로 기구하다 하겠다.

이때가 어머니 나이 32세, 한창 젊은 나이에 덩그러니 어린 4남매만 남겨 놓고 남편은 저세상으로 가버렸으니 얼마나 세상이 야속하고 남편이 미웠을까.

그러나 11살, 10살짜리 연년생 두 딸과, 8살 아들, 그리고 갓 태어난 젖먹이 딸 등 어린것들 하고 어떻게 하든 우선 먹고 살아야 했으니 누구를 미워하고 원망할 겨를조차 없었던 울 엄마, 낫 놓고 기역자도 모르는 무식한 여자 울 엄마. 그러나 자식들만은 배 안 골리고 애비 없는 자식 소리 안 듣게 하려고 허리가 휘어지도록 일하며 우리 4남매를 키워주신 거룩한 여성, 우리 어머니 최부전 여사.

엄마는 서울 자하문 밖에서 조그만 과수원을 운영하셨다. 봄이면 능금, 자두, 앵두, 살구가, 그리고 가을이면 감과 밤이 시장으로 팔려나갔다. 별로 크지 않은 과수원이니 수확이 많을 리도 없어 근근이 우리 가족이 먹고 살만 한 정도였으나 여인네 혼자서 짓는 농사치고는 감당하기 몹시 어려운 노동이었다. 그런 엄마를 옆에서 보고 자란 탓인지 나는 어려서부터 엄마를 도우며 자랐다. 공부도 잘 하고 착한 성품에 말썽 안 부리고 엄마를 도왔다. 어머니는 내게 엄마이며 아버지였고, 나는 엄마에게 딸이며 남편 대역이었다. 우리는 그렇게 서로를 의지하고 살았다. 반면에 하나 있는 아들은 중, 고등학교에 다닐 때 말썽을 많이 부려 엄마가 학교에도 많이 불려 다녔다. 그 때문인지 엄마는 아들을 결혼시키면 절대로 같이 안 산다고 주문을 외우다시피 했다.

내가 간호대학을 졸업하고 사귀는 남자가 생겼다. 엄마에게 결혼 이야기를 했더니 사주를 먼저 봐야 한다고 했다. 그리곤 사주가 너무 나빠 결혼을 허락할 수 없다고 하시는 게 아닌가. 난 지금 시대에 무슨 사주가 인간의 운명을 가르겠냐며 결혼을 하겠다고 우겼다. 내가 생전 처음으로 엄마의 말씀을 거역한 계기가 되었다. 아마도 그때 엄마도 무척 실망하고 마음 아파 하셨으리라 짐작되지만, 그 당시에는 눈에 콩깍지가 씌어 어떤 말도 귀에 들어오지 않았다. 다행히 오빠와 올케가 중간에서 우리의 결혼을 성사시켜 주었다. 약혼식도 하고 비원 앞의 예식장에서 만인의 축복 속에 결혼식도 올렸다. 그러나 약혼식에도, 결혼식장에서도 엄마의 얼굴은 보이지 않았다. 남편의 너그러운 이해와 위로 속에 시집 식구들의 눈치도 봐야 했기에 아무렇지도 않은 듯 신혼여행을 떠났지만, 엄마의 빈자리는 내 가슴속 한 곳을 도려내기에 충분했다. 다행히 남편은 엄마의 속마음을 읽고 있어 서운해 하지도 않고 나를 위로해 주었다.

엄마는 속으로 어렵게 키워 간호대학까지 마친 딸이 의사와 결혼해 주었으면 하는 바람이 있었다. 그러나 내가 결혼하겠다는 청년은 의사는커녕 아주 평범한 월급쟁이 남자였으니 엄마의 기대에 한참 못 미치는 처지라 반대가 당연했을지도 모르겠다. 이런 엄마의 속마음을 아는 남편은 이렇게 나를 위로해 주었다. "내년에 손자만 하나 낳아 봐라. 장모님의 얼었던 마음이 우수경칩에 얼음 녹듯 다 풀릴 거다."

아니나 다를까. 2년 터울로 아들 둘을 낳고 보니 엄마의 마음은 180도로 달라지셨다. 결혼 후에 처음 집을 살 때도 엄마는 많은 돈을 지원해 주셨다. 그리고는 손자들을 보려고 뻔질나게 우리 집에 오셨다. 언제나 부모는 자식에게 지기 마련인가 보다.

1975년, 우리는 뉴욕으로 이민을 갔다. 2년 후에 엄마도 막내딸과 손주들이 보고 싶어 뉴욕으로 살러 오셨다. 말이 안 통하는 외국에서 딸과 사위는 일하러 가고 어린 손자 둘만 데리고 하루 종일 있자니 얼마나 지루하고 무료하셨을까. 처음에는 창살 없는 감옥이라고 하소연을 하셨으나 생활력이 강한 엄마는 금방 근처의 봉제공장에 다니는 엄마 또래의 아주머니를 사귀었다. 그리고는 쉬운 일감을 집으로 가져와 아이들을 보면서 심심풀이로 일을 하시더니 아이들이 학교에 다니기 시작하자 아예 본업으로 바뀌었다. 아이들이 공부를 잘해 뉴욕에서 제일 좋은 중학교에 시험을 봐서 합격하니 엄마에게는 그것이 자랑거리였다. 언니나 오빠네 아이들은 공부를 썩 잘하는 편이 아니었기에 우리 아이들이 몹시 대견한 모양이었다.

아이들이 커서 대학에 진학한 후의 어느 날, 엄마가 갑자기 이상해지셨다. 발음이 어눌해지고 말에 조리가 없어졌다. 그러나 겉으로는 아무런 징후가 발견되지 않아 며칠을 지내다 의사에게 모시고 갔다. 나이가 지긋한 의사 선생님은 아무래도 이상하다며 엄마를 근처의 큰 병원에 입원을 시켰다. 검사 결과 뇌에 출혈이 생겨서 빨리 수술을 해야 한다고 했다. 뇌 속에 피가 흘러 신경을 눌러서 그 피를 빨리 걷어내야 정상적인 언어가 가능해진다고 했다.

서둘러 수술 날짜를 잡고 수술을 했으나 결과는 별로 나아지지를 않았다. 다시 그 병원의 가장 권위 있는 의사를 섭외해서 재수술을 하게 되었다. 그러나 80을 바라보는 노인에게 감당하기 어려운 수술이었다. 그것도 뇌수술임에랴.

12월의 매우 추운 날, 새벽 5시에 수술을 한다고 했다. 남편과 나는 수술실 밖에서 수술이 잘 되기만 초조하게 기다렸다. 수술이 잘 되서 머리에 고인 피는 말끔히 걷어냈는데 결과는 좀 더 지켜보아야 알 수 있다고 했다. 며칠 후 퇴원을 하고 엄마를 집으로 모셔 왔는데 머릿속에서의 생각과 말이 일치하지 않는 것 같았다. 작은 아이보고 큰 아이 이름을 부르고 남편보고 작은 아이 이름을 부르는 등 사고와 언어가 틀려지는 것이었다.

며칠을 고민하다 오빠네 집으로 모셔가기로 결정을 했다. Y 통신의 국장을 지내다 정년퇴직하고 올케도 집에 있기에 모시기에 큰 어려움은 없어 보였다. 더구나 엄마는 돌아가실 때는 오빠 집에 있어야 아들 체면을 세워준다고 늘 말씀하셨다. 또 17년을 우리와 함께 사셨으니 오빠 내외에게는 충분한 자유를 준 셈이었다. 평생 시어머니 안모시고 살았으니 반대할 명분도 없었다. 엄마가 한국으로 들어가신지 한 5년쯤 후에 엄마가 돌아가셨다는 연락을 받았다. 평소에 낮에는 노인정에 나가 시간을 보내다 저녁이면 들어와 식사하고 주무신다고 했다. 아침이면 항상 커피를 한 잔 마시고 하루를 시작하셨다는 엄마였다.

돌아가시는 그 날 아침에 화장실에 다녀오는 엄마를 오빠가 보았는데 커피 시간이 되도 안 나오셔서 엄마를 부르러 방에 들어갔더니 주무시는 듯이 편안히 가셨다는 것이다. 세수 84세, 어느 여인의 일생이 이다지도 기구하고 험난했을까.

32살에 청상과부가 되어 어리디 어린 4남매를 먹이고 입히고 공부시키며 사심 없는 정성과 노력으로 자신을 희생하신 울 엄마, 엄마가 하신 고생을 어찌 다 말로 표현할 수 있을까. 부지런하고 강직하신 엄마는 인정도 많아 어려운 사람을 보면 그냥 보내지 않으셨다.

그런 어머니를 보내며 평소에 잘 해드리지 못하고 내 고집만 부린 회한이 가슴에 맺혀온다. 그래도 엄마는 원불교에 귀의해 부처님의 가르침을 잘 받든 때문일까, 언제나 말씀하시길 죽을 때는 편안히 자다가 갈 거라고 하셨는데 정말 소원대로 이루셨다.

자식들 고생 안 시키고 당신도 고통 없이 편안히 가셨으니 인생의 최후를 가장 멋있게 장식하고 가신 울 엄마, 이제 내 나이도 고희를 넘겼으니 언젠가는 갈 터인데.

나도 울 엄마처럼 인생의 최후를 멋지게 장식하고 가고 싶다. 어머니, 사랑합니다.

우리 어머니

이규조

12월 14일은 겨울이면서도 따사로운 안개 낀 날이었다.

자욱한 안개가 개기 시작한 11시경, 나는 애용하던 책과 점심 김밥으로 채워진 륙색을 짊어지고 집을 나섰다. 달포 전에 시작된 중공군의 남침으로 피난민 남하가 거의 막바지에 접어들면서 서울 북방의 개성에서도 피난민 행렬의 물결이 시작된 지 한참 되었다. 어머니. 아버지께서 떠나는 나를 배웅해 주시려 대문 앞에 서 계신 모습이 아직도 눈에 선하다. 나는 두서너 달 후면 다시 돌아올 것이라는 가벼운 마음으로 길을 나서며 어서 집에 들어가시라고 인사드렸다. 이때가 어머님과 아버님과의 마지막이었으며 어언 68년이 지나고 있다.

1950년 6.25 전쟁이 발발해서 3개월 동안은 공포와 강압적인 수색과 연행, 살상이 자행되는 살벌한 나날이었다. 인민군 선발 공격부대가 지나가고 보급 부대와 예비부대까지 지나간 후 UN군과 미군의 참전이 시작되었고 미공군의 출격이 시작되자 인민군의 사상자가 급증하였다. 인민군은 사상자의 공백을 채우기 위해 남한 민간인의 강제 징발이 시작되었다. 가용인력을 마구잡이로 연행하여 갔으며, 모병 요청에 호응이 없자 가가호호 기습 색출로 강제 연행되고 연행 중 처형이 비일비재하였다. 적령 층은 물론, 심지어는 키가 좀 큰 소년 또는 중년남자도 결코 예외일 수 없었다. 남자가 있는 집은 어느 집이건 전전긍긍하며 어느 시간에 들이닥칠지 모르는 색출자들의 내방에 대비하고 있어야 했다. 그 당시 51세의 우리 어머니도 군수품 운반책으로 개성에서 판문점을 거쳐 임진강에 이르는 왕복 100리 노역에 몇 번인가 동원되셨던 것으로 기억된다. 우리가족 생계를 맡으신 어머니의 역할은 노역 동원뿐만 아니고 물건을 내다 팔아 식량을 구입하고 그 돈으로 식구들의 배를 채워주었다. 어머니가 아니었다면 우리가족은 굶어 죽었을 것이다.

인민군 치하에 너무나 고생이 많으셨던 어머니를 뒤로하고 나는 임진강을 향해 집을 나섰고 남하 행렬은 줄을 이었다. 북한 피난민들의 행렬은 장사진을 이루었고 임진강에 이르러 피난민은 겹겹이 쌓여 인산인해를 이루었다. 도강을 위해 많은 인파가 얼키설키 엉킨 모습은 전쟁을 방불케 하고 있었다. 서로 먼저 나룻배에 오르려고 난동을 부리는 바람에 강변은 아수라장이 되고 있었다. 철교 쪽에는 그때만 해도 아직 폭파되었다가 복구가 된 가교가 그대로 걸려있었다. 마침 그 위로 후퇴하는 미군차량이 줄을 이어 밀리며 지체하였다. 이 통에 학생 차림의 나의 부탁이 흔쾌히 받아들여져 미군이 빼곡히 차있는 트럭위로 끌어올려져 문산 역까지 무사히 올 수 있었다. 이때 내 나이 19살이 막 넘었다. 그때부터 나는 어머니를 볼 수 없었고 어머니의 사랑은 단절되어 험한 세상으로 내던져버려졌다. 이때 어머니와 아버지 연세는 각각 51세와 49세로서 어머니가 오히려 2살 연상이셨다.

미군 차로 새벽녘에 신촌에 도착한 나는 도보로 서울 시내로 들어왔다. 시내 교통은 이때 이미 마비되어 있었다. 학병에 지원한 나는 일신국민학교에 수용되었으며 12월 24일에는 도보로 인천까지 가서 신흥국민학교에서 3박하고 12월 27일 인천 부두에서 미군 LST로 덕적도 앞에 정박 중인 5만 톤급인 상선 Yankee Pioneer호에 실려 부산 초량 제2훈련소로 옮겨졌다. 이곳에서 3주간의 기초 훈련이 끝나자 동래 보충대를 거쳐 8주간의 포병 훈련을 위해 진해로 보내졌다. 여기서 다시 대구 포병 사령부로 이동 실탄사격을 끝내고 4월 중순 경에 중, 동부 전선으로 투입되었다. 진부 설악 가리봉 전투를 거처 소양강 앞 관대리에서 1951년 5월 18일에 한국전에 참전한 중공군에 의해 우리 한국군 3군단은 중공군에 포위되어 친우 우종 군을 포함한 소대병력은 중공군의 포로가 되었다. 그리고 나는 계속 평창까지 죽을 고비를 넘기며 후퇴를 해야 했다. 다행히 본대에 도착하자 다음에는 양구 전선에 투입되어 내금강 근처 문등리까지 진격한 후 양구 예비대로 전출하여 입대 11개월 만에 휴가를 얻었다. 나는 수소문 끝에 강화도에 피난중인 누님을 찾아갔다. 6월 하순께 어머니가 이곳에 다녀가셨다는 사실을 알았을 때, 나의 아쉬움과 허탈감은 말할 수 없었다.

서울에서 학병으로 입소하기 전 저녁, 친구 우종이 어머니께서 베풀어 주신 밥상을 잊을 수가 없다. 조촐하나 처음 받아 보는 술잔이 곁들어진 따뜻한 송별상이었다. 그런데 우종이란 친구가 중공군의 포로가 되었으니 가슴 아픈 일이다. 나는 누구처럼 출정한다고 따뜻한 송별이나 배웅도 받아보지 못한 채, 11개월 만에 어머니 근황이라도 가까이 들을 수 있었던 것은 그나마 다행으로 여겨야했다. 이제 생각하면 이것이 어머니를 다시 한 번 뵐 수 있는 유일한 기회였기 때문이다.

일진일퇴를 거듭하던 서부전선의 한국군 1 사단이 개성지역을 수색작전권에 두고 있을 때, 개성은 일종의 진공상태에서 낮에는 아군 저녁에는 인민군 세상이 되던 시기였다.

나의 형님이 점령지역 선무공작에 참가한 부대에 소속해있었다. 그 부대가 개성 남부에 진입했을 때, 아직 개성 북부 송악산 밑에 잠복해 있던 인민군 패잔병이 아침 미명을 기해 기습공격을 감행해 많은 선무 공작 대원이 사상되었다. 이 소식을 접한 어머니는 거의 제정신이 아니었다고 한다. 작은 아들인 나의 생사를 모르는 어머니로서는 두 아들을 다 잃은 상태로 그냥 앉아있을 수는 없었다. 큰 아들 시신마저 찾지 못할 경우 강화 앞 바다에 몸을 던지겠다고 하시며 집을 나섰다. 체증으로 속병을 앓아 기력이 쇠약한 상태였지만 그냥 주저앉아 계실 수만은 없었다. 나의 외숙모님을 설득 동반하여 강화를 떠나 개성남쪽을 향해 길을 나섰다. 구름다리를 지나 청교면 고개를 넘어 밭도랑에 쓰러져있는 부상병들을 일일이 뒤지며 강능골을 지나 영정포쪽으로 육십여 리 길을 밤을 새우며 걸었다. 아직 어둠이 거치기 전에 곰곳에 이르러서 겨우 나룻 배를 구해 강화 교동에 이를 수 있었다. 피난 와 있는 딸 내외를 수소문 끝에 만나 큰 아들의 무사귀환을 확인할 수 있었다. 속병으로 쓰러질 것 같은 몸을 이끌고 왔지만 집에 두고 온 남편과 딸들을 생각하고 하룻밤만을 겨우 지새우고는 육십 여리 길 개성 집으로 향했다.

북한 프로에 비쳐진 송악산을 본다. 68년 만에 보는 그리운 송악산
송도의 진산, 개성의 진산, 어머니와 같은 정겨운 산.
6.25의 상처를 이제는 북녘 땅 되어 학정과 수탈의 상흔을 감내하고 있구나.
그 수북했던 소나무 옷은 어이 벗긴 채 그 풍성한 밤나무 숲은 어디로 가고
희끗희끗 앙상한 뼈대 바위만 드러내고 있는고.
그 품안을 사랑하며 오가던 형제들은 어디가고
향긋한 도라지 싱싱한 싱아는 다 간 곳 없고 황폐한 만월대,
파헤쳐진 궁터만 품에 안은 채 서 있구나.

나는 이렇게 내 던져졌다. 비록 열아홉 살 먹은 머슴아였지만, 6.25는 나를 일찍 젖 떨어진

애기 모양, 거의 68년 어머니 사랑에서 떼어놓아 어머니 사랑에 굶은 고아로 만들어 놓았다. 어머니에 대한 나의 사랑은 채워지지 않은 채 멍든 세월을 살고 있는 것이다.

다만 한 가지 어머니에 대한 따듯한 기억 한토막이 생각난다.

어느 날 아는 여학생이 날 찾아온 적이 있었다. 사랑채에서 음악을 듣고 있는데 어머니가 문을 여시고 다과상을 들어 넣어주셨다. 여학생이 나를 찾아오는 것도 처음이고 어머니께 알리지 않았는데 어머니가 자식을 배려하시는 마음, 나는 정말 죄송하고 고마웠다. 자식이 벌써 배우자 규수가 찾아올 만큼 성장한 것을 기특해하시는 엄마 마음을 은연중 보여주신 것이리라. 그때 마침 박쥐 서곡, 베토벤의 로맨스 # 2 감미로운 선율이 은은하게 울려 퍼지고 있었다. 그러나 지금 팔순이 넘어 어머니보다 더 나이를 많이 먹은 나지만 아직도 나는 어머니의 어리광이 자식이다 .

울 엄마

이덕희

엄마!

오늘 이후에는 이 세상에서 누구에게도 불러볼 수 없는 이름 '엄마'를 불러보며 말없이 누워계신 엄마의 경건하고도 아름다운 모습을 봅니다. 이제라도 눈만 뜨시면 깨어나실 것만 같고 입고 누우신 저고리의 앞섶이 팔딱이며 숨쉬는 소리가 들리는 듯 착각을 느끼면서 엄마의 죽음을 부인하고 싶은 마음이 어리석은 줄 알면서도 이 목 메인 절규를 마지막으로 해봅니다.

엄마!

엄마는 참으로 훌륭하고 아름다운 여인이셨습니다. 진선미의 덕을 한 몸에 담으시고 불의를 미워하고 의를 사랑하셨으며 남을 돕는 선한 일에 앞장을 서셨고 성품이 곧으면서도 한없이 부드러운 외유내강의 성격에 모든 일에 임하실 때는 투철한 판단력으로 지혜롭게 처리하시고 맡은 일에 충실하셨던 우리 엄마!

엄마!

그 작은 손으로 할 수 있는 모든 좋은 일을 하신 분! 쉬지 않고 부지런히 꽃을 가꾸시고, 꽃꽂이로 우리 집 거실을 항상 장식하셨고, 우리 형제 여덟을 키우시는 골몰한 시간에도 우리들의 교복을 손수 만들어 입히시고, 특히 한 패턴을 창안해 내시어 예쁜 옷을 지어 입으시고는 그 고운 자태를 보여주시던 엄마는 참으로 출중한 패션디자이너! 어디서도 먹어볼 수 없는 '진귀한 음식'을 차려 놓으시고 "애들아, 이 엄마는 너희들이 다 둘러앉아 맛있게 먹고 즐기는 것을 보는 것이 최대의 낙이다." 하시면서 이것 먹어라, 저것 먹어라 하며 다정하게 권해 주실 때 오히려 우리는 귀찮고 성가시다고 엄마를 향해 별난 엄마라고 했지요. 그러나 지금은 그토록 자상히 보살펴 줄 엄마는 이젠 없습니다.

엄마!

그 많은 세월을 우리 여덟을 위해 한때는 친정 동생 것, 아버지 것까지 도시락 열 개를 차곡차곡 챙기면서 새벽부터 잠을 설친 일은 얼마이며, 우리 팔 남매의 건강을 지키느라 어느 놈이 감기라도 들면 꼬박 밤을 새우며 애타게 잠 못 이루신 날이 그 얼마인가요. 그 바쁜 중에도 틈틈이 교양서적을 읽으시며 뛰어난 필체로 글도 쓰시고 일본 강점기에는 부녀반장, 우리 학교에서는 어머니회장 등을 지내시며 기관을 리드해주셨고, 교장이신 아버지를 돕는 사모로써 모든 뒷바라지와 지극한 보필을 해주시어 남편을 일등 교육자로 성공시키고 최고의 교육 훈장을 받으시게 한 일등 공신이신 훌륭한 아내, 장한 어머니이십니다.

엄마는 어쩌면 그러한 초능력으로 일생을 잠시도 좌절하지 않고 꿋꿋이 살아오셨다. '가지 많은 나무에 바람 잘 날이 없다.'는 옛말대로 숱한 날들을 혹시나 어느 놈이 다칠세라 가슴 조이며 기다리시던 날들을 헤아릴 수 없었을 겁니다. 우리는 지금 애를 둘을 키우면서도 절절매고 있는데 엄마는 어떻게 우리 여덟을 한 사람도 낙오 없이 잘 키우시고 훌륭한 사회인으로 가정인으로 이끌어 주신 은공 묻고 물어도 신기한 일이다. 엄마의 실천 교육은 우리에게 늘 모범이 되었고 가정부가 있는데도 직접 음식을 만드시며 따라 배우라고 맏딸인 나를 훈련 시켰다. 제사 때나 큰 잔치가 있을 시는 나를 조퇴시켜서 일을 도우라고 하시던 어머니의 처사를 나는 많이 원망했다. 그러나 엄마의 전인교육을 중시하셨던 교육 철학을 이제야 깨닫게 된 철없는 딸입니다.

엄마!
엄마를 기리는 마음 어찌 이 종이 위에 다 채우겠습니까! 그러나 마음은 엄마 사랑 가득합니다.

엄마!
엄마는 이 모든 것 위에 엄마는 경건하고 아름다운 '신앙의 어머니' 이셨습니다. 매일 같이 새벽 경건의 시간을 통하여 우리 팔 남매의 영혼 구원과 가정들을 위해, 손주들을 위해 기도해주시고 교회의 권사로서 온 교우들의 이름을 불러가며 기도하시던 믿음의 어머니! 그 마음에는 늘 찬송이 넘쳐났고 하나님의 말씀을 묵상하시며 혹시나 잊으실까, 암송한 구절을 하나하나 적으시며 주님을 사모한 마음을 온전히 보여주신 엄마!

우리의 큰 소망이 하늘나라에 있기에 이토록 큰 위로를 받으며 엄마가 남겨주신 믿음의 유산, 돋보기안경을 끼시고 줄을 치고 또 치시며 읽으시던 성경책에 끼인 빨간 연필토막 …. 엄마가 꼬박꼬박 써 놓으신 암송 성경 구절 노트…. 이 세상의 어떤 보화보다 귀한 보배로 간직하면서 우리의 성한 두 다리로 다니면서 엄마 못다 하신 복음 전하는 일 하겠습니다.

엄마!

이제는 그 맛있는 된장 담그는 일을 누구한테 배우지요! 오늘, 내일 하다가 그만 미처 배우지 못하고 말았습니다. 오늘도 정든 엄마의 Page Ave. 집을 들어서면서 '엄마!' 하고 불러 보았는데 텅 빈 방, 불러도 대답이 없더군요.

엄마!

어느 날 밤, 엄마 방에서 저더러 창문의 커튼을 열어보라고 하셨지요. 밖에 서 있는 가로등을 내다보시며 "야야, 내가 너희 아버지 먼저 보내 놓고 얼마나 많은 밤을 저 가로등 불이 나의 외로움을 달래 주었는지 모른다." 하시면서 말끝을 흐리실 때 저의 마음은 갈기갈기 찢어지는 듯한 회한과 죄책감에 북받쳤습니다. 엄마의 고독을 그토록 이해 못 한 채 우리 모두 생활에 바빠 뛰느라고…. 이제 일손을 놓고 엄마와 함께 많은 시간을 가지려고 했는데….

엄마!

엄마는 결코 기다려 주시지 않는군요. 엄마의 마지막 남기신 주님의 말씀 기억하고 엄마의 주신 말씀 새겨봅니다. '진리의 길은 수정같이 맑고 영원하다.'고 하셨지요. 그리고는 "이제 때가 가까이 오는 것 같다." 하시며 고이 편안히 가신 엄마! 사랑하는 주님 팔에 영원히 안기소서. '항상 기뻐하고 쉬지 말고 기도하라. 범사에 감사하라.' 이 말씀 기억합니다. 불효자식 덕희 올림.

어머니날에 부치는 글

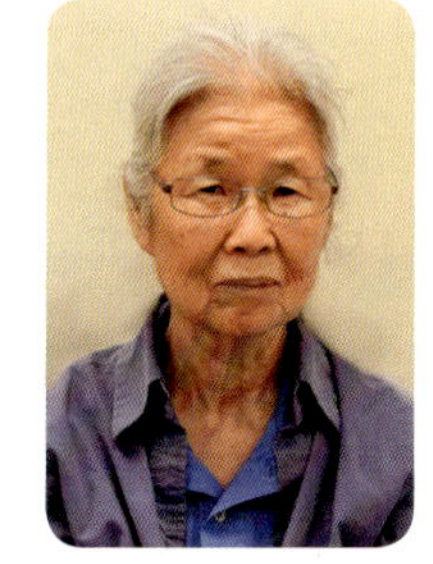

이수자

어머니가 된다는 것이 아직 막연했던 시절에는 그런 것은 때가 되면 절로 갖춰지는 것이려니 하고 자신만만했던 때도 있었다. 때가 되어 세월도 제법 흘렀지만 막연했던 나의 '어머니 초상'은 구체화할 줄 모르는 채 여전히 막연하기만 하다.

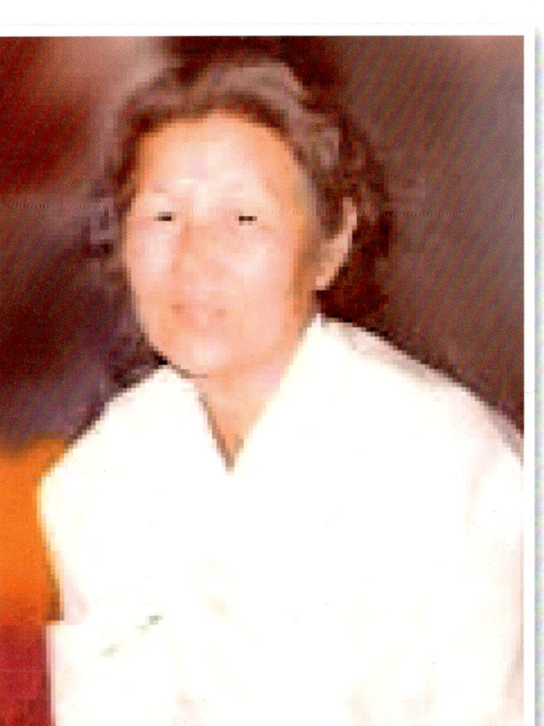

"나 같으면" 하고 입버릇처럼 외우던 나의 대사가 "우리 어머니는 이러지 않으셨는데"로 바뀐 지도 벌써 오래다. "아들이 더 좋다."고 해서 딸을 다섯을 낳으시고, 소원대로 끝에 아들을 둘이나 두신 우리 아버지께서, "딸도 괜찮다."고 늘 위로 말씀 같이 하시더니 "딸이 더 좋아."로 결론을 내리시고 돌아가셨는데, 나 역시 "그래도 우리 엄마가 더 나으시다."라는 결론을 지은 지가 이미 까마득한 옛날이다. 잘한 것 보다 못한 것이 더 두드러지는 나의 '어머니 된 초상'을 안으면서 혼자 남은 패잔병같이 막막하기만 하다가 '어머님'들 모임에서 비슷한 고백을 들으면 '또 한 번 해봐야지'를 되풀이하는 것도 이젠 버릇처럼 되어버렸다.

이젠 우리 아이들도 자라 곧 집을 떠날 때가 가까워지고, 언젠가는 어머니가 되어 주기를 바라는 내 딸들에게 내가 주고 싶은 말이 무엇일까? 곰곰이 생각해본다.

어머니가 된다는 것은 꾸준히 자라가는 과정? 어린 아이를 키우면서 '내'가 익어가는 과정이 아닌가 생각해 본다.

어느 Baby shower에서 곧 엄마가 될 예비 엄마에게 주고 싶은 말을 Card에 쓰라기에 '부모(어머니)가 된다는 것은 아버지이신 하나님을 알게 되는 과정'이라고 적어드린 기억이 난다. 송구스러운 말이지만 '어머니' 노릇을 하느라고 하다 보니 나도 모르게 내가 자라는 것을 보는 것 같다.

주 : 이 글은 1986년 당시 Columbia Missouri에서 한글학교 교장을 맡았던 필자가 학교 신문에 투고한 것이다. 이젠 우리아이들 모두 결혼 했고 나도 할머니가 된지 오래지만 '어머니'에 대한 생각은 별로 변한 게 없다.

엄마의 향기

이 에스더

수선화의 꽃말은 고결, 청아, 그윽한 향기다.

지난 봄날에 들녘에 핀 수선화, 그 은은한 향기의 수선화를 보면 우리 엄마가 생각이 난다. 청순하시고, 아름다움과 꽃을 좋아하시며, 어떤 모자도 잘 어울리시는 현모양처인 멋쟁이 엄마. 모든 엄마들이 동일한 마음을 가졌겠지만 나의 엄마는 우리 오남매에게는 물론이지만 유난히 큰 딸인 나에게 많은 사랑을 주셨다.

학교 갈 때 발 시리다고 신발을 신문지에 싸서 아랫목 이불 속에 넣어두셨다가 꺼내어 주시면 그 따뜻한 신발 속에 엄마의 사랑이 가득함을 느끼며 학교로 가곤 했다. 보기에 예쁘고 깔끔한 반찬을 선호했던 나의 투정도 말없이 받아주시던 어머니셨다. 무엇이든지 잘하시며 솜씨가 좋으셔서 예쁜 원피스도 만들어 주셨고, 뜨개질로 조끼나 스웨터, 장갑 등 예쁜 장식품을 달아 내 친구들보다 특별하게 만들어 주셨던 엄마! 그 많은 사랑을 어떻게 다 글로 쓸 수 있을까?

그런 엄마가 지금으로부터 45년 전 우리 식구들에게 감당하기 힘든 직장암이란 진단을 받으셨다. 그때 조용하게 눈을 감으시고 차분하게 그 상황을 받아들이시던 엄마의 모습이 아련히 떠오른다. 당시 아버지는 엄마가 암이란 사실을 큰딸인 나에게만 알려주셨다. 수술이 무사히 끝나고 담당 의사께서 수술 후 5년이 중요하다며 5년 동안에 재발하지 않으면 수명이 연장되고 그렇지 않으면 준비를 해야 한다는 판정을 내려주셨다.

할머니께서 장녀인 나에게 엄마가 계실 때 결혼해야 한다고 서두르셔서 중매로 그 다음해에 남편을 만나게 되었다. 선보고 2달 만에 약혼하고 또 2달 후에 결혼했다. 그 많은 남자들 중에 남편을 만난 것은 특별한 인연이었고 감사한 일이 아닐 수 없다.

결혼식 전날 밤, 엄마랑 이불 속 사랑을 한 생각이 난다. 시집가면 어떻게, 어떻게 하고 늘~ 사랑받는 사람이 되어야 한다는 등~ 지혜와 사랑의 조언들을 들으며 손잡고 아쉬운 밤을 보냈던 기억이 새롭다.

증조할머니만이 기독교인이셨고 전혀 종교가 없던 우리 가정이었지만 엄마의 병원에서 환우 담당 목사님으로부터 예수님을 영접하셨다. 증조할머님의 기도 응답인 것으로 생각된다. 지금의 엄마는 "주님 없이 살수 없다."는 고백과 더불어 "내가 가진 이 아픔은 나의 십자가이며 또한 감사한 일이다."라고 하시는 신실하신 명예 권사님으로 하나님께 사랑받고 칭찬받는 따님이시다.

예쁜 글씨로 신구약 성경 한 권을 다 써서 책을 만드신 울 엄마!

항문이 배로 옮겨져 있기에 45년이란 긴 세월을 견디지 못하고 그 주머니가 늘어지고 자주 쾌변을 못하셔서 힘들어 하시는 모습인데 자식들에겐 보이지 않으시려고 애쓰시는 모습이 정말 안타깝다. 연세가 있으시니 재수술도 못하시고 지금까지 믿음으로 잘 이겨 내신다. 의사의 진단을 무색하게하고 45년이란 긴~ 세월을 엄마의 자리를 든든하게 지키고 계시는 기도의 용사, 울 엄마!

그렇게 많은 배려와 세심한 사랑을 자식들에게 나누어 주시는 분!

지금은 매년 한두 번씩 부모님과 형제들을 만나러 고국 방문을 한다. 지난 5월에 한국을 방문했다. 현관 앞에서 "우리 에스더 왔어." 하시며 포옹해 주시던 그 품이 얼마나 아늑하고 포근하던지 지금도 그 포근함이 전해 온다.

엄마의 향기! 수선화의 은은한 향기가 난다.

올해부터 건강이 안 좋아지신 91세의 아버지와 89세의 엄마. 올해로 결혼 71주년을 보내신 두 분이 지금까지도 서로 의지하고, 서로 위해주며, 예쁜 사랑을 나누시며, 말씀과 기도로 힘을 얻고 사시는 두 분! 주님이 부르실 그날까지 감사와 행복이 함께하는 하루하루 보내시기를 간절히 기도하면서….

천국을 마음에 품고 사시는 우리 엄마! 이젠 모든 것 내려놓으라고 주님께서 말씀하십니다. “I will give you rest”라고….

기도의 용사 울 엄마, 존경하고 사랑합니다!
엄마를 사랑하는 큰 딸 에스더가!
〈이 기회에 부모님께 힘이 되고 있는 동생들께 고마운 마음을 전하고 싶나.〉

부처님도 손을 든 우리 어머니

이영범

어머니에 대한 글을 쓰라고 하니 많이 당황했다. 나에게는 어려운 주제이기 때문이다. 나에게는 두 어머니가 있다. 한 분은 낳아 주신 어머니, 다른 한 분은 길러 주신 어머니다. 나를 낳아주신 어머니는 해마다 아들을 생산했는데 네 번째 아들을 낳은 후 2년을 누워계시다가 세상을 떠나셨다. 그 어머니에 대한 기억은 전혀 없다. 다만 "엄마가 계신 방에 들어가면 안 돼" 하는 한마디 기억이 어렴풋이 남아있을 뿐이다.

새 어머니가 우리 집에 오신 것은 막내가 세 살 나는 일곱 살 때인 것 같다. 40이 가까운 처녀가 애들이 주렁주렁 달려 있는 서울 양반집에 첫 시집을 오신 것이다. 새 어머니는 부지런하시고 말이 없으시며 정성껏 우리들을 돌보아 주셨던 모습이 새 어머니의 기억이다. 북악산에 눈이 녹고 청계천에 얼음이 녹아 개울물이 맑아지면 무거운 빨래 짐을 머리 위에 지시고 이웃집 아주머니와 흘러내리는 개울물에서 많은 빨래를 하셨다. 휭휭 찬바람이 부는 긴 겨울밤에는 애들이 명절에 입을 솜이 두툼한 바지와 저고리를 손수 만들곤 하셨다. 어머니는 초저녁잠이 많아서 꾸벅꾸벅 조시다가 바늘이 손가락을 찌르면 깜짝 놀라기도 하였다.

여러 형제 중에 나는 유난히 요구 사항이 많고 성격이 급하고 화내기 잘하며 억지를 잘 부리는 힘든 아들이었다. 한번은 어머니가 밤잠을 설치면서 기워주신 양말을 창피하다고 새 양말을 달라고 억지를 썼다. 새 양말이 없다고 했지만 나는 계속 버티었던 기억이 난다. 아버지는 나를 번쩍 들어 볼기를 때렸다. 나는 가방을 얼른 들고 집 밖으로 뛰어나와 학교로 줄행랑을 쳤다. 어머니는 속이 썩는 경험을 하루에도 몇 번씩 여러 해를 거듭하며 겪었을 것이다. 어머니를 힘들게 하는 데 아버지도 한몫했다. 아버지는 완고한 유교 집안의 장손으로 남존여비의 사상이 머리에 굳게 박힌 분이다. 남편은 하늘이고 아들이 딸보다 귀하다고 고지식하게 믿는 힘든 남편이었다. 아버지와 다른 의견을 표시하거나 불평을 말해서는 큰일 난다. 그런 속에서도 어머니는 모든 것을 참고 불평을 접어두고 말없이 사신 분이었다.

우리 집에는 비밀이 하나 있다. 우리는 '새 엄마'를 '엄마'라고 불렀다. 그분은 새 엄마가 아니다. 세상은 우리를 낳아주신 분으로 알아야 했다. 그것은 엄마의 체면을 지켜주고 우리도 당당한 엄마가 있다는 자부심을 갖게 하는 세상을 향한 연극이다. 그것은 우리 체면 문화가 가르쳐준 유산물이기도 하다. 밖에서 보면 엄마는 정성껏 아이들을 먹여 주고 입혀주고 키워주는 훌륭한 어머니시다. 그러면 집안에서의 사실은 어떠했을까? 누가 가르쳐 주었는지는 몰라도 애들의 마음속 깊은 곳에는 '새 엄마도 엄마다. 하지만 진작 나를 낳아주신 엄마가 진짜 엄마다.' 이런 생각이 있었던 것 같다. 특별히 어린 시절 욕구가 채워지지 않으면 그 생각을 잘 써먹었을 것이다. 그러면 엄마는 그것을 알까? 물론이겠지! 그때마다 엄마는 많이 힘들었겠지.

무엇보다도 어머니의 마음을 크게 아프게 한 사건을 내가 저질렀다. 부모님을 미국에 오시도록 초청을 했는데 비행기 표를 보낼 때 거기에는 한 장밖에 없었다. 나는 아무렇지 않게 생각했다. 나는 부끄러운 줄도 몰랐다. 항상 말씀이 없는 어머님은 여전히 말씀이 없으셨고 잔소리를 많이 하시고 소리를 잘 지르시던 아버지도 이번에는 말씀이 없으셨다. 그리고 그 비행기 표는 다시 돌아왔다. 내 애들을 키우고 그것도 한참이 지나서야 나의 잘못을 깨닫게 되었다. 어머니는 배신의 아픔을 겪으셨을 것이고 아버지는 자식을 잘못 길렀구나 하는 후회를 하셨을 것이다. 40년이 지난 옛날이야기지만 나는 아직도 자다가 그 일을 생각하면 깜짝 놀라서 벌떡 일어난다.

꽃이 피는 봄철 어머니를 따라 절에 간 기억이 난다. 그 힘든 세월 어머니는 부처님을 의지하고 사신 것 같다. 돌이켜 보면 어머님의 마음에는 부처님의 평안함이 있었다. 화내는 일도 우리들을 핀잔하는 일도 없었다. 손님을 정성껏 모시며 며느리를 상전 같이 받드는 시어머니를 나는 목격 했다. 아이를 가질 수 없는 나이에 막내 여동생을 얻게 된 것은 분명히 부처님이 어머니에게 주신 선물이었다. 그 딸은 우리가 줄 수 없는 기쁨을 어머니에게 주었을 것이다. 하루의 삶이 힘들고 육신과 마음이 지칠지라도 그 딸을 보면서 위로를 받으시고 기쁨이 넘쳤을 것이다. 나는 어머님에게 빚진 자임을 절실히 느낀다. 막내 여동생을 볼 때 오빠로서 잘해야겠다는 생각이 든다. 결혼 초기엔 고생도 많이 하셨지만 그래도 노년 길에 어머님은 50년 결혼 생활을 아버님과 해로하시며 87세의 나이로 세상을 떠나셨다. 덕을 많이 쌓으시고 세상을 이겨 평안한 마음을 가지고 사셨던 어머니는 하늘나라에서도 마음이 평안하실 것을 나는 믿는다.

거칠었던 엄마의 손

이영옥

우리 엄마는 사회적으로 보면 평범하고 특별한 것이 없는 엄마였으나 나에겐 더 없는 자기희생의 삶을 사셨던 훌륭한 분이었다고 기억된다.

엄마는 강원도 강촌에서 1남 7녀 중 셋째 딸로 태어나셨다. 강촌은 서울에서 경춘선을 타고 가다 보면 춘천 못 가서 위치하고 있는 경관이 매우 아름다운 곳이다. 소양강이 흐르고 산세가 매우 수려한 구룡폭포가 가까운 거리에 있다. 외할머니는 딸만 일곱을 낳고는 여덟 번째 아들을 출산하셨는데 외할아버지는 많은 딸들을 아들과 똑같이 사랑하셨으며 서양문화를 일찍이 받아들여 미국 선교사와 함께 그곳에 교회를 설립하시고 교회 내에 학교를 세워 자녀들을 그곳에서 교육받도록 하셨다고 한다.

그 학교에서 교육을 마친 엄마는 서울에 있는 이화고녀에서 입학시험을 치른 후 합격자 명단을 보러 갔는데 제일 첫 번째로 이름이 적혀있어 일등으로 합격을 했노라고 고향에 편지를 보냈다. 나중에 알고 보니 수험번호 순서대로 게시를 한 것이었다고 한다. 입학시험은 필기와 면접으로 되어있는데 면접시험에서 흰 가루 두 개를 놓고 "어떻게 소금과 설탕을 구별하겠나?"라는 질문에 "먹어 봐야 알지요."라고 대답을 하셨다니 현명한 답변을 하신 엄마의 지혜가 남다르다고 인정을 하게 되었다. 입학 후엔 기숙사에서 지내며 엄한 미국선교사 사감 아래서 생활을 했다고 하는데 기숙사에서의 첫날밤에 생전 처음 침대 위에서 자다가 굴러 떨어진 경험도 있다고 한다. 하루는 긴 머리를 땋아 내린 친구와 같이 걸어가는데 짓궂은 배재학당 학생이 뒤에서 두 사람의 땋은 머리를 한데 묶어놓아 당황하셨다는 일을 말씀하실 때 언니들과 박장대소하던 기억이 새롭다. 한 번은 학교단체로 단성사에서 '쿼바디스' 영화를 관람했는데 다른 편에도 남학생들이 단체로 왔었다고 한다. 결혼 후에 아버지와 옛날얘기를 하다 보니 그날 아버지도 경성사범학교 단체 영화 관람을 하셨다고 하니 아버지와 엄마는 이전부터 인연의 조짐이 보였던 것은 아닐까?

이화고녀를 졸업하신 후 엄마는 이화여전 영문과에 가고 싶었으나 외할아버지께서 신학대학을 가라고 하셔서 고향으로 내려오셨다고 한다. 아마 과년한 딸이 대학에 갔다가 혼기를 놓칠

것을 염려하셨던 것 같다. 졸업 후 강원도로 내려가서 강촌에서 멀지 않은 곳에 있는 학교에서 학생들을 가르치다가 강촌에 선생님으로 발령을 받고 내려오신 아버지와 단 한 번 선을 보고는 결혼하셨다고 한다. 신교육을 받은 아버지는 그곳 학교에서 가르치며 환자들을 데려오면 병도 고쳐 주시고 무슨 문제가 생기면 해결도 해 주셨다고 한다.

그 후 교사인 아버지의 발령지를 따라 여러 곳으로 옮겨 다니면서 2남 3녀를 낳아 기르시며 박봉으로 생활을 꾸려나가시느라 정말 고생이 많으셨다. 6.25가 발발했을 때 아버지는 일단 혼자 남쪽으로 내려가시고 엄마 혼자 우리들을 돌보셨는데 외삼촌이 우리 집에 들렀다가 힘들어하는 누님을 도와준다고 두 오빠들을 데리고 갔으나 작은 오빠를 친척 집에 맡기고 큰 오빠는 외삼촌 댁에 데리고 가서 돌보셨다고 한다. 그런데 그 친척 집은 할머니가 폐결핵으로 고생하고 계셨고 2, 3개월을 함께 생활하게 된 작은 오빠는 먹을 것이 없어 제대로 먹지도 못하고 지내게 되어 폐결핵에 감염되었다. 약도 제대로 없던 시절이었으니 치료를 할 수가 없어 결핵균이 다른 곳으로 퍼져 넓적다리에서 계속 고름이 흘러나왔으며 그로 말미암아 무릎이 구부러지고 펴지지 않아 절룩거리게 되었다. 그때 엄마는 매일 아들 방에 들어가 대야에 고름을 짜 가지고 나오면서 우시던 기억이 난다. 그리고 아들의 병을 고쳐 달라고 하나님께 매달려 기도로 지새우시곤 하셨다. 오빠는 학교도 휴학하고 몇 년 동안 집에서 혼자 열심히 공부하여 검정시험을 치르고 고등학교로 진학을 했으며 구부러졌던 무릎도 정상으로 돌아왔다. 엄마의 지극정성의 간호와 간절한 기도로 모든 것이 그만큼 호전되었다고 나는 믿는다.

엄마는 빠듯한 살림살이를 꾸려나가며 새벽부터 밤늦게까지 쉬지 않고 일하셨고 허리가 많이 아프신 데도 쉬지 못하고 새벽에 일어나 아침밥 준비, 온 식구들 도시락 챙기기, 많은 빨래, 장

보기, 저녁준비, 설거지, 바느질 등 하시느라 밤늦게까지 수고하셨다. 그때는 엄마의 그 많던 일을 조금도 도와 드리지 못했다. 겨울 저녁 식사 후에 추운 부엌에 나가 설거지라도 도와드렸으면 좋았을 텐데 그 당시엔 왜 그리 철이 없었을까 하고 지금까지도 후회가 된다. 엄마의 손가락은 하도 일을 많이 하여 마디마디가 굵었으며 손 전체가 거칠었는데 요즘 나의 부드러운 손을 들여다보면서 엄마에게 미안한 생각과 그리움으로 눈시울이 젖곤 한다.

우리 집엔 여름이면 텃밭에 상추, 쑥갓, 호박 등 각종 채소들이 항상 자라고 있었으며 한쪽 마당엔 채송화, 분꽃, 칸나, 다알리아 등 각가지 오색 꽃들이 피었고, 여러 종류의 나무들이 자라고 있었다. 다른 한쪽엔 닭장이 있어 암탉들이 매일 알을 낳아주었다. 또한 강아지와 토끼까지 키우시며 엄마는 항상 부지런하게 일하셨다.

한편 엄마는 교회 여전도회 회장으로 여러 해를 봉사하시며 항상 기도 생활을 하시던 믿음의 어머니셨다. 내가 국민학교 다닐 때 우리 집에 세 들어 살던 박 집사님은 엄마와 함께 빨래와 청소를 하고 부엌에서 같이 일하시며, 늘 같이 찬송을 부르고 성경 말씀을 암송하시던 기억이 난다. '지금까지 지내 온 것', '태산을 넘어', '내 평생 소원 이것뿐', '나의 갈 길 다 가도록', '죄 짐 맡은 우리 구주' 등 아직도 내 귀에 들리는 듯하다. 그중 엄마가 제일 좋아하던 찬송가는 '내 주를 가까이' 이었으며 그 곡이 내가 가장 좋아하는 찬송가가 되었다.

막내딸인 내가 결혼을 하고 미국으로 온 후에는 우리가 쓰던 이불을 장롱에 보관하였다가 매년 해가 잘 드는 날이면 일광소독을 한 후 넣어두시며 다시 돌아오길 고대 하셨다는데 결국 우리가 미국에 영주하게 되어 그 이불은 다시 써 보지 못하고 말았다. 엄마는 말년에 매년 성경을 두세 번 통독하셨으며 89세가 되어서 성경을 쓰기 시작하여 노트 여섯 권을 채우며 1년 안에 완성하셨다.

엄마는 2005년 10월에 94세로 돌아가셨다. 나는 같은 해 5월에 고등학교 졸업 40년 주년 동창회에 참석차 한국에 나가서 며칠 동안 엄마와 같이 지낼 수 있었기에 그나마 불효 여식이었던 나는 조금이나마 위안을 받는다.

어느덧 70이 넘어 나 자신이 할머니가 되었지만 아직도 엄마 생각하면 가슴이 뜨거워지고 평안이 찾아 들곤 한다. 나도 머지않아 천국에 가서 엄마를 다시 뵙게 될 것을 믿으며 또한 그때까지 우리와 우리 자손들을 위해 천국에서 기도하시며 계시리라 굳게 믿으며 항상 감사하며 살고 있다.

思母曲

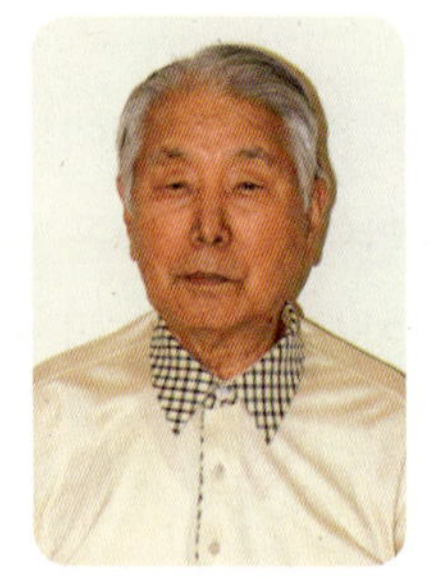

이원제

세월이 물 같이 흐른다고 하지만 '고운 울 엄마' 품속에서 지내 것이 엊그제 같은데 엄마와 헤어진 지가 벌써 70년이란 세월이 흘렀다. 그 고운 울 엄마 김영숙은 1903년생으로 나이를 세어보니 115세이다.

나의 고향은 평안북도 남시라는 작은 마을. 아버지가 부모님을 모신 관계로 유산을 많이 받아 부농으로 잘살았다. 이 격랑의 시대에 같이 살았던 모든 사람들은 불행한 세월을 만나 고초를 겪었다. 그러다보니 엄마와의 애틋한 정을 나누지도 못하고 나는 살아왔다. 울 엄마는 아들 넷 딸 둘 6남매를 낳으셨으나 여동생은 소아마비로 일찍 죽고 해방둥이 막내딸과 북에서 끝까지 살다 돌아가셨다. 나는 둘째 아들로 1926년에 태어났다. 지금 내 나이 92세이다.

나는 지금껏 살아오면서 엄마가 사무치게 그리울 때면 "엄마 보고 싶어요." 하고 북쪽 하늘을 향해 외치곤 했다. 그러나 메아리만 들릴 뿐 엄마의 얼굴은 보이지 않는다. 이제 내가 바라는 마음은 엄마는 분명히 천국에 계실 것인즉 언젠가 그곳에서 엄마를 만나길 바랄 뿐이다. 나는 친할머니와 친할아버지는 기억에 없다. 그러나 외할머니는 기억이 새롭다. 우리 형제는 외할머니를 '얼룩소'라고 불렀다. 울 엄마가 어렸을 때 집에 불이 났다. 외할머니가 불 속에 있는 어린 엄마를 구하려고 불구덩이 속으로 들어가 엄마를 이불을 씌워 가지고 나왔다. 엄마는 깨끗한데 외할머니는 얼굴에 화상을 심하게 입어 '얼룩소'가 되었다. 엄마는 항상 외할머니에게 죄스럽게 생각하셨다. 엄마를 위해 외할머니는 생명을 바쳐가며 불구덩이 속에서 어머니를 구해내셨다. 그 또한 어머니이니까 딸인 엄마를 구했다. 외할머니가 아니었다면 우리 형제는 세상에 태어나지 않았을 것이다.

내 어린 기억으로는 울 엄마는 하루도 쉬는 날 없이 일했다. 농사뿐 아니라, 삼베 씨를 뿌리고 삼베가 자라면 삼베 실을 뽑아 옷을 만들었다. 누에를 키웠다. 누에가 네 잠을 자고 나면 뽕을 많이 먹는다. 식구가 총동원되어 뽕잎을 따느라 법석을 떨었다. 엄마는 명주실을 뽑아 제일 먼저 아버지 바지저고리를 만드셨다. 그만큼 아버지에게 지극 정성이었다. 엄마는 나에게는 명주 수건을 만들어 주셨는데 영하 20도가 넘는 추운 겨울 날씨에 목을 감으면 따듯해 항상 지니고 다녔다. 가을엔 목화를 수확해서 실을 뽑아 틀에 무명천을 짜서 이부자리까지 만드셨다

우리 고을에 변화가 일어났다. 저수지와 염전을 만들고 농경지에 필요한 수로를 만들었다. 우리 소유의 전답 가운데로 수로가 지나가는 바람에 현찰 보상을 많이 받게 되었다. 그 돈으로 아버지는 방탕 생활을 하며 노름을 해서 엄마를 괴롭혔다. 자연 어머니와 아버지는 다투는 일이 많았는데 항상 어머니가 지셨다. 어느 날 한밤중에 노름장에서 불이나 아버지가 심한 화상을 입고 친구의 부축으로 집으로 왔다. 어머니는 나를 업고 십 리가 넘는 하나밖에 없는 허익원 의원을 찾아가 애들 아버지를 살려 달라고 애원하여 허 의원이 말을 타고 집으로 왕진 오셨다. 허 의원의 치료에 아버지는 완치되었다. 이렇듯 엄마는 온 가족을 혼자서 관리하고 보살폈다,

나는 형제들 중에 엄마의 사랑을 많이 받았다. 항상 엄마 곁에 붙어 다녔다. 동네 아낙들은 내가 딸이면 좋겠다고 말하곤 했다. 엄마도 나를 딸처럼 사랑했다. 형과 동생은 학교에 다녔는데 어머니는 나를 집에서 직접 한문(천자문)을 교육 했다. 그러다 우리 마을에 교회가 생기고 명명학원이 생겨, 나는 4학년에 편입했다. 공부를 잘해서 우등상 탄 기억이 있다. 내가 15세에 학교를 졸업하고 진학을 해야 하는데 마침 중국에 사시는 사촌 형이 고향을 방문차 오셨다가 나를 보시고 사나이가 태어났으면 큰 뜻을 품으라고 하시면서 신의주, 평양, 아니면 중국으로 유학을 가라고 권유하셨다. 나는 어머니 곁을 떠나기 싫었는데 도리어 어머니가 적극적으로 유학을 권유했다. 나는 할 수 없이 사촌 형을 따라 기차로 이틀이나 걸리는 넓은 세상을 향하여 북경행 열차에 몸을 실었다. 중국 태원역에 이르니 온 친척이 영접을 해주었다. 집에 도착하니 제 2의 부모인 사촌 형 내외분의 분에 넘치는 환대에 감사했다. 중국에서 일본 소학교를 졸업하고 당시 4년제 중학교를 졸업했다. 공부한 기억은 없다. 매일 군수 공장에 가서 일본 놈들 전쟁 물자를 만들었다. 나는 사촌 형과 형수님에게 평생 잊지 못할 은혜를 입었다.

내 나이 19살에 시골에서 하늘 천 따지를 배우다 중국에 가서 공부를 하고 징집 검사를 받으러 고향에 들렀다. 1945년 3월이었다. 건장한 청년으로 변한 나에게 동네 부잣집 어머니가 고이 키운 막내딸을 주겠다고 청혼이 들어왔다. 그때 나는 무슨 이유인지 겸손하게 거절했다. 어머니 또한 나의 행동에 만족함을 표하시었다.

제2차 대전 시 일본 패망의 때가 왔다는 메시지로 B-24, 29 폭격기가 매일 하늘을 날았다. 드디어 1945년 8월 15일 일본 천황의 "우리 대 일본 제국은 미, 영국에 대하여 무조건 항복한다."는 방송을 듣고 대한민국의 독립을 알았다. 1946년 5월 천진에서 미해군수송선에 탑승하여 부산에 도착하여 3개월간 머물다가 엄마가 궁금하여 9월에 38선을 넘어 평안북도 고향 남시로 돌아왔다. 나라가 해방되었으니 얼마나 반가우랴 그러나 엄마와의 만남은 비참했다. 이미 북은 공산당이 들어섰고 우리 집안은 살얼음판이었다. 큰아버지 큰어머니는 민청에 의해 숙청당했다. 젊은 남녀 30-40여 명이 꽹과리를 치며 큰아버지 집을 세 바퀴 돌고 나서 집안의 모든 가구를 집어 던지며 일본 놈의 앞잡이로 얼마나 농민의 피를 빨아먹었냐며 너희들도 똑같이 당해야 한다고 산간벽지로 내몰았다. 놀란 것은 중풍으로 거동이 불편하신 셋째 큰아버지를 청년 두세 명이 끌고 나와 마당에 내 팽개쳤다. 그리고 집 문들에 대못을 박고 출입을 금했다. 너무도 비참한 모습이었다. 그 일이 있고 난 뒤, 나는 1947년 3월 13일 남으로 도망치다시피 내려왔다. 어머니의 권유였다. 너라도 살아야 한다고 하시면서 나를 남으로 내려 보냈다. 그때 나는 같이 엄마를 모시고 남으로 내려오지 못함을 한탄하며 통곡을 한다. 그리고 70년 간 지금까지 엄마를 잃어버렸다. 1950년 6월 25일 사변으로 우리 식구는 연락이 두절되었다. 엄마는 해방둥이 딸을 데리고 지내신다는 이야기는 6, 25 종전 2년 후에 마지막으로 들은 소식이다.

내 나이 92세 어머니 생전 나이보다 훨씬 더 많은데 나는 아직도 어머니의 자식이요 아들이다. 1947년 3월 13일 어머니와 이별한 지 70년이 되었지만 고운 울 엄마 정말 보고 싶고 그립다. 다시 한 번 엄마를 불러본다. "엄마 보고 싶어요. 사랑해요."

나의 어머니

임흥순

미국의 시인이며 유럽 대륙 여러 나리의 민요를 번안 번역함으로써 미국 사람에게 전달한 공적이 큰 헨리 워즈워스 롱펠로(1807-1882)는 이런 말을 하였다. '헛된 사랑이었다고 말하지 마세요. 사랑은 결코 낭비되지 않았습니다. 비록 그 사랑 그것이 상대방의 마음을 윤택하게 하지 못했다고 하더라도 그 사랑의 물은 빗물과 같이 다시 그들의 생으로 되돌아와 새로움으로 가득 채워진다.'고 하였다. 지금도 어머니의 사랑은 빗물과 같아 나의 심장에 오늘도 흘러내릴 때 나의 심장은 제 기능을 못 하고 Go and Stop을 반복하고 있는 느낌이며 그 사랑의 샘물이 내 가슴속 깊이 새롭게 채워지고 있다.

나는 KBS '가요무대' Program을 본다. 그중에 가사가 부모님에 관한 것이면 가슴이 쓰라리고 아파서 하염없이 혼자 눈물을 흘리곤 한다. 어머니의 사랑이 나의 체내에 흘러 과거가 아닌 현재로 변화되어 역사하기 때문이라고 자인하며 불초 이 자식은 이제부터 어머니와 연관된 나의 삶을 시대별로 적어 보기로 하겠다.

#1. 일본 제국은 우리나라를 植民地화하여 전국의 농토를 탈취하는 바람에 황해도 재령군 북율면에서 조상 대대로 농사꾼의 딸로 자란 나의 어머니(1908년 4월 8일생)는 남편 되는 아버지(일본 유학생이었음)를 따라 1934년 만주(중국)로 삶의 터전을 옮겼다. 첫 정착지가 만주 신잔이란 조그마한 읍동내로 주기적으로 출몰하는 馬賊으로 인해 양민들이 많은 괴로움을 당하는 곳으로 우리가족은 이민을 갔다. 그곳에서 아버지는 사진관 자영업을 하셨는데 관동군 일본 수비대가 마적들을 잡으면 日本刀로 그들의 머리를 참수하고 그들의 머리들을 칼로 엮어서 어깨에 메고 다니곤 하였다고 한다. 김일성이도 한때는 그 마적단의 일원이었으며 그 후 일본군의 토벌이 심해 소련으로 도망했다는 역사적 사실을 아는 이는 거의 없다. 그의 손자 김정은이 2018년 6월 12일 트럼프 미국 대통령을 싱가포르 센토사 섬 카펠라 호텔에서 만나 정상회담을 하였다니 참으로 역사의 흐름을 우리는 알 수가 없다. 어느 날 마적단의 마을습격으로 나의 어머니는 어린 나를 안고 부엌 아궁이 속으로 들어가 숨었는데 두 시간이 지났음에도 불구하고 품속의 내가 울지 않아 이상히 여겨 들여다보니 내가 잘 때 쓰던 베개를 안고 있었다는 이야기를 어머니에게서 들었다. 너무 당황하고 놀란 나머지 생긴 일이다. 마적들은 부녀자들을 납치하고 가족들에게 금품을 요구하는 것이 상례이고 불응할 때에는 납치당한 사람의 손목 혹은 귀를 잘라 보냈다

고 한다. 나는 아버지가 사진관을 하였기 때문에 사진을 보고 당시의 시대적 상황을 알았다. 놀란 어머니가 급히 방으로 뛰어가 보니 나는 자고 있었다고 한다. 자식에 대한 어머니 사랑의 진실한 모습이다.

일제소화17년 (서기1942년) 당시 만주국 (중국) 신경시(현재, 장춘시)신경공원에서 신경 한인교회 (담임목사: 김동철)교인들의 야외 예배모습

앞줄 왼편 첫번째가 형님 임종순장로, 두번째 학생이 임흥순목사, 뒤에 앉은이가 어머니 표순희여사, 앞줄 오른쪽이 누님 임성녀권사, 서있는 장년중 왼편 세번째가 아버지 임윤재 장로, 그옆사람이 일본 관동군 사령부에 근무하였던 모리노씨(경남 부산출신), 그 다음이 김동철목사(1950년6.25때순교), 맨 오른쪽 흰옷 입은 청년이 당시 유명한 화가인 백형준씨. 지금은 다 하늘나라로 가셨습니다.

#2. 1939년 조선(한국)땅에 살고 있던 나의 할아버지가 세상을 떠나시자 며느리인 나의 어머니께서 喪을 치르기 위해 黃海道 鐵山을 방문하셨다. 당시 아버지는 만주국 通化시에서 日滿당이란 自營 印刷業을 두세 명의 중국인을 고용해 운영하고 계셨다. 나는 통화지 南江 국민학교 학생으로 어머니를 따라 할아버지 상을 보러 통화 驛에 나와 조선행 남포진으로 내려가는 기차를 기다리고 있었다. 마침 기차가 들어와 멈추는 것이 아닌가! 나는 재빨리 기차에 승차한 후 빈자리를 차지하고 어머니를 기다렸으나 한 5분은 지난 것 같은데 어머니가 오시지 않아 안절부절하던 순간, 아버지 밑에서 일하던 중국인이 나타나 내 손목을 잡고 기차에서 끌어내리려 했다.

그 순간 기차가 서서히 움직이기 시작했는데, 알고 보니 내가 탔던 기차는 북쪽 할빈역(안중근 의사가 일본 원흉 이등박문을 죽인 곳)으로 가는 기차였다. 어머니는 깜짝할 순간에 아들이 안 보이자 배웅 나왔던 그에게 찾아보라고 했고 그가 나를 발견한 것이다. 만일 그때 내가 그 기차에서 내리지 않았다면 영락없이 국제고아가 되었을 것이다. 어머니의 사랑이 자식의 생명과 장래를 보호하고 이끌어가는 것을 알게 한다.

#3. 금년이 6.25사변이 일어난 지 68주년이 되는 해이다. 내가 겪은 6.25를 글로 서술하려고 하면 책 한 권 분량으로도 부족하다. 그러므로 여기서는 한 사건만 말하기로 하겠다. 1950년 6.25 사변이 김일성의 남침으로 시작되었고 수많은 학생들을 인민군에 징집하여 낙동강 전투에 투입시키므로 내가 다녔던 황해도 사리원 고등학교 학생 95% 이상이 모두 전사하였다. 나는 징집영장을 찢어버리고 대한민국의 지리산보다 더 험한 구월산으로 도망하여 무려 3개월 동안 메뚜기만 잡아먹고 숨었다가 죽기 전에 부모님 얼굴이라도 보려고 고향인 재령 나무리로 며칠을 걸어갔다. 다행히 부모님을 뵙고 하루를 지난 아침에 뜻밖에도 지하에 숨어있던 그곳 애국청년들이 봉기해 내무서(경찰서)를 습격해 무기를 빼앗아 나무리(섬) 천지는 하루아침에 자유 천지로 변했다. 그러나 好事多魔라고 후퇴하는 1개 대대 병력에 해당하는 정규 인민군과 전투가 벌어져 48명이라는 애국청년들이 전사하는 불행한 사건이 있었다.

이 사건은 6.25 역사에 기록이 없는 사건으로 그 가운데서 살아남은 나는 10월 말경 다시 사리원으로 돌아와서 12월 5일까지 어머니와 같이 있었다. 12월 6일 멀리서 들리는 미군의 포탄소리를 뒤로하고 나는 사리원을 떠나 남하하기로 했다. 그런데 갑자기 深刻한 문제가 발생했다. 사랑하는 어머니가 나만 혼자 월남하고 자기는 아니 가겠다고 완강히 거절하는 것이 아닌가! 그 이유는 아직 외할아버지가 살아계시고 극진한 효녀였던 어머니께서는 아버지를 두고 떠날 수가 없다는 것이었다. 나의 아버지는 10월 1일 국군이 북진하자 군용차로 미리 서울에 가 계셨고 물론 중공군의 참전으로 남하한다는 일은 당시 전시 상황으로는 누구도 생각조차 할 수 없었다. 沙里院 驛까지 나온 나는 다시 집으로 되돌아가 어머니의 손을 강제로 잡아 같이 남하하기 시작했다. 영하 20도의 강추위에 눈보라까지 얼굴을 치는 바람에 얼굴을 똑바로 들고 앞으로 갈 수 없었지만 죽을 힘을 다해 시멘트 공장으로 유명한 마동이라는 동네까지 걸어갔다. 그런데 문제가 발생했다. 많은 피난민의 무리 전부가 도청소재지가 있는 海州市로 가는 것이 아닌가! 상식적으로 38선을 넘으려면 開城쪽으로 가는 것이 정답임에도 불구하고 그들이 海州시 쪽으로 가는 것을 본 나는 잠시 갈림길에서 주저하다가 철로를 따라 新幕쪽으로 나도 모르게 걸음을 옮겼다. 후일 알게 된 것이지만 이것 모두 하나님의 보호하심 때문이었다. 해주 쪽으로 간 피난민들은 UN군의 제트 비행기에서 발사한 기총사로 길에서 피를 토하면서 모두 죽었다. 그 이유는 북한간첩들이 남하하는 피난민속에 합류해서 남쪽으로 내려온다는 정보 때문에 애매한 시민들이 모두 죽임을 당한 것이다.

내가 사리원역을 떠날 때는 길 양가에는 포승줄에 묶인 일단의 좌익무리들이 추위에 떨고 있었는데 모두 산골짜기로 끌려가 미군과 국군들이 총살하였다. 마동을 지나 신막 쪽으로 남하하다가 카빈총을 들고 있는 국군 사병을 만났다. 갑자기 내가 쓰고 있는 털모자를 빼앗아 자기가 쓰는 것이 아닌가! 참으로 날 강도를 당한 것이다. 이 털모자는 만주 통화시의 Ski장에서부터 내가 가장 아끼던 털모자다. 그러나 총으로 위협하는 모습을 보고 포기할 수밖에 없었다. 드디어 한밤중에 신막에 도달하여 어느 농가에서 묵고 있을 때 총을 겨누면서 나타난 국군 사병이 부엌바닥에 가마니를 깔고 자고 있는 젊은 부부를 노려보다가 여자만 데리고 밖으로 나갔다. 그 여인의 남편이 반항하자 당장 방아쇠를 당길 행동을 취하는 국군사병을 보고 방안에 있던 우리 피난민들은 떨고 있을 수밖에 없었다. 약 두 시간이 지난 후 그 여인은 남편 있는 곳으로 다시 와서 울고만 있었다. 전시 하에 흔히 볼 수 있는 부녀자 겁탈사건이다. 국군이 평양시를 탈환하고 환영 나온 부녀자들을 겁탈한 사건은 후일 역사가들이 기록하고 있다. 아침이 되어 나는 다시 서울을 향해 걷기 시작했다. 그러나 몇 달씩 숨어 있으면서 먹을 것을 못 먹고 영하 20도 추위에 견디기 어려운 고통을 참고 오직 살기 위해 걷기를 계속하다가 그만 길가에서 쓰러지고 말았다. 이것을 본 어머니는 사랑하는 아들을 살리기 위해 얼마나 고생하였는지 필설로 다 표현할 수가 없다. 만약 이때 어머니의 보살핌이 없었다면 나는 그때 길가에서 세상을 떠났을 것이다. 참으로 어머니의 사랑은 말로 표현할 수가 없다.

#4. 미국에서 목회를 하다가 잠시 한국에 다녀올 일이 생겨 어머니의 산소를 누님과 같이 갔을 때 일이다. 그해(1990년)는 유난히 가뭄이 계속되어 전국에서 농사를 할 수가 없다고 농민들이 야단을 하고 있었다. 어머니 묘소에 자리를 깔고 추모예배를 시작하자 갑자기 하늘에서 검은 구름이 나의 머리 위에 멈춰서 비를 내리는데 이상하게도 다른 곳은 전혀 비가 내리지 않고 성경책을 펴고 있는 나의 손, 머리, 옷, 그리고 누님이 앉아 있는 곳에 비가 억수 같이 내리는 경험을 하였다. 이미 고인이 된 누님이 그때 내게 하신 말씀이다. "비는 사랑하는 아들을 보고 너무 반가운 나머지 흘리는 어머니의 눈물이라네."

비에 젖어 구겨진 성경책을 펴기까지 약 3년이 걸렸다.

글을 마무리하려고 한다. 사랑하는 어머니에 대한 이야기는 한이 없다. 어머니를 생각하면 눈물이 절로 난다. 보잘것없고 죄 많은 불초 이 자식을 위하여 몸을 아끼지 않았던 어머니. 수학에서 어떤 숫자라도 분모 되는 Zero(0)로 나누면 無限大가 되듯이 어머니의 빈 마음은 어떤 자녀라도 무한대로 사랑하며 한 알의 밀알임을 말해주고 있다. 찬송가 304장의 4절 가사 '온유하고 겸손하며 올바르고 굳세게 어머니의 뜻 받들어 보람 있게 살리다. 풍파 많은 세상에서 선한 싸움 싸우다 생명시내 흐르는 곳 길이 함께 살리라.' 이 내용을 생각하며 불초 이 자식은 생전에 지은 죄를 이 시간 눈물로 엎드려 빌고 또 빕니다. 어머니 사랑합니다.

그렇게 왔다가 그렇게 가신 어머님

장준

어느 날, 어머님이 노환으로 돌아가셨다는 서신 연락을 북의 동생으로부터 받았다. 돌아가신 지 2개월이 지나서 나에게 전달된 편지였다. 소식을 받고 난 후 쓰라린 나의 마음을 어떤 글로 표현할 수 있으랴. 꿈에도 그리던 어머님을 수만 리 떨어진 이국땅에서 그렇게 보내드렸다. 아니, 엄마는 영원한 시공 속으로 스스로 걸어 들어가셨다. 세상에 갖고 계시던 모든 것을 털어버리시고 자식들에 대한 사랑과 안타까운 마음까지도 그렇게 놓고 가셨다.

세상 어느 누구가 자기 어머니에 대한 사랑을 잊을 수 있으랴! 어머님은 살아생전에 『반야바라밀다심경(般若波羅蜜多心經)』을 매일 아침 새벽에 일어나셔서 사경하시고 신앙심을 키우시며 부처님의 마음을 닦으셨다. 그것은 세계의 평화를 위하여 부처님에게 기도드리는 마음 그 자체다. 우리 민족은 1950년 6.25라는 동족상잔의 비참한 전쟁으로 분단의 장벽이 세워진 이래 1953년 7월 27일 휴전이 되었지만, 가족 간의 자유 왕래는 금지되고 자연 이산가족이 생겼다. 분단국의 비극이며 세계 어느 곳에서도 찾아볼 수 없는 유례이다. 그 기간이 장장 68년 아직도 남북 이산가족의 만남은 요원하다. 이 같은 비극적인 현실을 어디다 하소연할까. 한국에서 자유로이 북에 있는 우리들의 가족, 엄마 소식을 들을 수 있을까. 그러나 현재 세계정세는 많이 변해가고 있지만, 우리 민족끼리 해결하기엔 힘이 없다. 아직도 외세의 강대국 힘이 작용하고 있다.

나는 이런 민족적인 비극의 주인공이다. 나는 얼떨결에 1950년 6월 25일 전쟁고아가 되었다. 전쟁이 터지자 15세의 나이로 어머니의 품을 떠나 피난민 물결에 휩쓸려 남으로 내려왔다. 전쟁이 끝나면 다시 돌아오리라 어머니와 약속을 하고 고향을 떠난 나는 영원히 어머니와 헤어지는 신세가 되었다. 그때부터 나에겐 어머니란 없었다. 그러나 어머니를 만나야겠다는 의지는 내 몸에 항상 지니고 다녔다. 나의 평생소원은 어머니를 모시고 한집에서 며느리와 손자들과 같이 오순도순 사는 것이었다. 어머니에게 맛있는 것을 해드리고 어머니를 모시고 크루즈 여행이라도 가는 것이 꿈이었다. 그러나 그 꿈은 허상이었다. 이 같은 꿈을 실현하기 위해서는 미국으로 가기로 결심했다. 가서 시도 해보는 것이 오히려 첩경일 수 있다. 그동안 해외공사 입찰을 위해 미국, 일본, 중동, 아프리카, 사모아 등 회사를 대표해 다니면서 입찰과 계약을 위한 Negotiation 등 많은 활동을 했다. 사모아 국회의사당 준공검사를 끝으로 나는 사표를 내고 미국으로 들어왔다. 미국 시민권이 있어야 북한의 어머니를 만날 수 있다는 이유에서였다. 미국 생활 6년 만에 미국 시민권을 받고 처음으로 미국 적십자 문을 두드렸다. 실패였다. 두 번째로 국제 적십자 미국 지부에 내 가족을 찾아 달라는 청원서를 제출했다. 약 3개월 만에 답신이 왔다. 미국과 북한이 국교가 맺어지지 않았기에 불가능하다는 것이다. 나의 마음은 비참했다. 그래도 어머니를 찾겠다는 나의 마음은 포기할 수 없었다. 마지막으로 New York에 있는 UN 주재 북한 대표부에 떨리는 손으로 전화 다이얼을 돌렸다. UN 북한 대표부 소속 '김 선생'이라는 사람이 전화를 받았다. 나의 사정 이야기를 다 듣고 나서 '서면 요청'을 하라고 한다. 나는 뛸 듯이 기뻤다. 나는 즉시 서면 요청서를 작성 UN 주재 북한 대표부로 발송을 했다. 접수 여부를 확인하고 이제나저제나 기다렸다. 기다리기를 몇 달 답신 전보를 받았다.

〈 아버님은 1976년 불치의 병환으로 별세하시었다. 당신의 어머니와 두 형제, 누이동생 그리고 모든 친척은 빠른 시일 내에 당신의 고향 방문을 기대한다. 조선민주주의인민공화국 해외동포원호위원회 : 평양 〉

'지성이면 감천'이라 했던가! 이렇게 해서 어머님의 슬하를 떠난 지 31년 만에 그렇게 그리던 어머님이 생존해계신다는 반가운 소식과 아버님은 별세하셨다는 슬픈 소식을 함께 받았다. 슬픔과 반가움, 희비쌍곡선으로 이어지는 나의 마음, 그러다 보니 멍한 공황 상태에서 나의 감정이 마비되는 것 같았다. 전보를 받고 집으로 향하는 차 속에서 주체할 수 없는 어머니에 대한 나의 사무치는 감정이 눈물로 쏟아지기 시작했다. 그리고 통곡을 했다.

"어머니, 어머니" 하고 울부짖었다. 돌이켜 보면 15세 어린 나이로 어머니의 품에서 벗어나 낯 설고 아는 이 없는 곳에서 독자적으로 삶을 개척해야 하는 어린 소년이 어느새 40대 중반의 나이에 이르렀다. 이제야 내가 미국에 이민 온 목적이 달성되었다. 한국에서라면 절대로 불가능한 일이었다. 이제 32년의 세월을 한 번에 뛰어넘어 그리운 엄마를 찾아 미지의 지역으로 불리는 나의 고향 개성으로 가보자 그곳엔 나의 꿈과 사랑하는 어머니가 살아계신다. 이미 나의 마음은 어머니 곁에 가 있었다. 내가 뛰어놀던 그 골목엔 아직도 은행나무가 서 있었다. 전쟁 통에도 은행나무는 살아남았다. 골목에 들어서니 저만치 둔덕에 머리가 허옇게 물드신 백발의 할머니가 서 계신다. 나를 끔찍이도 사랑했던 외할머니 같았다. 나는 달려갔다. 어린 꼬마 시절 학교에서 돌아올 때 항상 어머니가 웃음으로 나를 맞아주던 곳 백발의 할머니가 점점 젊은 여인으로 변한다. 어머니였다. 나는 와락 껴안았다 "엄마" 어린아이처럼. 33년의 공백 기간이 스르르 무너져 언제 어머니 곁을 떠났나 생각되었다. 내 나이 50에 이르렀고, 어머니는 70이 넘으셨다. 흐린 눈으로 나를 쳐다보시는 어머니의 눈길. 자비로우신 어머니의 눈에서 눈물이 흘러내린다. 그 어머니의 눈물은 돌아온 아들을 다시 찾은 뼛속 깊은 눈물이었다. 나도 말없이 눈물을 흘렸다. "어서 집으로 들어가자." 말씀하신다. 어머니는 나를 의자에 앉히고 나의 손과 발을 쓰다듬으며 내가 당신의 아들임을 확인하신다. 친척들이 다 돌아가고 나는 어머니와 같이 나란히 누웠다. 어머니가 말씀하신다. "네가 이렇게 이북 고향 땅 개성에 다녀가면, 혹시 너를 의심하고 잡아가는 불상사가 생기지 않을까 걱정이 된다." 어머니의 마음이리라. 33년 만에 만나는 아들 어머니는 또 아들을 걱정하신다. "어머니 염려하지 마세요. 나는 미국 시민입니다." 어머니는 미국 시민이 무엇을 의미하는지 알지 못하신다. 이렇게 나는 어머니 생전에 어머니를 뵙기 위해 1983년을 시작으로 3번 다녀왔다. 나는 공산주의자도 아니요, 민주주의자도 아니다. 평범하게 사는 소시민일 뿐이다. 나의 불행은 우리 민족에게 주어진 민주. 공산 두 Ideology 다툼의 희생자일 뿐이다. 나의 바람은 평화스럽게 남북이 통일되어 이산가족이 만나고 더 이상 민족의 불행이 없기를 바랄 뿐이다. 이제 어머니는 하늘나라로 가셨다. 나는 어머니를 보고 싶어도 뵙지를 못한다. 더 후회스러운 것은 더 자주 북에 계시는 어머니를 찾아뵙지 못한 것이다.

어머니를 만나기 위해 어딘들 못 가랴. 나는 어머니를 만날 수만 있다면 그 어떠한 시련이라도 헤치고 갈 마음의 준비가 되어있다. 새벽녘! 부엌에서는 아침을 준비하는 소리가 들린다. 잠자는 내 얼굴 위에 무엇이 어른거린다. 나는 눈을 떴다. 내 얼굴 위에 어머니의 얼굴이 겹쳐져 있다. 어머니가 오늘 떠나는 아들의 얼굴을 뚫어져라 보고 계신 것이다. "엄마" 나는 엄마를 불렀다. 내가 미국으로 오고 난 후 수년을 더 사시다 어머니는 타계하셨다. 어머니의 임종이며 장례식에 참석을 못 했다. 이제는 어머니를 영원히 볼 수 없다. 그러나 어머니를 만날 날은 윤회의 길에서 어머니를 다시 만나면 좋겠다. 나의 꿈이다.

울 엄마!

장 빈센트

참 정겨운 이름이다. 다정하고 따뜻하고 사랑과 온기가 가득한 이름! 울 엄마!

그런데 난 왜 한 번도 이 아름다운 이름을 그분께 불러드리지 못했을까?

지금이라도 허공이면 어떠리. 마음을 가득히 담아 불러드린다면 영혼이 들으시고 좋아하시지 않을까?

울 엄마는 곰치재 산자락에 이 씨 문중에 남매로 '이갑순'이라는 이름을 갖고 태어나셨다. 18세에 가마타고 곰치재를 넘어 장 씨 문중 장손의 집안에 시집오셨다. 기와집이 몇 채인 부자는 아니었지만 사랑채를 두고 밖에 머슴 2명과 식모 2명을 거느린 중간정도의 시골 부자 집에 시집와서 7남 1녀 8남매를 기르셨다.

나는 8남매의 7형제 중 6째로 태어났다. 항상 시끌벅적한 집안의 엄한 할아버지 밑에서 자랐는데 그때 집에서 어머니의 존재는 별로 없었던 것 같다.

하지만 자식 중 누구든 잘못을 하거나 문제를 일으키면 어김없이 울 엄마의 회초리나 부지깽이가 기다리고 있었다.

그것으로 한 차례 얻어맞고 나면 그 누구보다 무섭고 두려웠던 울 엄마!

어쩌다 형한테 억울하게 얻어터지고 울며 들어오면 "복순아! 애 약 발라줘라. 그리고 태현이 잡아와!" 그때 나를 가장 행복하게 만들었던 '울 엄마!'

갑자기 돌아가신 아버지를 대신해 나와 어린 두 동생 학교를 책임지시려고 고군분투하시던 울 엄마!

하나밖에 없던 누나가 매형과 싸우시고 엄마모시고 함께 살겠다고 할 때 "나는 18살에 네 아버지를 따라 곰치재를 넘어온 후 한 번도 그곳을 가본일이 없고, 내 이름도 잊고 살았다."고 하던 울 엄마!

그리고 "넌 이제 김 씨 가문 귀신이 되어라."고 하시며 집에 발걸음도 못하게 하시던 울 엄마!
체통과 체면을 중히 여기시고 자존심도 강하셨던 울 엄마!

하지만 수현이가 아들을 낳았다고 신생아실에서 여러 사람들과 집사람 보는 앞에서 덩실 덩실 춤을 추셨다는 또 다른 모습의 울 엄마!

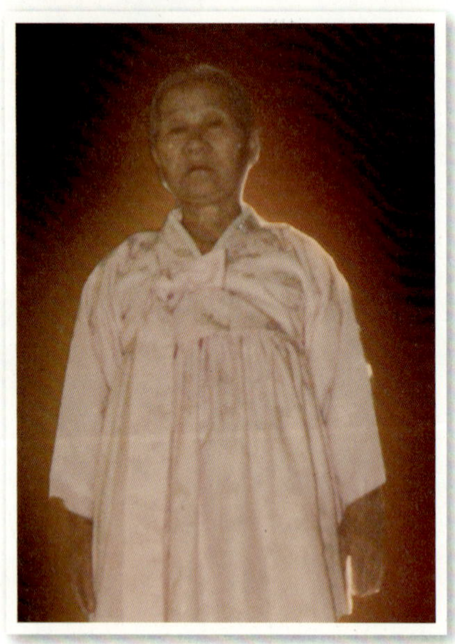

"난 따뜻한 아랫목에 허리 한번 지져보지 못했다."
"나는 머슴들 중 상머슴이었다."
그렇게 살다 가신 울 엄마!

엄마! 엄마! 울 엄마!
어머니의 영혼이라도 들으시라고 수현이가 '울 엄마!' 하고 불러봅니다.

울 엄마

장 젬마

엄마~~~, 오랜만에 입안에서 불러본다. 참 정겨운 이름이다. 어떤 그 무엇이 아련히 가슴속을 치고 올라온다. 쉬우면서도 어려운 이름이 '엄마'라는 이름이 아닌가 싶다. 좋을 때도 힘들 때도 부르게 되는 이름~~~. 기분이 좋고 기쁠 때는 "엄마, 엄마" 하며 숨넘어갈 듯이 불러대며 다음 말이 이어지지 않으면 또 계속 엄마, 엄마 한다.

울 엄마는 말이 없으시고 조용하셨기 때문에 나는 엄마 앞에서는 일부러 말괄량이 노릇을 하며 엄마를 웃겨드렸던 기억이 난다. 딸로 태어나면서 팔자 사나운 띠?로 태어났다고 부모님은 내가 하고 싶은 것을 해보라고 하시며 나에게만은 모든 것을 아량 있게 허용하셨던 기억이 새삼스럽다. 자라면서 욕 한번 들어보지 못하고 매 한번 맞아보지 못하고 자랐다.

어렸을 때 한 7살 때쯤의 기억이 난다. 이북에서 오신 부모님들은 6.25가 나기 전까지 영등포 쪽에서 사신 것 같다. 새로 이사한 집에서 엄마가 부엌에 계시는 동안 나는 문밖의 담벼락에서 봄 햇빛을 만끽하며 혼자 흥얼거리고 있을 때 동네 사내아이들 서넛이 다가오고 있었다. 한 아이가 나를 보며 처음 보는 아이라고 하자 다른 아이들도 고개를 끄덕댄다. 내가 말이 없자 심심한지 막말을 시작하는 것 같았다. 그래도 대답이 없고 바라보고만 있으니 그중의 한 아이가 "야, 이 계집애야" 한다. 난 그 소리가 무슨 말인지 몰랐다. 그 아이들은 다 함께 계속 여러 번 "야, 이 계집애야." 하고 대들었다. 나는 무슨 뜻인지는 모르지만 나도 지고 싶지 않아 거기다 대고 "애, 이 계집애야." 하고 맞받아댔다. 그랬더니 하나같이 웃어대며 "야,

얘들아, 재 바보야" 하며 떠들더니 모두 가버렸다. 나는 안으로 들어가 부엌에 계시는 엄마에게 엄마, "이 계집애가 무슨 말이에요?" 하고 물어보았다. 그랬더니 울 엄마는 "뭐긴~, 에미나이란 소리지" 하셨다. '에미나이'란 여자아이란 뜻이다. 난 아버지가 산수 숙제하다가 아버지께 물으면 틀렸을 땐 "이 에미나이 이것도 모르네?" 하셨기 때문에 그 뜻을 안다. 엄마는 에미나이란 말도 나에겐 안 하셨다. 처음으로 동네 사내아이들로부터 욕을 배우고 성장하며 세상 속을 걷기 시작했다.

4남매를 키우신 부모님이셨지만 두 분이 싸우는 모습을 보지 못했다. 가끔 아버지의 음성이 커지면 아버지는 엄마를 임자라 부르며 이야기를 하시는 것을 보았다. 3대 독자에 외며느리, 예쁘고 얌전하며 바느질과 살림 잘하는 평양에서 시집온 전형적인 가정주부가 울 엄마다. 엄마는 왜 아버지께 화 한번 안 내고 불평이 있어도 따지지도 않고 참고 사시는 지 불만이었다. 그런 며느리였기 때문에 그렇게 살아야 했나요? 할 말도 하고 큰소리도 치고 우리한테 화내시는 얼굴을 보고 싶었다. 울 엄마는 항상 온화하시고 우리 4남매를 사랑의 눈으로 자랑스럽게 여기시며 웃음 짓는 모습이 떠오른다.

나는 불효자식이다. 미국에 살면서 한 번도 모시지 못한 것이 내내 후회스럽다. 두 분을 초청했을 때 엄마는 오시고 싶어 하셨다. 그러나 비행에 대한 공포증이 크신 아버지 때문에 못 오셨다. 엄마 혼자는 절대로 못 보내신다는 아버지의 고집을 엄마는 꺾지 못하셨다. 딸이 친정엄마를 한 번도 모시지 못했다는 것에 항상 죄스럽고 미안하고 부끄럽고 후회스럽다. 내가 이 나이가 되고 보니 불효 중에 불효를 한 것 같다. 하지만 나에게 사랑의 미소로 나의 손을 잡으시던 그때의 그 모습이 영원히 지워지지 않는 나의 '울 엄마'의 영상이다.

울 엄마! 천국에서 만나리

정 베드로

동서고금을 막론하고 세상에서 가장 아름답고 좋은 단어는 '엄마'라고 합니다. 그런데 우리 시대의 한국 사람들에게 어머니에 대하여 글을 쓰라고 하면 대부분 눈물이 앞선다고 합니다. 같은 연령대의 미국 사람들에게 물어봤습니다. 그러나 그들의 대답은 우리들과 다르다는 것을 알게 됐습니다.

왜일까요? 대부분 우리들의 어린 시절은 일제강점기와 6.25 동란 등 불행한 민족수난의 어려운 시절을 거쳤습니다. 그러는 동안 극심한 가난과 굶주림 속에서 어린 우리들을 위하여 당신의 생명을 아끼지 아니하시고 희생적으로 돌봐주신 어머님의 노고를 직접 보고 느끼면서 자라왔기 때문일 것입니다. 지금과 같이 윤택해진 한국이나 부유한 선진국에 사는 어머니들도 물론 자녀들을 키우는 수고와 희생은 가없겠지만 어찌 우리들을 키우신 어머님들의 희생과 비교할 수 있으리오!

내가 '울 엄마'라는 제목으로 글 쓰는 것을 처음에 꺼려한 이유는, 쓰기 싫어서가 아니고 다른 사람들보다 몇 배의 눈물 없이는 쓸 수가 없기 때문이었습니다. 하지만 나는 어머니를 기리는 마음으로 펜을 들었습니다.

나는 1943년 국가공무원 가정의 차남이면서 넷째로 서울에서 출생했는데 백일이 조금 지나 어머니는 나의 연년생 여동생을 임신하게 되어 모유가 끊어지게 되었습니다. 그때부터 생후 4개월 된 어린 나는 배고파 항상 울었다고 합니다. 그 당시 분유나 우유는 고사하고 쌀이 귀하여 미음조차 먹지 못해 배고파 우는 나를 안고 다니며 동네 아줌마들에게 동냥젖을 얻어 먹이려 했지만 당시 조선 사람들의 영양상태가 좋지 않은 때라….

엄마 등에 업힌 나는 배고파 울고 어머니는 내가 불쌍하고 가엾어서 많이 우셨다고 합니다. 생후 4개월부터 영양부족 상태로 자란 나는 발육부진 허약체질로 3살 지나서야 일어서고 4살 때부터 걷기 시작하였다 하니, 어린 나는 아무것도 몰랐겠지만 가슴 아파하셨을 어머니의 마음은 오죽했으랴!!

어려서 젖이 주려서 그런지 아니면 배꼬리가 워낙 커서 그런지 나는 유지관리비가 많이 드는 편이라 보통사람들이 먹는 양의 거의 갑절을 먹어야 양이 차는 편인데, 그 후 6.25 동란으로 인한 극심한 경제난 속에서 장성할 때까지 배를 채우는 일은 항상 나의 급선무 중의 하나였습니다. 어려서부터 이처럼 악조건 속에서 자란 내가 이렇게 큰 몸집을 소유할 수 있다는 자체가 상식 외의 일이겠지만 이는 돌연변이 현상이 아니라 외가 쪽 혈통의 몸집이 큰 편이기 때문일 것입니다.

내가 어려서 장성할 때까지 나의 허약한 체격과 병약한 모습을 보시며 "5남매 중 너 하나 키우기가 나머지 4남매 키우기보다 더 힘들었다."고 말씀하시며 돌아서서 눈물 닦으시던 울 엄마는, 다섯 중 엄마를 제일 많이 닮은 나에게 남다른 모정을 베푸셨으며 친척이나 친구들에게도 "나는 늙으면 꼭 작은아들과 함께 살겠다."고 말씀하시곤 했습니다. 그 예언(?)대로 엄마는 애틀랜타에서 내가 목회사역 중일 때 1987년 우리 집에서 향년 80년으로 생을 마치셨습니다.

이제 돌이켜보면 가난한 나라에서 어려운 시대에 태어나셔서 특히 허약한 나 때문에 고생을 많이 하셨는데 나는 목회자의 길을 걷고 4남매를 기르면서 울 엄마에게 제대로 효도를 못 해 드린 것이 나의 가슴을 매우 아프게 찌릅니다. 그러나 인생은 언젠가 이 세상을 떠나기 마련, 이제는 눈물과 아픔과 고통이 없는 천국에서 영생을 누리시는 울 엄마를 생각하면 큰 위로가 되며 천국에서 다시 만나는 소망이 나의 큰 소망이 됩니다.

나의 어머니의 이름은 '엄마'

조제하

나와 아내는 아들 셋, 딸 하나 4남매를 두었습니다. 모두들 건강하게 자랐고 가정을 이루고 자기들이 하고자 하는 일들을 열심히 하고 있습니다. 하나님에게 감사드립니다.

어느 날, 둘째 아들 경래가 아버지의 80 평생 살아온 삶에 대해 물었습니다. 내가 태어나 어머니와 고생하며 살아온 이야기를 들려주었습니다. 아들이 감명 깊게 이야기를 들었는지 그 이야기를 또 자기의 아들 14살 현태(손자)에게 들려주었습니다. 손자가 이 이야기를 학교 글짓기 시간에 발표해서 큰 호응을 받았다고 합니다. 그 이야기 내용을 소개하며 다시 글을 씁니다.

우리 어머니는 경북 안동군 풍산면 오미 2동에서 김해 김씨 댁 7남매 중 막내로 1917년 3월 28일 태어났습니다. 지금 나이로 꼭 101살입니다. 94세까지 사시다 돌아가셨고. 치매기가 좀 있으시어 요양원에 계시다 2010년에 돌아가시니 8년 전입니다. 어머니는 기구한 운명의 여인입니다. 외할머니는 어머니가 7살 때 돌아가셨다고 합니다. 어머니는 어린 고아가 되었습니다. 새엄마가 들어오셨는데 어찌나 무서운 새엄마인지 툭하면 담뱃대로 머리를 때리고 일을 얼마나 무섭게 시키는지 못하는 것이 없었다고 합니다. 어머니가 12살 어린 나이에 외할아버지 바지저고리를 만드셨다고 합니다. 그러다 16살에 우리 아버지와 혼인을 하여 나를 20살에 낳으셨습니다. 아버지는 어머니보다 2살 아래였다고 합니다. 아버지는 2대 독자여서 철도 늦게 들고 엄마의 속을 많이 썩였다고 합니다. 어머니는 키도 크고, 눈도 크고, 코도 오뚝하고, 서구적으로 생겼습니다. 그리고 힘도 세어서 벼 한 가마를 번쩍 들어 할아버지가 굉장히 좋아하셨다고 합니다. 할아버지가 며느리를 너무 좋아해서 어머니만 위했다고 합니다.

어머니는 성품이 온화하시어서 누구와도 싸우는 것을 본 적이 없습니다. 남을 배려하고 이해심이 많으셨고, 또 길쌈을 잘하여 엄마가 옛날에 목화를 심어 목화를 따서 쐐기에다 씨를 바르고 고치를 만들고 물레로 실을 뽑아서 베에 풀을 먹인 후 베틀에서 베를 짤 때는 밤잠도 못 주무시고 밤새우며 얼마나 빨리 짜시는지 하루에 한 필을 짰다고 합니다. 나는 어머니가 너무 고생을 하고 사시는 것을 두 눈으로 보고 자라서 어머니에 대해 잘 알고 있습니다. 나 또한 불우한 운명의 아들이었습니다. 어머니가 나를 낳고 내가 5살에 아버지가 돌아가셨습니다. 그 또한 어머니의 기구한 운명이었습니다. 아버지가 살아 계실 때 내가 4살로 기억이 생생하게 남아있는데, 내가 앞 냇가에서 놀고 있는데 이웃집 개가 내 오른팔을 물었습니다. 4살 어린아이의 팔이니 얼마나 약합니까. 엄마의 정성 어린 치료가 아니었다면 아마도 나는 오른팔이 잘리거나 광견병에 걸려 죽었을지 모릅니다. 한의원이 없는 동네라 엄마는 나를 업고 10리 밖의 한의원을 매일 찾아가 치료를 받았습니다. 석 달 열흘 100일을 매일 다녔습니다.

내가 5살 때 아버지를 여의었으니 아버지에 대한 기억이 통 없습니다. 사진도 없습니다. 어머니에게 아버지를 물으면 거울로 네 얼굴을 보라고 하십니다. 거울 속에 네 아버지가 있다고 하십니다. 네가 꼭 아버지다. 아버지는 키가 작으셨습니다. 어머니를 닮았으면 나는 기골이 장대했을 것입니다. 아버지는 일본으로 공부를 하러 가셨다가 병을 얻어 부산으로 오셨는데 모시고 올 수가 없어 친척에게 부탁하니 돈을 요구해, 어머니가 물정을 몰라 땅을 팔아 돈을 주었습니다. 결국 사기를 당하고 말았습니다. 그러고 일 년을 사시다 돌아가셨으니 나는 나의 머릿속에 아버지의 영상이 맺혀있지가 않습니다.

나는 공부는 하지 못했습니다. 학교에 가질 않았다가 10살에 3학년으로 학교에 다녔습니다. 구구법도 몰랐습니다. 나에겐 어머니의 끈질긴 내성이 있는지 나는 뒤떨어진 모든 학과를 습득했습니다. 그러다 2학기에는 1등을 해 반장이 되었습니다. 나는 성장 과정에서 어머니와 다툰 기억이 없습니다. 어머니의 말씀을 잘 따랐고 착한 아들이었습니다. 어머니는 25세에 아버지가 돌아가시자 재혼을 했습니다. 아들 하나, 딸 넷을 낳았습니다. 그래서 우리 집은 아들 둘에 딸이 넷입니다. 그러다 우리 식구는 미국으로 이민을 오게 되었습니다. 어머니는 딸들이 사는 메릴랜드에서 사셨는데 딸들과 같이 성당에 다녔습니다. 어머니는 열심이어서 영세도 받으시고 매일 아침 성당에 촛불을 켜시는 봉사를 하셨습니다. 어머니는 영세이름 말고 일반적으로 부르는 이름이 '엄마'입니다. 미국사람들도 다 어머니 이름을 '엄마'로 통했습니다. 그것은 딸들이 '엄마, 엄마'로 부르니까 '엄마'가 진짜 이름인 줄 알고 엄마의 이름이 되었습니다.

나는 맏아들로 어머니를 모시지 못했습니다. 모시기는 막내아들이 모셨습니다. 어머니로서는 맏아들보다 막내가 좋았나 봅니다. 솔직히 나는 마음의 갈등을 느꼈습니다. 그러나 아내가 잘 처리해서 별문제는 없었습니다. 도리어 어머니와 며느리인 아내와의 관계는 무척 좋았습니다. 어머니가 자주 집으로 오셔서 한 달, 두 달 있으시며 손자를 돌보고 며느리와 가깝게 지내셨습니다. 아내의 생일을 맞으면 선물을 꼭 했는데 옷을 했습니다. 언제는 까만 바지에 빨긴 자켓을 선물로 하셨습니다. 칼라를 보시는 눈이 보통이 아니셨습니다. 한복도 해주시고 해서 아내는 행복감을 느꼈다고 합니다. 지금도 어머니에 대한 마음이 불편한 것이 있습니다. 맏아들인 내가 어머니를 모셨어야 했는데 막내에게 끝까지 맡긴 것이 후회스러웠습니다. 그건 어머니의 책임도 있었습니다. 막내와 같이 살겠다는데 그걸 말릴 수는 없었습니다. 어머니가 양로원에 가게 된 사실도 늦게 알았습니다. 막내가 어머니를 양로원에 보내놓고 나의 이름과 주소, 전화번호를 써 놓았기 때문입니다. 양로원에서 전화가 와 가보니 어머니가 계시었습니다. 이미 치매기가 있었습니다. 막내를 원망했으나 막내가 사업에 실패를 해 어쩔 수 없는 일이었다고 합니다. 그때부터 나는 울기만 했습니다. "나는 불효자다."라고 뇌이며 울었습니다. 지금도 이 글을 쓰면서 나는 눈물이 맺힙니다.

나는 어렸을 때도 어머니한테 꾸지람을 들은 적이 없습니다. 나는 항상 조용했습니다. 있는 듯 없는 듯 나는 조용히 살았습니다. 그나마 위안이 되는 것은 어머니 말년에 내가 어머니 곁에 있었다는 것으로 만족합니다. 아내도 어머니와 정이 깊이 들어 돌아가실 때까지 곁에서 도와 드렸습니다. 이 글을 통해 나는 아내한테 큰 감사를 드립니다. 이 세상에 효자는 없습니다. 모두가 불효자들입니다. 그리고 모든 자식들은 어머니가 세상을 뜨신 후에 후회를 합니다. 나도 그렇습니다.

2010년 12월 25일 크리스마스날 밤, 양로원에서 전화가 왔습니다. 어머니에게 이상이 온 겁니다. 새벽에 달려갔습니다. 이미 어머니는 숨을 몰아쉬고 있었습니다. "어머니, 어머니" 나와 아내는 다급하게 어머니를 불렀습니다. 의식이 있는지 멀거니 나를 쳐다보십니다. 어머니의 시선이 나를 더 울컥하게 했습니다. 눈물이 쏟아지기 시작했습니다. 아내도 어머니의 손을 잡고 몸부림을 쳤습니다. 그래도 위안이 되는 것은 우리 부부가 어머니의 임종을 옆에서 지켜보았다는 사실입니다. 지금 어머니는 천주교 묘지에 잠들고 계십니다.

하나님, 감사합니다.

2018년 7월 6일 불효자식이

엄마! '울 엄마!'

황민자

참 오랜만에 '엄마'를 불러보니 아득한 어릴 적 시절이 생각나며 엄마가 왈칵 보고 싶다. 이 세상 어느 말보다 다정다감한 말 엄마?!

울 엄마는 세상 어느 엄마보다도 고생을 많이 하셨다. 엄마가 세 살 적에 외할머니를 잃으시고 친척집에 얹혀살았기에 이 눈치 저 눈치 보며 자라신 가여운 울 엄마, 그 인생은 얼마나 슬프셨을까. 20세에 다섯 살 위인 아버지와 중매결혼 하시고 층층시하 시집살이 시아버지, 시어머니, 시누이들, 시동생들 틈새에서 살았으니, 밤늦게 시어머니가 "들어가 자거라." 명령이 떨어질 때까지 온 가족들 옷(한복)을 만들었다. 옷을 뜯어 빨고 풀 먹이고 곱게 다듬이질해서 다시 마져서 꿰매고 하던 시절이다. 거기다 시누이, 시동생들은 왜 그렇게 많은지, 개구쟁이 시동생들은 새 옷을 입고 나가서 장난치고 돌아오면 시커멓게 더러워져서 다 벗기고 또 뜯어 빨아야 하고, 새벽 2시 3시가 될 때까지 "들어가 자거라."는 명령이 떨어질 때까지 매일 바느질을 했다고 한다.

엄마가 첫아기를 가졌을 때 일이다. 만삭이 된 엄마에게 인정 없는 시어머니는 절구질을 시켜서 절구질을 한 번도 해보지 못한 엄마는 쌍둥이를 가지신 것도 모르시고 유난히 큰 배를 절구방아로 자꾸 찧었다고 하신다. 그래서 그런지 아이를 날 날이 아닌데 배가 아프시더니 아이가 나오자마자 죽더니 또 하나가 따라 나와 죽었다고 하셨다. 지금 생각하면 참 위험한 처지인데 그냥 집에서 큰일을 치르셨다. 그 쌍둥이가 다 아들이었다. 살았다면 나의 오빠였으리라. 그리고 내리 딸 일곱을 낳으셔서 우리 집은 칠 공주 집이 되었다.

어느 날 엄마가 새벽기도를 다녀오시더니 전쟁이 났다고 하시며 우리를 집안에 모아놓고 이

불을 뒤집어씌우셨다. 그때 아버지는 사업차 온양으로 내려가고 안 계셨다. 아버지는 전쟁 소식을 들으시고 모든 사람은 남쪽으로 피난을 가는데, 아버지는 반대로 기차와 버스 편이 다 끊긴 길을 걸어서 걸어서 북으로 서울을 향해 우리들을 만나러 올라오시며, 음식을 파는 데가 없어서 날콩을 씹으며 허기를 달래면서 오셨다.

며칠 뒤 엄마하고 친하게 지내던 옆집 아줌마가 빨갱이로 변한 남편의 서류에 빨간 글씨로 우리 온 가족 이름이 적힌 것을 보고 몰래 엄마에게 와서 어서 피하라고 귀띔을 해주었다. 우리가 예수님을 믿는 반동분자라며 다 죽이려고 한다는 것을 알려주어서 우리는 그날 밤으로 몰래 고모 집으로 급히 피난을 갔다.

그리고 9월 18일 서울 탈환 얼마 후에 집에 돌아오니 옆집 빨갱이는 어디로 가고 이웃집은 비행기 공습 때 큰 돌이 날아와서 지붕을 뚫고 구들장 깊숙이 박혔는데 우리 집만 멀쩡하게 그대로 남아있었다. 그 전쟁 통인 12월에 막내 동생이 태어나서 피난 갈 꿈도 못 꾸고 있는데 예쁘고 성숙한 처녀 모습으로 변한 큰 언니, 작은 언니가 걱정이었다. 중공군이 쳐들어오면 모두 겁탈당하고 가만두지 않는다는 소문이 돌았다. 그때 마침 간부후보생을 모집한다는 광고를 아버지가 알고 오셔서 바로 젊은이들은 모집에 응해 단체로 부산으로 내려갔다. 남은 식구들은 피난을 안 가고 눌러앉아 있으려하니 동네는 사람들이 다 떠나 텅텅 비어갔다. 동회에서는 징을 '징--징--' 울려대며 빨리 동네를 떠나라고 재촉하는데 참 무서웠다.

우린 맨 마지막에 피난길에 올랐다. 엄마가 바느질이라도 해서 먹고 살아야 한다고 아버지는 재봉틀 머리를 지고, 엄마는 갓난아기를 업고 머리에는 솥과 쌀을 이고 그 속에는 무거운 성경책을 넣고 가셨다. 엄마는 어딜 가나 성경책을 꼭 지니고 다니셨다. 셋째 언니는 우리 가족 이불을 지고, 나는 아기 기저귀를 지고 갔다. 기저귀가 없으면 애기가 얼어 죽는다고 했다. 바로 밑에 동생은 우리가 공부할 책을 지고 여섯째는 우리가 먹을 간식 백설기, 콩 볶은 것을 지고 온 가족이 얼어붙은 마포 강을 건너서 영등포역까지 도착하니 먼저 온 사람들이 화물차 칸 지붕 꼭대기까지 빽빽이 올라타고 떠날 때만 기다리고 있었다.

우리도 아버지가 화물차 지붕 꼭대기에 올라가서 엄마가 땅에서 우리를 하나씩 긴 끈을 만들어 하나씩 묶어주면 아버지는 우물 두레박질을 하듯이 하나하나 올려 지붕에 다 올라탔다. 그런데 기차가 가는지 서는지 밤새도록 가다 서고, 뒤로 가고 앞으로 가고 해서 간 곳이 아침에 보니 겨우 성환역이었다. 그리곤 앞으로 언제 떠날지 모른다고 한다.

거기서 우리 식구는 기차에서 다 내려 눈길을 헤치며 하루 10리 15리 길을 걸었다. 4살짜리

7살짜리 동생들이 있으니 많이 걸어갈 수도 없었다. 늘 늦게 동네에 들어가면 우리 가족들에게는 쉴만한 따뜻한 방도 차례가 안 왔다. 먼저 온 사람들이 방이며 마루며 다 차지하고 우린 집 앞마당에 짚을 주워다 깔고 바깥에서 밤을 보내야 했다. 그 후에 들은 소식으로 우리가 타고 오던 기차가 비행기에 폭격을 맞아 기차에 탄 사람들이 많이 죽고, 아비규환이었다고 한다.

우리가 걷고 걸으며 내려가는데 남쪽이 포화상태여서 더 이상 못 내려간다고 해서 온양 온천에서 정착하기로 했다. 엄마는 아이를 낳고 몸조리도 못 하고 잘 잡숫지도 못 해서 많이 아프셨다. 매일 울면서 이 아이들을 데리고 어떻게 살아가느냐고 걱정을 하니 아버지가 결심하시고 나가셨다. 마침 정보원 모집이란 광고를 보시고 한번 다녀오면 쌀 한 가마에 많은 돈도 준다는 말에 솔깃하셔서 "다녀오마." 하시고 훌쩍 떠나신 후 이날까지 소식이 없으시다. 일하면 준다던 쌀과 돈은 구경도 못했다. 그 날 후로 엄마는 올망졸망한 딸 다섯을 데리고 피난의 삶을 꾸려가야 하는 가장이 되었다. 어떤 때는 집집마다 다니시며 밥을 얻어다 우리를 먹이시고, 행상 노릇도 하시고, 우린 춥고 배고픈 생활을 많이 했다.

하루는 엄마가 부산에 있는 큰언니 작은 언니를 찾아간다고 하시면서 셋째 언니와 애기를 업고 하염없이 걸어서 부산으로 떠나셨다. 졸지에 나는 4살 7살 어린 동생을 거느린 소녀 가장이 되어서 4개월 동안 동생을 돌보며 살아야 했다. 엄마는 그때도 교육열이 강해서 우리를 온양 피난민 국민학교에 보냈다. 나는 학교 가기 전 동이 틀 무렵 부지런히 밥을 얻어다 동생들에게 먹이고 또 학교 갔다 와서 밥을 얻어다 동생들과 먹으며 엄마 오실 날만 기다렸다.

슬픈 과거가 기억난다. 세월이 흘러 셋째 언니가 국민학교를 졸업하고 중학교로 올라가는 나이가 되었다. 공부도 잘해서 온양 중학교에 합격통지서까지 받았으나 입학금을 낼 돈, 교복 맞출 돈이 하나도 없었다. 엄마는 포기나 좌절 이런 단어를 모르시는 분이다. 그때부터 엄마는 분연히 일어서시어 호소문을 써서 회사 관공서 교회를 찾아다니시며 고마우신 분들의 기부금으로 언니를 온양 중학교에 입학시켰다. 그 후 엄마는 어느 목사님의 추천서로 등포에 있는 미군부대 세탁업을 맡아 하게 되었다. 우리 자매는 공부를 계속해야 한다고 피난민촌에 남겨두고 어린 동생들만 데리고 떠나셨다.

엄마는 등표에 가셔서 시골 아낙네들에게 빨래거리를 나누어 주어서 부업으로 돈을 벌 수 있는 길을 열어주어 가난한 삶에 도움이 되도록 하셨다. 또한 미군 목사님의 도움으로 그 마을에 천막교회를 세우시고 주일날에는 주민들이 와서 예배를 드리고 월요일에서 토요일까지는 유치원을 열어서 동네 아이들을 모아 무료로 가르치며 무지한 시골 아낙들을 많이 깨우치게 하셨다. 유치원 선생님은 마침 이북에서 피난 나와 오갈 때 없는 두 자매가 있어서 엄마가 월급을 주면서 엄마 집 옆방에 기거하게 하고 같이 살았다.

세월이 흘러 언니가 고등학교 내가 중학생이 될 때 우린 두고 온 서울 집으로 올라왔다. 막상 와보니 폐허가 된 집에서 우린 갖은 고생을 많이 했다. 어떤 때는 쌀이 없어 아침을 못 먹었다. 엄마는 굶어도 학교에는 가야 한다고 우리 등을 떠밀던 울 엄마셨다.

그 후로 엄마는 삼각지 미군 부대에서 세탁 일을 하면서 70세가 되도록 열심히 사셨다.

세월은 흘러 7공주들도 다 짝을 찾아 엄마 곁을 떠났고 아들이 없어 늘 서운해 하시던 엄마는 아들이 있는 노인분들 보다 더 당당하고 행복하게 사셨다.

한국에 있는 딸들, 외국에 있는 딸들이 매달 용돈을 두둑이 보내드리면 동네 노인정에 떡, 과자, 콜라를 잔뜩 사서 노인정에 오신 노인들에게 한 턱 내시면서 딸들이 용돈을 많이 보내주어서 한턱을 내는 거라고 자랑하면, 아들 가진 노인들이 엄마를 많이 부러워하더라고 딸들에게 자랑하시며 행복해하시던 울 엄마!

엄마 천국에서 하나님과 사시니 행복하시죠? 그곳은 가난도 없고 아픔과 고통도 없고, 근심과 걱정도 없는 곳이니 엄마 영원히 영원히 행복하게 사세요.

'울 엄마!' 존경해요. 사랑해요. 엄마 많이 보고 싶어요.

종소리

김일홍

나의 어머니는 살짝곰보시다. 살짝곰보는 예쁘다고들 하는데 나의 어머니는 예쁜 얼굴은 아니다. 어머니의 얼굴은 네모 형인데 아버지는 어머니를 놀리실 때마다 메주를 빚어 놓은 얼굴이라고 하셨다. 키는 작은 편에 몸은 토실토실했다. 어머니의 약점이라면 얼굴의 곰보 자국인데, 1,900년 시대에 천연두를 앓았다면 거의 죽음이었다. 그래도 어머니는 살아남았다. 나에게는 얼마나 다행스러운 일인가. 어머니가 아니었다면 어떻게 내가 이 세상에 태어났을까. 말로는 어머니는 천연두로 인해 얼굴에 솟아나는 열꽃이 거의 곱게 떨어졌는데 눈 밑과 콧등의 딱지가 떨어지지 않은 상태에서 아마도 가려워 비비거나 뜯어내서 곰보 흠집이 생겼나 보다. 어머니에게는 또 다른 특징이 있다. 그것은 오른손의 검지 손가락의 매듭이 잘려나가 그 손가락이 잘룩하다. 어머니의 손가락이 왜 잘렸는지 이야기를 하지 않으셨지만, 사람들의 말에 의하면 어머니의 집안은 입에 풀칠도 못 할 정도로 가난했다고 한다. 게다가 아들이 없는 딸 여섯의 맏딸로 아버지와 같이 집안일을 도맡아 항상 밭에 나가 농사일이며, 소죽을 쑤어서 소를 먹이고, 어머니를 도와 가사 일을 했다고 하니 어린 나이에 얼마나 힘이 들었을까. 가을 추수에 그만 탈곡기에 손이 말려들어가 오른손 검지가 잘려나갔다고 한다. 그 당시엔 병원이 없어 병원에 갈 수도 없었고 그저 된장을 손가락에 바르고 무명천으로 손을 감싸고 다녔다고 하니, 그런데 이상하게도 어머니의 잘린 손으로 음식을 만들어 내는 맛이 기가 막히게 맛을 낸다는 것이다. 어머니의 음식 이야기는 나중에 하고, 아버지의 이야기를 해야 할 것 같다.

아버지는 홀어머니를 모시고 살았는데 12살에 경북 경주에서 북간도로 가는 사촌들과 같이 북으로 올라가다가 그만 철산이라는 고을에 눌러 앉게 되었다고 한다. 사촌들은 그럭저럭 자리를 잡았지만, 아버지는 어린 나이에 떠돌이 생활을 했다고 한다. 시장을 배회하면서 야바위꾼들의 심부름을 하며 끼니를 얻어먹다가 나이가 들어 잡화상 점원으로 취직을 했다. 그때 잡화상은 낫이며 칼이며, 농기구를 팔거나 호롱불 석유를 파는 그런 정도였다고 한다. 아버지는 상당히 바지런하고 삽삽해서 붙임성이 있었다고 하는데 주인 노인이 아버지를 친아들처럼 잘 보살펴 주었다고 한다. 아버지도 정성껏 가게 일을 보며 노인을 부모처럼 섬겼나 보다. 나이가 들어 노총각이 되었을 때 주인아주머니가 중매를 섰다. 가난한 농사꾼의 맏딸을 노총각에게 떠맡긴 것이다. 딸의 어머니는 입 하나라도 덜자는 뜻에서였다. 점방 방에서 물 떠놓고 식을 올리고 부부가 되었다고 한다. 살림살이가 오죽했을까. 하여간 새살림을 차린 어머니는 가만히 있을 수가 없었다. 할 일이 없어 집에만 박혀있자니 그렇고 아버지가 점방 점원으로 살자니 앞으로 자식을 낳고 살길이 막연해 용단을 낸 것이 장바닥에 나가 음식을 해서 파는 일이었다. 닷새에 한 번 서는 장에 나가 냉면을 말았고, 돼지머리 편육에 막걸리를 팔았다. 여기서 어머니의 잘룩한 손가락으로 만드는 음식 솜씨가 대단한 맛을 내고 널리 알려져서 음식 장사가 호황을 보게 되었다. 잘룩한 손가락이 보배였다. 훗날 어머니는 말씀하신다. "잘룩 손가락은 하느님이 주신 선물이다." 라고 장사는 그야말로 잘 되었고 아버지는 돈을 모으는데 재미를 붙이셨다. 장사에서 걷어 들인 돈을 집에 와서 세어보고 또 세어보고 했다. 어머니는 아버지에게 "돈이 다 헐어서 걸레가 되겠수다."라고 핀잔을 주었다고 한다.

어머니의 손가락 맛은 나중에 교회에서도 빛을 발휘했다. 교회 모든 행사에 어머니의 손맛으로 음식을 만들어내 놓았다. 어머니가 벌어들인 돈으로 아버지는 땅을 샀다. 그 시대에 사람들의 생각은 땅을 사면 누구도 그 땅을 퍼가지 못한다고 생각했다. 땅이 조금씩 늘어가는 재미에 이제 서야 세상사는 보람을 느낀다고 했다. 첫 딸을 낳았다. 어머니는 시큰둥했다고 한다. 남아를 선호하는 시기에 자기 같은 딸은 싫어했다. 둘째는 아들이었다. 이때부터 어머니는 첫 아들에게 생명을 걸었다. 그 뒤로 아들 둘을 더 낳아 육 남매를 두었지만, 어머니는 첫 아들만 사랑했다. 나머지 자식은 자식이 아닌 듯했다. 나는 막내인데 어머니의 사랑을 그리 받아보지 못했다. 어머니의 성격이 단아하고 고집이 세고, 타협이 없었다. 그래서 아버지도 꼼짝 못하셨다. 어느 정도 부를 창출한 어머니는 글을 모르는 것, 공부를 못한 것이 한이었다. 그 당시엔 여아들은 거의 무학이었고 배울 기회도 없었다.

그때 서북지방(평안 남·북도)에 기독교가 전파되기 시작했는데 먼저 초기 한국교회의 눈부신 성장의 중심에는 선천이란 고장이었다. 처음 1898년 휘트모어 선교사가 선천 선교지부에 파견되어 기독교가 전파하게 되었다. 이때 선천에서 젊은 선교사가 철산 고을에 들어와 선교를 하기 시작했는데 선교사가 먹고 잘 곳이 없었다. 그때 어머니가 그 선교사를 영접하고 집으로 데리고 와 방을 주고 식사를 해결해 주었다. 대단한 일이었지만 그러나 어머니는 다른 목적이 있었다. 선교사로부터 한글을 배우고 공부를 하고자 한 것을 시작으로 기독교인으로 신앙심을 키워 굳건한 하나님의 딸이 된 것이다. 선교사로부터 한글을 깨쳐서, 성경을 읽었고, 신앙의 교리를 배우고 누구 못지않게 하느님 영적 사업에 헌신할 수 있었다. 마침 철산 중부동에 새로 교회를 헌당하게 되었고 그리 많지 않은 신도들이 다 같이 합심해서 건축했는데 교인들이야 농민들이고 소작인들이라 가진 것이 없어 건축헌금 모금이 힘들었다. 교회는 종각이 있어야 했다. 종각을 세우는데 말이 많았다. 교회 본 건물을 짓는데도 힘든데 종각은 나중에 하자고 했다. 그때 어머니가 나섰다. 교회 종각은 본인이 하겠다고 한 것이다. 그럼 나무를 X자로 쌓아 올려 종각을 하자고 했다. 어머니는 반대를 했다. 철탑 종각을 세워야 한다고 고집을 피웠다. 돈이 드는 일이라 다들 망설였다. 결국 어머니 혼자서 철탑 종각을 세우기로 했다. 훗날 어머니는 종각의 종소리는 하나님의 소리라고 말씀을 하셨다. 하나님 곁으로 오라는 하나님의 소리를 튼튼하게 견실하게 종소리가 널리 널리 울려 퍼져야 한다는 것이다. 종각을 세우는 자금이 문제였다. 어느 날, 아버지가 곡식을 쌓아 놓는 광에 들어갔다 나오시면서 씨근거리며 화를 내셨다. 어머니를 찾는 것이다. 광에 수북이 쌓여있어야 할 곡식이 하나도 없다는 것이었다. 아버지는 가끔 광에 들어가시는데 옛날 못살던 때를 생각해서 풍성하게 쌓여있는 곡간의 곡식을 감상하곤 했다. 광에 쌓여있는 곡식을 보면 밥을 먹지 않아도 배가 부르다고 하시곤 했다. 그런데 어머니는 광의 곡식을 이미 다 팔아서 철탑 종각을 세울 철판을 산 것이다. 어머니의 대담한 행동이었나. 아버지와 어머니는 대판 싸움을 하는 듯했지만 아버지는 아무 말도 못 하고 어머니의 뜻대로 하고 말았다. 항상 아버지는 어머니와의 싸움은 지셨다. 그렇게 해서 교회 앞마당에 철탑 종각이 세워졌다. 높이높이 올려 쌓으라고 어머니는 고집했다. 그래야 하나님의 부르시는 소리가 널리 널리 울려 퍼진다는 것이다. 주일 종소리가 울려 퍼질 때마다 어머니는 맑은 미소를 지우셨다.

일제의 강점으로 우리 민족은 수난의 시대였다. 더욱 종교의 탄압은 심했고, 그들 일본인들의 신을 참배하라는 신사참배에 열을 가했다. 여기서 어머니는 주기철 목사님을 만나게 된다. 평양신학 대 집회에서 '사각오(死覺悟)'의 정신, 즉 하나님과 조국을 위해 죽음을 마다하지 않는다는 설교를 듣고 어머니는 주기철 목사님의 뜻을 따라 교계의 한낱 낮은 신도이지만 신사참배를 하지 않았다. 그 당시 얼마나 많은 교계의 지도자들이 변절을 했던가.

나에게 두 형이 있었다. 큰 형은 혁명아 기질의 투사였다. 신의주 동중학교에 다녔는데 깡패 기질이 있었다. 어머니가 기를 살려주어서이다. 방학이면 형은 친구들을 데리고 시골로 와서 친구들에게 웃이며 돈을 주었다. 어머니가 형의 말은 다 들어 주었다. 어느 때는 형은 육혈포를 가지고 와서 책상 위에 올려놓았다. 아버지가 그것을 보고 부들부들 떨었다. 그런 큰 형이었다. 작은 형은 계집애 같았다. 당시 학생들 대부분 사회주의 사상을 가지고 있을 때이다. 불안한 시대에 두 형은 살았다.

1945년 8월 15일, 하나님은 우리나라를 구하셨다. 해방이 된 것이다. 온 동리가 난리였다. 어머니는 먼저 교회로 달려가 종각의 종을 울리기 시작했다. 나도 어머니 뒤따라 교회로 달려갔다. 나도 어머니를 도와 종 줄을 잡고 당겼다. '땡 그랑, 땡 그랑, 땡 그랑' 종소리가 널리 퍼져나갔다. 언제 어디에 있었는지 사람들이 종소리를 듣고 태극기를 들고 교회 앞마당에 몰려들기 시작했다. 태극기 물결이 온 동리를 뒤흔들었다. 철탑 종각은 어머니의 보람이었다. 나는 그렇게 환한 어머니의 얼굴을 본 기억이 없다. 그러나 뜻하지 않은 일이 벌어지고 말았다. 로스께(러시아 군인)가 마을에 나타나서 공포 분위기를 조성했다. 그제 서야 마을 사람들은 북한에 공산당이 들어선다는 것을 알고 실의에 빠졌다. 엎친 데 덮친다고 신의주 학생 사건이 터져 젊은 학생들이 공산도당과 싸우며 자유를 외치면서 거리로 뛰쳐나왔다. 그러나 러시아군의 무력에 학생들은 피를 보기 시작했다. 러시아 비행기가 학생들을 향해 기총소사를 가했다. 학생들은 거리에 쓰러져 피를 흘리고 달아나거나 체포되었다. 나의 두 형도 그때 신의주 동중 학생이었다. 큰 형은 고급학년으로 데모를 주도하는 리더였다. 그때 큰형은 행방불명이 되었다. 작은 형은 친구와 같이 신의주를 탈출해 걸어서 고향 철산으로 무사히 왔다. 그리고 골방에 숨어있어야 했다.

어머니는 큰 형을 찾았다. 백방으로 찾아보았으나 허사였다. 있는 재산을 다 주고라도 형을 구해야 한다고 했다. 그러나 허사였다. 그리고 태극기의 물결은 점점 사라지고 인민공화국이 탄생되었다. 주민들은 하나둘씩 보이지 않고 사라지고 있었다. 그러나 어머니는 요지부동이었다. 큰 형만 찾았다. 큰 형은 어머니의 생명이었다. 들리는 소문에는 신의주 학생 데모 주모자들은 다 잡아 시베리아로 끌고 가 총살을 했다는 소리였다. 어머니는 머리를 싸매고 드러누웠다. 큰 형만 찾았다. "일순아! 우리 아들 일순아!" 큰 형의 이름만 불렀다. "왜 종소리가 안 들려, 종소리를 울려라." 하고 어머니는 소리를 지르신다. 어머니의 정신이 혼미해지기 시작했다. 나는 내가 마지막으로 어머니에게 효도하는 방법은 무엇일까 생각했다. 어머니가 세우신 교회 철탑 종각으로 가서 어머니를 위해 종을 울리는 일이다. 어느 날부터 어머니의 숨소리가 거칠어지기 시작했다. 나는 달렸다. 교회 철탑 종각으로 달렸다. 어머니를 위해 종을 울려야만 한다. 종을 울리면 어머니가 살아나실 것 같았다. 종 줄을 잡고 힘껏 내렸다 놨다. 종소리가 울렸다. '땡그랑, 땡그랑, 땡그랑.' 어머니가 종소리를 들으시리라 종소리가 큰 형의 이름으로 울려 퍼지고 어머니가 들으시리라. '땡그랑, 일순아! 땡그랑, 일순아!' 종소리가 큰 형의 이름으로 들리시는가 보다. "큰 놈이 왔어!" 어머니는 희미하게 웃으신다. 그리고 조용히 눈을 감으신다. 어머니가 돌아가신 후 어머니의 유품을 정리하는데 어머니의 장 속에 태극기에 돌돌 말려있는 성경책이 발견되었다. 그 속에 퇴색한 사진 한 장, 큰 형의 사진이 누워있다.

Dear Umma

Mi Ja Park

Umma~~! How are you? Do you like your place up there? Are you living your life there as you expected? It has been a long time since I have talked to you. I am doing fairly well alone in this serene, but active community here. Time seems to be running at a much accelerated pace as I am reaching closer to the final point of my life on this planet. Nowadays, I often have time to reflect as I walk in nature. Many thoughts of my children, their children and you, Umma, are flashing to get my attention.

Umma is the name that every child calls one's mother. In your case though, Umma is actually your unique name that I would like to suggest to you here. Your maiden name is <u>Um</u> and <u>Ma</u> is the short name for mother. There! Your name now becomes <u>Umma</u>. Although the word Ma cannot encompass all of motherhood that you shined upon your children, it may be the closest one to describe you. Is it pretty good? Do you like your new name? Perfect?!

The name "mother" is much revered by almost everyone and in every culture on earth. I remember in my communications class, the instructor scattered index cards on the floor with the name of something on each and asked each student to walk on them. No one walked on the card that the word "mother" was written on.The word "mother" triggered everyone's mind about their own mother uniquely and the memories became real in that moment. Now, when I call your name Umma, everything in the past is fast-forwarded and you are here with me in spirit.

Now, I call for you out loud, "Oh~ Umma!" The sound of Umma bounces off my heart and the vibration knocks on my brain for entry. The nerves in my brain take it down to memory lane and retrieve everything about you, Umma. though I have become a little bit wiser and am able to relate to you now, you are not here with me physically. When you were here, I took it for granted and didn't value our time as I should have, so I lost valuable moments and I regret it greatly. However, you know my heart and I can still reminisce, recall and reiterate your love and sacrifice that identify who you are to me.

Activating your loving memory gives me the warm fuzzes. Your disappointment and anger were typical expressions of your love and concern toward me. In the morning, grabbing a banana and running off to work was my routine for breakfast. It was extremely different to the traditional style breakfast we were raised to have back home. Coming over to visit my family in the US led you into a deep cultural shock and caused you concern for your child's health. Even though you prepared something for me to eat, I didn't have time to even gobble it up. I wish I had the wisdom to take care of myself. It is now part of "lifestyle medicine" - even the doctors are talking about. I can imagine and relate to your pain now as I think of this with my children and grandchildren.

Talking about your grandchildren, they were only in elementary school when you came to us. Now, they are both married, and one has a girl and the other has one of each. I should say grandchildren are made for grandparents. They are like little puppies and so lovable! It is such a joy to see and play with them. I want them to grow up as pure as they are now. I want them to know who they are so that each has a strong self image to stand up against any adversity. I taught them to recite the Bible verse, "~~ I am made fearfully and wonderfully ~~" (Psalms139:14) to prepare them for the tough moments they might struggle with for their identity and existence. One's identity comes from one's perception that is driven by one's belief. Living depends on one's belief around life and death. Seniors reciting this verse might even conquer the fear of death. You didn't have these teaching momonts with your own grandchildren; however, your daily life with and around them had a tremendous impact. I am thankful to God that you were part of their lives so that they became pretty responsible parents to their own children.

Children are God's gifts to parents and I know you and Dad tried your best to provide for us. After the war, everything was tough and everyone was affected. We had some resources, but not enough or good enough in my young innocent mind. My lunch box often carried the basic menu while some of my friends had fish cakes and roasted anchovies. When we went to school picnics, some brought boiled eggs and soda pop. To be honest, I wished I had theirs. Now, I feel that I am privileged to have more than what I could handle. I truly appreciate every bite of the God-given precious life-sustaining food that I have. In an affluent society, abundance quickly becomes abuse for some, while poverty dries up other's souls. In any case, I am grateful for what I went through so that I can appreciate what I have big or small.

While on the subject of staples, I want to let you know that mass agricultural production causes the use of toxic pesticides and GMOs (Genetically Modified Organism). It is known that a pesticide, Glyphosate, is very harmful to DNA resulting in health problems. They say Autism and Alzheimer's are not necessarily from hereditary factors, but from environmental toxins. When the Creator created life, He had His own blueprint to govern with. We are violating His given original law by desynchronizing and destroying the designed system. Consequently, other species are facing massive destructions. Are we attempting to build the Tower of Babel for a second time so that we can climb up as high as to the Creator? Are we so intoxicated with our own pride? Are we eating the same forbidden fruit in the Garden of Eden? One scientist predicts that half of the human population will be diminished because of our toxic environment. Maybe it all originates from greed; although they say they are trying to solve the world's hunger through mass production. However Umma, you would definitely say that we need a reasonable amount of resources to survive. I do agree.

I remember your finances were not in good shape because Dad was not a materialistic natured person from the early days. After completing his education at Osan Middle School and attending Dongyang University (Toyo) in Japan, his passion for the country was fired up. It was definitely not accidental, and he became actively involved in the Independence Movement. He even went up to Mongolia. Finally, our family settled down in Wonsan where Dad was the principal at a school where he had many Japanese teachers as the country was under their occupation. You also had a big piece of land where you made china. I remember those pretty dishes that you brought down to the South which were only used for special occasions. You even possessed a Singer sewing machine. It sounds like you had a fairly good life up there financially in the North.

The comfortable life abruptly ended when Dad announced that we were moving to the South after Independence from Japanese control. I was about four, younger brother, two and older brother, ten. Your youngest one was born after you settled in the South. You hired people to carry our stuff in their Korean style backpacks and placed me on the top of it. You said traveling by foot from there to Seoul was not easy as we had to cross rivers at times. The men had to undress completely as they had to wear dry clothes once they crossed over the river. We laughed about that part of the story. The sheriffs in Seoul were scrutinizing people coming down to the South. Dad had to come up with a reasonable answer as surveillance was tightening up.

Upon returning to his home town, Dad established, taught and became principals at schools which did not give you enough resources for our family of six. He even opened the free evening classes to teach the unfortunate ones. Although you sometimes criticized that Dad's vision was far ahead and not realistic to help our finances, he made such a critical decision to move down to the South. To manage our finances, you did many different things to fortify our income. You opened a small Seven Eleven type of store at the corner of our house. You had to rent out one bedroom of our three when we needed them all. Most of the times we had to walk to school for more than 30 minutes each way as we could not afford bus fare. We didn't have city water so I had to carry a big bucket on my head to transport water before going to school every morning. It was not easy during wintertime, but I had to do it to help you out of obedience.

On top of these hardships, Dad's two attempts for a seat in Congress were the most devastating blows. It hit your health causing severe runny Eczema on your entire body for longer than six months. Oh, Umma, I remember your agony, suffering and endless endurance. Consequently, I had to drop from advanced college prep classes and abandon my dreams for college. I became a homemaker after school. Little did I know that God had a plan for me at a different time and at a different place. Around this time, Dad somehow believed that I might have an opportunity abroad and I earned admission into a nursing school. But the real surprise was learning that I had earned a much needed scholarship which enabled me to attend. So the Creator was behind the scene all along charting my way as He revealed it to Dad! It reminds me of a Bible verse, "~~all things work together for good~~" (Romans 8:28). Even though gone and forgotten, memories of joyful or sorrowful events have strong footings in their places in one's life timeline.

As I recall some moments in the past, one particular event pops up in my head. I distinctly remember, Umma, the incident that your grandchild encountered when she was reprimanded by her dad. When you saw her crying dripping tears, you told me that "You guys think nothing of kid's tears!" You were heavily charged and upset. You were absolutely right, Umma. You didn't have formal schooling, much less studying psychology, but you had wisdom to know what is truly important in life.just knew by heart how to respect even those with tender young souls. Your statement lingers on with me all the time and points the way for me.

Your presence had enormous impact to us and to my children. They connected with you and learned the value of family. Your grandchild wells up with tears when we talk about you. She definitely experienced your love and has a tight connection emotionally even to this day. I remember a film that I watched in a kindergarten program which explained that when a child has a secure, trusting, and loving relationship with an adult at the age of one, the child will perform better at school. Some parents do not seem to notice this aspect and are eager to spend money on babysitters. I know there are unavoidable circumstances. I know I was a prime example. If possible,

I wish more parents would take note of this as this may build a child's confidence for new challenges in later years.

Once a child has the confidence acquired from successive achievements, this will solidify her belief system. This belief system ultimately can be transferred from the mental domain to the physical domain. The belief can open up doors to physical healing. When I had a stomachache, you would rub my tummy in a circular motion saying, "My hand is a healing hand." In our eastern culture, we recognized how the mind can control the body long before the westerners did. A biologist, Bruce Lipton describes this finding in his book, *"The Biology of Belief"*. He emphasizes that one's reality is a built-in program that can be reprogrammed as a treatment modality. This tells me how powerful our belief and faith are. The woman's confession in Mark 5:28, "If only I may touch His clothes, I shall be made well." Her belief and faith made her well. Many people including me have problems digesting this type of miracle, but it has now been proven with science. I am sure you had many unanswered questions as I do while you were here in this world. I am sure you are getting many "Ah ha!" moments as you unravel your questions one by one up there.

Recently, I started having these intriguing questions that flash in my head all the time. As I am running for the finish line, I feel it is imperative that I get an understanding of this. You are the right one for me to ask as you have experienced both worlds: Earth and Heaven. On Earth, you know we all start with conception and finish with our last breath. Each and every event that occurs between these two points happens at some point on an individual's timeline. So the characteristic of time here is linear with beginning and ending. Once we have passed a certain point of time, then it is gone and never comes back. We have past, present, and future. However, when we enter into Heaven, believers believe that we shall live there forever in eternity. Does that mean that events happen at different times as we experience here on Earth, but never have an ending point? Or does time run in a circular path so there is no beginning or end? Does time just stand still without moving but contain all the happenings? Or does eternity mean timelessness? Does anything like time exist in eternity? Well, different people would come up with different conjectures. Time or timelessness is not in our control. However, whether we believe something or not remains in our control.

Something that happened in the past is out of our control. It cannot be modified, but can be reviewed with desire and intention. Memory serves a perfect solution for this. Although my memory function is declining, I am reliving those happy moments of your love and devotion. I have learned many things by just watching who you have been and what you have done. You have been my teacher and guide. Until I meet you in Heaven, I will continually call upon you when I miss you and need your love. You portray a woman of patience, resilience, wisdom and love and I salute you. I love you and miss you, Umma!

With love, Your daughter

사진으로 보는 글 사랑 모임

사진 제공 박승원 사진 작가

이지춘 목사 『하나님의 구원 이렇게 받는다』 출판기념회 및 글사랑 모임 (2014년 11월 18일)

사람은 누구나 죽는다 그 후에는 어떻게 되는가? 死後 지옥과 천당이 분명있고
천당 가는 길은 살아있는 동안 예수를 믿어야 구원을 받는 길밖에 없음을 간절히 증거 하시는 이지춘 목사님!!

9June2015

이지춘 목사님 "하나님의 구원 이렇게 받는다" 출판기념회
라구나 우즈 글사랑모임 에서 초청

23

LWV 세상이야기 출판기념회 (2015년11월 25일)

고영주회장 인사

어바인 시장: 최석호 글사랑 축하인사

고영주 회장 께서 책출판에 수고한분 소개

김일홍,호기현,김병회,김귀양,김소향,이영옥,이상진,

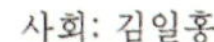

사회: 김일홍

손기용 선생님 집필자 소감 발표

『아름다운 동행』 출판기념회 (2016년 11월 2일)

아름다운 동행 출판 기념파티 김일홍 회장 인사말

박여 곽병희(서예작가)께서 김일홍 회장 에게 예술에 노닐다, 의미에 "유어예" 휘호를 출판 기념으로 전달하다.

김소향 선생님 회계를 맡아 수고가 많으셨습니다.

아름다운 동행 출판 기념식 에서 기도 하시는 임흥순 목사님.

테너 강목본 선생님의 축하 노래 독창

라구나우즈 한인회 남성 중창단,황정훈,이시효,김홍식, 최철환,장기화,주 강, 강홍식, 강목본,

울엄마

LWV Laguna Woods Village

생명이요 빛이신

울 엄마

발행일 : 10월 1일 2018년

발행인 : 김일홍

편집장 : 김귀양

편집위원 : 김소향, 이영옥

사 진 : 박승원 사진 작가(soung2875@gmail.com)
김수경

집필자 : 한국 및 미주 문인
라구나우즈 글사랑회

발행처 : 북산책

북산책 미주 대표 : 김영란

주 소 : 경기도 파주시 교하읍 문발리 513-5

이메일 : 4mybook@gmail.com

한국전화 : 010-2016-7113

미국전화 : 1-408-515-5628

라구나우즈 글사랑회

회장 : 김일홍
전화 : 714-308-2100
이메일 : ilhong7143082100@gmail.com

편집장 : 김귀양
전화 : 949-951-7896
이메일 : kuiyangkim@gmail.com